北京市新农村建设研究基地课题资

北京农民市民化进程中的相关法律社会问题

董景山　韩芳◎编著

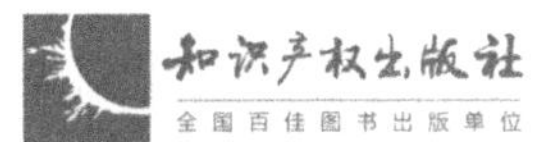

图书在版编目（CIP）数据

北京农民市民化进程中的相关法律社会问题/董景山，韩芳编著. —北京：知识产权出版社，2018.1

ISBN 978-7-5130-5259-7

Ⅰ.①北… Ⅱ.①董…②韩… Ⅲ.①农民—城市化—研究—北京 Ⅳ.①D422.64

中国版本图书馆 CIP 数据核字（2017）第 271030 号

内容提要

本书分析了北京农民市民化的背景、动因和条件；介绍了北京农民市民化的实践路径；对于北京失地农民面临的问题进行了分析并提出相关解决办法；介绍了土地征收及失地农民安置理论及国内外经验，针对征地与补偿安置中存在的问题分析原因并提出对策；从理论、现状、影响因素方面剖析了农民市民化后的就业问题并进行对策分析；介绍了市民化过程中农村集体产权改革的主要类型和资产的股份合作改造，对于北京近郊城中村失地农民可持续生计问题提出对策；从撤村建居居委会的地位及作用、撤村建居后原农村集体财产的归属及经营管理和撤村建居后居民的医疗、养老、教育等社会权益保障三方面研究北京农民市民化前后相关主体的地位及权益保障。

责任编辑：蔡　虹　韩　冰　　　　**责任出版：**孙婷婷

北京农民市民化进程中的相关法律社会问题

董景山　韩　芳　编著

出版发行：知识产权出版社有限责任公司　　**网　　址：**http://www.ipph.cn
社　　址：北京市海淀区气象路 50 号院　　**邮　　编：**100081
责编电话：010-82000860 转 8126　　**责编邮箱：**hanbing@cnipr.com
发行电话：010-82000860 转 8101/8102　　**发行传真：**010-82000893/82005070/82000270
印　　刷：虎彩印艺股份有限公司　　**经　　销：**各大网上书店、新华书店及相关专业书店
开　　本：787mm×1092mm　1/16　　**印　　张：**16.75
版　　次：2018 年 1 月第 1 版　　**印　　次：**2018 年 1 月第 1 次印刷
字　　数：275 千字　　**定　　价：**59.00 元

ISBN 978-7-5130-5259-7

CONTENTS

目 录

第一章　北京农民市民化的背景、动因、条件

第一节　北京农民市民化的背景、动因

一、城镇化是社会发展的必由之路

农民市民化是城镇化的有机组成部分，或者说农民市民化离不开城镇化。城镇化（Urbanization），又称城市化、都市化，是指人口向城镇聚集、城镇规模扩大以及由此引起一系列经济社会变化的过程，其实质是经济结构、社会结构和空间结构的变迁。从经济结构变迁看，城镇化过程也就是农业活动逐步向非农业活动转化和产业结构升级的过程；从社会结构变迁看，城镇化是农村人口逐步转变为城镇人口以及城镇文化、生活方式和价值观念向农村扩散的过程；从空间结构变迁看，城镇化是各种生产要素和产业活动向城镇地区聚集以及聚集后的再分散过程。城镇化是世界各国实现现代化的重要选择，也是全球经济发展中不以人的意志为转移的历史性趋势。从世界各国，尤其发达国家的发展历程看，各国发展过程中都经历了城市化阶段。城市化源于工业革命，与工业化同步。但是与英美等工业化早发国家相比，我国农村劳动力大规模转移的起步时间却明显滞后于工业化，走了一条农民非农化与工业化脱节、不同步的道路。新中国成立以后，我国长期实行依靠农业积累支撑城市高速工业化的发展战略，引起农业的衰退和农村商品经济的萎缩，城乡差别进一步扩大，工农业比例关系遭到破坏，工业和农业的自然联结人为地割断了，城乡形成差别

很大的二元化社会结构。工业化被限制在城市的范围内独立运行，而没有带动农村的繁荣，工业化创造的成果没有改善城乡之间的关系。工业化与农村人口的非农化、城市化步伐的不一致，一方面造成了大量农村剩余劳动力积压，一旦将制约农村人口非农化的闸门开启，农村劳动力会像井喷一样被释放出来，并将形成一种非常规的转移道路和方式。另一方面，城市化、工业化与农村人口非农化过程的不同步所产生的各种社会矛盾与冲突也会比较突出地表现出来。

我国自改革开放以来，社会状况发生了巨大变化，尤其社会经济取得了巨大发展，一跃成为仅次于美国的世界第二大经济体。党的十八大报告提出要“坚持走中国特色新型工业化、信息化、城镇化、农业现代化道路，推动信息化和工业化深度融合、工业化和城镇化良性互动、城镇化和农业现代化相互协调，促进工业化、信息化、城镇化、农业现代化同步发展”。中央经济工作会议也明确指出“城镇化是我国现代化建设的历史任务，也是扩大内需的最大潜力所在”。因此实施城镇化发展战略，是今后一段时期我国社会经济发展的必然选择。北京作为我国首都，拥有得天独厚的发展条件，因此，其城镇化发展理应走在全国前列。

二、北京城镇化率居于全国前茅，处于城镇化发展的后期阶段

据北京市统计局、国家统计局北京调查总队发布的首都城镇化发展分析报告显示，2012 年北京城镇化率已达 86.2%，与高收入国家城镇化水平接近，产业结构也与高收入国家基本一致。目前，北京城镇化水平比上海低 3.6 个百分点，居全国第二位。

按照美国地理学家诺瑟姆的研究结论，各国城镇化发展过程所经历的轨迹，类似于一条稍被拉平的“S”形曲线，城镇化水平在 30% 以下为初期阶段，30% ~70% 为中期阶段，70% 以上为后期阶段。初期阶段，城镇发展速度很慢，经历时间长，城镇人口占区域总人口的比重较低，相应地区处于传统农业社会状态。中期阶段，又称加速阶段，在此阶段随着科学技术的进步，农业的劳动生产率大为提高，释放出大量的农村剩余劳动力，与此同时国民经济和社会资本的增长，使工业化规模扩大，城市可提供更多的就业机会。农村人口

大量涌入城镇，城镇人口快速增加，城镇数量增多、规模增大，与此相适应，区域的工业化在经济发展中占主导地位，城镇在经济和社会发展的各个方面都发挥着重要作用。后期阶段，城镇化速度开始放慢，原因是可转移的农村剩余劳动力已基本被城镇吸收，城镇的发展主要靠其自身的增长。区域中大多数人口都集中在城镇，城镇在区域的经济和社会生活中起着主导作用，区域的发展表现出很强的城市特征。

改革开放以来，北京城镇化发展大致可分为三个阶段：第一阶段为 1978 年至 1990 年，是城镇化进程的高速推进时期，城镇化率从 55% 提高到 73.5%。这一阶段的特征是人口城镇化速度快，但城镇化水平和质量较低，二元化体制下城乡基本独立发展，城市基础设施水平较低，城市扩张不明显。第二阶段是 1990 年至 2005 年，城镇化率从 73.5% 提高到 83.6%，北京城镇化进入成熟完善阶段。这一阶段，北京城市快速扩张，活力增强，农村城镇化虽然进程加快，但区域发展差距拉大问题凸显。第三阶段是 2005 年至 2012 年，北京进入城乡一体化背景下的新型城镇化阶段，城镇化率从 83.6% 提高到 86.2%，呈现缓慢上升态势，农村第一产业从业人员规模基本稳定，大规模农村富余劳动力转移任务基本完成。

三、我国城乡二元结构普遍存在的现实

改革开放以前，我国实行城乡分割的二元户籍制度，形成了当今的城乡二元社会结构。城乡二元结构具体表现在，政治上城市居民与农民的身份不平等的对立，经济上城镇的工业化与农村农业的传统性的对立。由于历史原因形成的城乡二元结构，对于建国初期恢复国民经济、发展工业化、提高我国的综合国力起到了一定的积极作用，但同时也严重阻碍了我国现代化的进程。城乡二元结构与社会主义市场经济建设所提倡的市场主体之间的平等竞争的目标不相协调，社会主义市场经济要求各市场主体平等，以增进竞争、促进经济发展；而城乡二元结构使城市居民与农民享受不平等的待遇，从而构成社会主义市场经济建设的障碍，也阻碍了我国社会主义现代化建设的发展。我国的城乡二元结构有其特殊性，不仅表现为以现代工业为代表的现代部门与以农业为代表的

传统部门之间的二元经济结构，还表现在城市社会与农村社会长期分割的二元社会结构，这一特殊性导致了我国社会、经济发展的独特性，即传统农业与现代工业的对立，落后的农村与先进的城市分离的“双二元结构”。尤为值得注意的是，在我国的工业化发展过程中，只注重城市工业化的发展，而忽视农村工业化的推进，从而产生了农村只搞农业，城市只搞工业的思维定式。大量农村剩余劳动力从事农业尤其是种植业生产，农民收入难以提高，反过来又强化了二元经济结构。如果这一问题得不到有效的解决，将影响农村经济的发展和农民生产状况的改善。

四、农民市民化是城镇化的重要组成部分

城镇化不仅是单纯的城镇建设、交通基础设施等城市化发展，更重要的是人的城镇化。人的城镇化不仅体现为农村户籍向城镇户籍的转化，还体现为思想观念、生活方式、社会保障等各个层面的城镇化。城镇化是分流和减少农民，提高农业劳动者对土地的占有数量和提高城乡两方面的劳动生产效率的必然手段。

20世纪末，部分发达国家从事农业的人口占总人口的比例就已降到10%以下，美国为2.44%，法国为2.89%，英国为1.9%，加拿大为2.83%，澳大利亚为4.83%。不实行大量分流和减少农村人口，我们的现代化是难以实现的。

城市早期的发展历史表明，城市本来就是从农村蜕变而来的产物。城镇化最重要的特征之一，就是农村人口向城市迁移和重新集聚。换言之，就是农民市民化的过程。

第二节　北京农民市民化的条件

一、北京农村发展改革的现实探索

1993年，北京市丰台区东罗园村将少部分集体净资产的收益分配权量化

给现有集体经济组织成员，率先拉开了北京农村集体经济产权制度改革的序幕。农村集体产权制度改革的内在推动力乃是农村集体资产使用及其权益的分配问题。随着农村土地承包制度的落实，主要农村集体资产的使用及其权益分配问题有了基本的解决思路。那就是以村民身份为原则，以家庭为单位的承包制度。

农村集体财产除了集体土地之外，部分村庄尤其是北京等大城市的近郊农村还存在以前积累的其他集体资产，另外随着城市发展的扩张，原有的农民集体所有的土地在国家征收之后也会产生相应的土地收益。所有这些都会产生相应的农村集体资产的权益分配问题，与以往通过劳动所产生的收益不同，这些资产所产生的收益实际上多是在集体资产为资本的基础上产生的。而这些收益的分配就不可能按照过去所谓的“按劳分配”来进行，就需要按照整个社会市场经济发展的趋势以及社会发展的现实状况，创设新的权益分配形式。

这样的情形先在市场经济发展最快的地方产生。农村集体产权制度改革起源于广东，在20世纪80年代末90年代初，广东南海有的村庄开始探索以土地股份合作的方式进行农地制度改革。到2005年全市已成立了农村股份合作组织1870个。其中以村委会为单位组建的集团公司有191个，以村民小组为单位组建的股份合作社有1678个。

农村社区股份合作改革，是以合作制为基础，实行社区内成员劳动联合与资本联合相结合的集体经济组织形式，是公有制的一种实现形式。实行农村社区股份合作制，有利于加快城市化的进程，实现农村管理体制向城市管理体制的转变，通过农村社区股份合作制改革，实现集体资产产权制度的创新，逐步建立起“产权清晰、权责明确、政企分开、管理科学”的新型集体经济组织；有利于实现投资主体的多元化，保护和发展社会生产力，促进区域经济的发展；有利于保护集体经济组织和成员的合法权益，解决撤制村队的遗留问题，化解农村城市化进程中产生的矛盾，维护和促进社会稳定；有利于实现农村集体经济组织管理的民主化、科学化和规范化。

村级产权制度改革，就是改变生产大队管理体制，实现民主管理、民主决策、民主监督。在保持按劳分配为主的分配体制下，增加按股分红的按资分配体制，提高农民参与村集体经济组织经营的主动性、积极性。

南海社区股份合作改革的主要做法是：将集体资产的净值和土地、鱼塘折价入股，以社区农村户籍的农民为配股对象，按设定的股权比例进行分红，并按章程规定产生董事会、监事会等组织机构，行使相应职能。即农户将其分得的农村土地承包经营权交给农村集体经济组织（经济合作社或经济合作联社），农户交换回按一定标准分配的农村集体经济组织的股权；农村集体经济组织将农村土地使用权让渡给企业，获取相应的收益。

一般规定行政属本村的农业人口，才有权作为村股份合作的股东。大致将股份分为资源股与物业股（年龄股）两种，资源股按是否本村农业户口为标准分配，物业股按年龄划分不同的标准分配。由于每个成员对集体资产的贡献不同，在股份的设置中，也必须有所体现。南海模式初期成员分得股权只是农民享有社区资产收益分配的依据，并不能转让、继承或退股兑现，从 1995 年起逐渐试验“虚股折实”，实行“生不增、死不减”，可以转让。

北京农村社区股份合作制改革的本质与广东的农村社区股份合作制改革并无不同，那就是改变农村集体资产的使用管理体制，改变农村集体权益的分配方式。当然在具体的做法上也不尽相同，这些留待后面详细讨论。自丰台区开始农村集体产权制度改革后，北京市有农村集体经济组织的区县陆续开始了农村集体产权制度改革的历程。

二、北京城乡一体化发展的现实要求

城乡一体化是随着生产力的发展而促进城乡居民生产方式、生活方式和居住方式变化的过程，使城乡人口、技术、资本、资源等要素相互融合，互为资源，互为市场，互相服务，逐步达到城乡之间在经济、社会、文化、生态、空间、政策（制度）上协调发展的过程。城乡一体化，是一项重大而深刻的社会变革。不仅是思想观念的更新，也是政策措施的变化；不仅是发展思路和增长方式的转变，也是产业布局和利益关系的调整；不仅是体制和机制的创新，也是领导方式和工作方法的改进。城乡一体化的根本在于废除原有的城乡二元体制制度。

2013 年中央 1 号文件《关于加快发展现代农业　进一步增强农村发展活

力的若干意见》明确提出：为全面建成小康社会而奋斗，必须固本强基，始终把解决好农业农村农民问题作为全党工作重中之重，把城乡发展一体化作为解决“三农”问题的根本途径。十八届三中全会提出：城乡二元结构是制约城乡发展一体化的主要障碍。必须健全体制机制，形成以工促农、以城带乡、工农互惠、城乡一体的新型工农城乡关系，让广大农民平等参与现代化进程、共同分享现代化成果。要加快构建新型农业经营体系，赋予农民更多财产权利，推进城乡要素平等交换和公共资源均衡配置，完善城镇化健康发展体制机制。这表明我国已经将城乡一体化提升到国家战略的高度。

“城镇化”是中国缩小城乡差别的社会实践过程；“城乡一体化”是中国进行缩小城乡差别的社会实践所要追求并且实现的最终战略目标。“以工补农，以城带乡”、统筹城乡一体化发展，是中国现代化进程中的重大课题。作为首都和特大城市的北京，需要不断探索统筹城乡发展方式的创新思维。

同全国一样，二元结构一直是北京城乡协调发展的突出瓶颈。过去，北京的农民只是单纯种粮、种菜、种果，郊区就是专职米袋、菜篮、果园。受经济社会发展条件所限，全市基础建设、固定投资的绝大部分和社会保障、公共服务的主要对象多集中于中心城区居民，而面积10倍于城区的郊区，则长期发展迟缓。到2003年，北京已经由一个发展中城市成为中等发达城市。然而，中心城区经济社会突飞猛进的发展，却日趋表现出人口、资源、产业、道路交通承载的不堪重负。此时，郊区农民却还在期盼过上城区人的生活。

为理顺新时期的城乡关系，化解城乡发展的突出矛盾，2004年北京市提出“整个北京是浑然一体”的观点。首次把北京城区和郊区看成了一个整体，上升到了全市整体发展战略和制度安排层面。

2006年年底，北京市出台了《北京市“十一五”时期功能区域发展规划》，对各个区县未来五年的发展进行了定位分工：北京将建成首都功能核心区、城市功能拓展区、城市发展新区和生态涵养发展区四大各具特色的城市功能区。城市发展新区包括通州、顺义、大兴、昌平、房山五个区和亦庄开发区，是北京发展高新技术产业、现代制造业和现代农业的主要载体；生态涵养发展区包括门头沟、平谷、怀柔、密云、延庆五个区县，是北京的生态屏障和水源保护地。

2008年12月，《中共北京市委关于率先形成城乡经济社会发展一体化新格局的意见》，由市委五次全会讨论并提出。该意见指出：加快建立城乡统一的建设用地市场，保障符合规划的农村集体建设土地与国有土地享有“平等”权益；“同步”加强城镇化和新农村建设“双轮”驱动的城乡统筹思路；实现城乡教育、文化、卫生等基本公共服务“均等化”；加快社会保障体系和社会管理的“城乡衔接”。同时，该意见还突出强调了鼓励改革创新，如鼓励在土地使用制度、社会保障、管理体制等重点领域，大胆探索、先行试验。

2009年7月，在全市上半年经济形势分析会上，北京市提出要“重新认识首都‘三农’问题”。首都的农村是北京郊区的一部分，是北京新的战略发展空间；首都的农民是北京的市民，是推动郊区发展的动力，是拥有集体资产的市民；首都的农业是都市型现代农业，是一二三产相互融合的产业。“北京全市面积16400平方千米，城区只有1100平方千米，人口资源环境的矛盾就城区说城区或者就农村说农村都不能解决问题，只有城乡资源整合，只有城乡一体化发展，才是科学的路径。”近年来，随着北京村级组织经济实力的不断壮大，北京农村集体经济产权制度改革也在迅速推进之中。北京农民市民化正是北京城乡一体化发展战略的组成部分，也是实现城乡一体化的具体目标之一。

第二章　北京农民市民化的实践路径

第一节　中央政策与立法梳理

一、中央关于农民市民化的政策及立法简单梳理

对于农村集体产权制度改革，自20世纪80年代末90年代初广东部分农村地区实行农村社区股份合作制改革以来，主要在各省级层面出台了相应的指导意见或地方性部门规章予以规范，在中央层面并没有明确的政策指导意见。21世纪以来，农村集体产权制度改革（或者说农村社区股份合作制改革）逐步进入到中央政策的视野。党的十六届三中全会提出“建立有利于逐步改变城乡二元经济结构的体制”，“坚持尊重群众的首创精神”。中共中央办公厅、国务院办公厅《关于加强农村基层党风廉政建设的意见》（中办发〔2006〕32号）提出“积极推进股份制、股份合作制等村集体经济的有效实现形式”。农业部在此基础上于2007年制定了《关于稳步推进农村集体经济组织产权制度改革试点的指导意见》（以下简称《意见》），对农村产权制改革提出了相应的指导意见。

二、农业部《意见》的框架内容

（一）肯定农村集体产权制度创新行为，明确其实践意义

首先，认为农村集体经济组织产权制度改革是解决城镇化、工业化过程中

面临新问题的需要。农村集体经济组织产权制度改革，是我国农村城镇化和工业化发展新形势下，生产力发展对生产关系调整提出的要求。近年来，农村特别是城郊结合部和沿海发达地区集体经济组织资产及其成员都出现了新的变化，农村集体经济组织成员转为城镇居民增多，流动人口进入较富裕地区增多，部分地区村集体经济组织成员构成日趋复杂。同时，在城镇化进程中，原集体经济组织征地补偿费、集体不动产收益在集体成员中的分配问题、原集体经济组织成员对集体资产的权益及份额问题等都凸显了出来，需要通过农村集体经济组织产权制度改革来加以明晰及妥善解决。

其次，认为农村集体经济组织产权制度改革是发展生产力和完善农村市场经济体制的需要。我国社会主义市场经济体制的建立和完善对农村集体经济组织产权制度安排提出了新要求。市场经济体制的确定，促进了资源的有效配置，推动了农村生产力的蓬勃发展。物流、人流、资金流的日益频繁，丰富了农村市场的交易行为，形成了更为复杂的利益关系，同时提出了建立明晰的产权制度的要求。农村集体经济组织产权制度改革，成为完善我国市场经济体制改革的重要组成部分。

最后，认为农村集体经济组织产权制度改革是维护农民合法权益的需要。随着农村工业化、城镇化进程的加快，近年来发达地区和城镇周边的一些地区农村行政体制做了相应调整，在撤乡并村和“村改居”过程中，要防止集体经济组织资产流失或被平调，防止损害农村集体经济组织及其成员的利益，客观上要求农村集体经济组织有效地解决传统产权制度产权虚置的弊端，解决集体经济产权主体模糊、决策独断、监督不善、分配随意等问题，实现产权清晰，落实到人，以便更有力地维护集体经济组织及其每个成员的利益。

（二）明确农村集体产权制度改革的目标和原则

《意见》提出推进以股份合作为主要形式，以清产核资、资产量化、股权设置、股权界定、股权管理为主要内容的农村集体经济组织产权制度改革，建立“归属清晰、权责明确、利益共享、保护严格、流转规范、监管有力”的农村集体经济组织产权制度，明确农村集体经济组织的管理决策机制、收益分配机制，健全保护农村集体经济组织和成员利益的长效机制，构建完善的农村集体经济组织现代产权运行体制。

在农村产权制度改革过程中，一是坚持民主决策，农民自愿。要充分保障农民群众的知情权、决策权、参与权和监督权，尊重农民群众的选择。二是坚持公开、公正、公平。要在民主参与、民主决策的前提下，把公开、公正、公平精神贯穿于改革的全过程。三是坚持规范操作，加强指导。改革方案要进行充分的民主讨论并进行可行性论证，整个改革工作的各个环节必须经过合法的民主程序。四是坚持因地制宜，分类指导。要根据各地经济发展水平和实际情况，选择广大农民群众普遍接受的改革方式，正确处理好国家、集体、农民的利益关系。五是坚持广泛协商，稳步推进。推动农村集体经济组织进行产权制度改革，必须获得广大农民群众的支持；必须调动基层干部的主动性和积极性；必须依靠党委政府的有力领导和主管部门的业务指导，成熟一个，进行一个，不能强迫命令。

（三）界定农村集体产权制度改革的主要程序

1. 制定方案。实行改革的村集体经济组织要建立在村党组及村委会领导下，由村集体经济组织负责人、民主理财小组成员和村集体经济组织成员代表共同组成的村集体经济组织产权制度改革领导小组和工作班子，组织实施改革工作。领导小组拟订的改革具体政策和实施方案，必须张榜公布，经村集体经济组织成员大会三分之二以上成员同意后通过，报县（市、区）级人民政府备案。

2. 清产核资。由县乡农村经营管理部门和产权制度改革领导小组联合组成清产核资小组，对村集体经济组织所有的各类资产进行全面清理核实。要区分经营性资产、非经营性资产和资源性资产，分别登记造册；要召开村集体经济组织成员大会，对清产核资结果进行审核确认。对得到确认的清产核资结果，要及时在村务公开栏张榜公布，并上报乡（镇）农村经营管理部门备案。在进行清产核资的同时，要依照相关政策法规妥善处理“老股金”等历史遗留问题。

3. 资产量化。在清产核资的基础上，合理确定折股量化的资产。对经营性资产、非经营性资产以及资源性资产的折股量化范围、折股量化方式等事项，提交村集体经济组织成员大会讨论决定。

4. 股权设置。各地根据实际情况由村集体经济组织成员大会讨论决定股权设置。原则上可设置集体股、个人股。集体股是按照集体资产净额的一定比例折股量化，由全体成员共同所有的资产，集体股所占总股本的比例由村集体经济组织成员大会讨论决定，也可以根据实际情况不设立集体股；个人股按集体资产净额的总值或一定比例折股量化，无偿或部分有偿地由符合条件的集体经济组织成员按份享有。

5. 股权界定。股份量化中股权分配对象的确认、股权配置比例的确定，除法律、法规和现行政策有明确规定外，要张榜公布，反复协商，并提交村集体经济组织成员大会民主讨论，经三分之二村集体经济组织成员通过后方可实施。

6. 股权管理。集体资产折股量化到户的股权确定后，要及时向股东出具股权证书，作为参与管理决策、享有收益分配的凭证，量化的股权可以继承，在满足一定条件的情况下可以在本集体经济组织内部转让，但不得退股。同时，村集体经济组织要召开股东大会，选举产生董事会、监事会，建立符合现代企业管理要求的集体经济组织治理结构。

7. 资产运营。产权制度改革后，村集体经济组织可以选择合适的市场主体形式，成立实体参与市场竞争，也可以选择承包、租赁、招标、拍卖集体资产等多种方式进入市场。要以市场的思维、市场的方式参与市场竞争，管理集体资产，提高运营效率，增加农民收入，发展集体经济。

8. 收益分配。改制后的集体经济组织，按其成员拥有股权的比例进行收益分配。要将集体经济组织收益分配到人，确保农民利益。改制后集体经济组织的年终财务决算和收益分配方案，提取公积金、公益金、公共开支费用和股东收益分配的具体比例由董事会提出，提交股东大会或村集体经济组织成员大会讨论决定。

9. 监督管理。完成产权制度改革的村集体经济组织，要及时制定相应的股份合作组织章程，实行严格的财务公开制度；要发挥监事会的监督管理作用，保障村集体经济组织成员进行民主管理、民主决策、民主监督，保障村集体经济组织成员行使知情权、监督权、管理权和决策权；各级农村经营管理部门要加强对农村集体经济组织的业务指导，开展审计监督管理。

这是我国全国层面第一次统一地对农村集体产权制度改革提出的规范意见。从其内容看，《意见》无疑是在总结全国各地农村集体产权制度改革的实践基础上，对农村产权制度改革提出的具体规范意见。其肯定了基层农民对农村集体产权制度的创新，高度评价了农村集体产权制度改革的重大意义。当然，虽然这是全国层面关于农村集体产权制度改革的重要规范，但是其地位充其量属于部门规章的层次。要强化其法律拘束力，还需要在立法形式上进一步提高其法律地位。

第二节 北京市农村集体产权制度改革的政策与立法情况

北京市农村集体资产制度改革在改革之初有相应的地方规范，并且不断完善。主要的法律规范性文件如下：1993 年制定的《北京市农村集体资产管理条例》，1996 年通过的《北京市农村股份合作企业暂行条例》，1996 年的《关于村经济合作社社员代表大会的若干规定（试行）》，1999 年颁布的《北京市撤制村队集体资产处置办法》，2003 年中共北京市委、北京市人民政府《关于进一步深化农村集体经济体制改革加强集体资产管理的通知》，2004 年中共北京市委、北京市农村工作委员会《关于积极推进乡村集体经济产权制度改革的意见》，2008 年《中共北京市委关于率先形成城乡经济社会发展一体化新格局的意见》，2010 年，市委农工委、市农委制定了《关于进一步加快推进农村集体经济产权制度改革工作的意见》（京农函〔2010〕2 号），提出了全市拥有集体净资产的农村都要进行集体经济产权制度改革。正是这些不断出台的地方性法规和党、政部门的规范性文件使得北京市的农村集体产权制度改革有章可循。具体看，这些地方性法规与规范性文件主要可分为三个阶段。

一、探索试验阶段（1993—2002年）

（一）《北京市农村集体资产管理条例》涉及农村集体产权制度改革的内容

该条例由北京市第十届人民代表大会常务委员会第二次会议通过，是地方性法规。该条例在以下方面对农村集体产权改革做出规定：

1. 肯定通过农村产权制度改革推动农村社会主义市场经济的发展

该条例的宗旨是为了加强农村集体资产管理，保护集体资产所有者、经营者的合法权益，促进农村社会主义市场经济健康发展。这表明，该条例中所提出的农村产权制度改革的内容，其目的是在保障集体资产所有者、经营者合法权益的同时，促进集体资产的经营使用模式，促进农村社会主义市场经济的发展。

2. 明确农村集体资产可以实行新的经营运作方式

该条例第六条规定：农村集体资产可以按照所有权和经营权分离的原则，采取多种经营方式，实行有偿使用。第十二条规定：乡联社、村合作社依法决定集体资产的经营方式。可以实行承包经营、租赁经营；可以集体资产参股、联营；也可以实行股份合作经营。

3. 规定农村集体资产管理的重大事项由社员大会或社员代表大会决定

该条例规定对于乡联社、村合作社年度财务预算、决算；集体资产经营方式的确定和重大变更；重大项目投资；年度收益分配方案；主要资产处置和其他重大事项必须由同级社员大会或社员代表大会决定。这一点确定了农村集体资产管理重大事项的决定权，其中集体资产经营方式的确定和重大变更显然涉及农村集体产权制度改革的内容。

总之，该条例虽然不是专门针对农村集体产权制度改革的立法，但是毫无疑问农村集体产权制度改革是条例的重点内容之一，从该条例的立法目的中可以明确看出此意。因此，本条例实际上可以看作是北京市农村集体产权制度改革最早的地方法律依据。从实行农村集体产权制度改革相关区县的具体规范看，也是以此为主要依据的。[1]

（二）《北京市农村股份合作企业暂行条例》与农村集体产权制度改革相关的内容

1. 明确了农村集体产权制度改革实行劳动合作和资金合作相结合的重要形式

该条例规定：农村股份合作企业是以合作制为基础，实行农民群众劳动合作和资金联合相结合的企业组织形式。农村集体产权制度改革重要的一条就是改革农村集体资产的经营形式，通过合作制使得农村集体资产资本化，从而发挥资本应有的创收功能。

2. 确立了农村股份合作企业的三个基本原则

（1）劳动合作与资金联合相结合，按劳分配与按股分红相结合。

（2）资金共筹、积累共有、利益共享、风险共担、同股同利。

（3）自主经营、独立核算、自负盈亏、民主管理。

这三大原则意味着将现代企业制度引入到农村集体资产的运营过程中。

3. 明确将农村集体产权制度改革后的主体作为农村股份合作企业产生的重要形式

该条例第十二条第一款第一项规定：将乡、镇合作经济联合社或者村经济合作社原有集体企业资产折成股份，并吸纳新的投资设立股份合作企业。明确提出以集体资产折股的方式设立农村股份合作企业。

4. 规定了农村股份合作企业的主要股份类型

规定企业应设置集体股和职工个人股。并规定按照章程规定可以设置社员个人股和社会法人股。

5. 规定农村合作企业的组织机构

企业设立合作股东大会、理事会、经理和监事会等组织机构。合作股东大会实行一人一票制，并对企业组织机构的职权及运作程序进行规定。

---

[1] 如《房山区农村集体资产管理办法（试行）》根据《北京市农村集体资产管理条例》的规定，结合房山区实际，制定该办法。《通州区农村社区股份合作社规范化管理实施办法（试行）》也以此为主要依据。其他区县的农村产权制度改革也是以此为主要依据的。

《北京市农村股份合作企业暂行条例》同样也并非专门的农村集体产权制度改革的立法，但是相关条款中涉及农村集体产权制度改革的重要内容，因此其也成为北京市农村集体产权制度改革中的重要法律依据。

（三）《关于村经济合作社社员代表大会的若干规定（试行）》

社员代表大会是农民集体的主要权力机构，但是20世纪90年代北京市农村社员代表大会工作还存在一些不容忽视的问题，主要表现在：地位不明确；职能不到位；民主监督力度不够；社员代表大会与其他基层组织衔接配套、协调运转的机制还没有很好地建立起来。在此背景下北京市委农村工作委员会、市政府农林办公室颁布了本规定，以求规范村经济合作社社员代表大会的运作程序。

1. 明确村经济合作社的法律地位

该规定第二条指出：村经济合作社是以行政村为单位建立起来的社区性合作经济组织。该条阐明了两个重要内容：其一，村经济合作社是以行政村为单位建立起来的。也就是说，村经济合作社实际上改变行政村原来集各种管理功能于一体的情形，将经济发展方面的职能转移到村经济合作社这一新主体之上。其二，村经济合作社的性质是社区性合作经济组织。

2. 对村经济合作社社员代表大会的诸多事项进行了规定

规定了社员代表大会代表的产生方式、任期、条件及相关职权；规定了社员代表大会的职权、组成部分及相关的运作程序。

该规定为农村集体产权制度改革确立了相应的程序性保障。

（四）《北京市撤制村队集体资产处置办法》

北京市人民政府办公厅颁发的《北京市撤制村队集体资产处置办法》是北京市农村集体产权制度改革、农民市民化的重要规范性文件。该办法主要从以下角度对撤制村队的集体资产处置问题进行了相应规定。

1. 规定撤制村、队集体资产的处置原则

（1）要有利于保护村、队集体经济组织及其成员的合法权益。

（2）要有利于保护和发展社会生产力，促进股份合作经济发展。

（3）要有利于维护和促进社会稳定。

2. 成立撤制工作小组

撤制村、队应在所在乡镇人民政府的指导下，成立由乡镇农村合作经济经营管理站工作人员、村队集体经济组织负责人以及集体经济组织成员代表参加的撤制工作小组，负责具体工作。

3. 清产核资

（1）撤制村、队对其集体资产必须进行清产核资，并将清产核资结果报区县农村合作经济经营管理站审核、认定。

（2）撤制村、队对其集体资产的清产核资结果，应当向该村、队集体经济组织成员大会或者代表大会报告并得到确认。

4. 通过资产处置方案

撤制村、队集体资产的处置方案，须经该村、队集体经济组织成员大会或者代表大会讨论同意，报乡镇人民政府批准，送所在区县农村合作经济经营管理站备案。撤制村、队集体经济组织成员最初的入社股金，可按 15 倍左右的比例返还。继续发展规范的股份合作经济的，以股权形式返还；不能继续发展规范的股份合作经济的，以现金形式返还。

撤制村队的资产处置主要有两种方式：

（1）撤制村、队集体资产数额较少，或者没有条件继续发展规范的股份合作经济的，集体资产按下列规定处置：①固定资产（包括变价、折价款）和历年的公积金（发展基金）余额，以及占地补偿费，全部交由所属村或者乡镇合作经济组织管理，待村或者乡镇合作经济组织撤制时再行处置。②公益金、福利基金和低值易耗品、库存物资、畜禽的折款以及国库券等，兑现给集体经济组织成员。③青苗补偿费、村队种植的树木补偿费和不属于固定资产的土地等附着物的补偿费，可以兑现给集体经济组织成员。

（2）股份合作制改革。

集体资产数额较大的撤制村、队，要积极创造条件进行改制，发展规范的股份合作经济。可以将集体净资产划分为集体股和个人股。集体股所占比例由该村、队集体经济组织成员大会或者代表大会讨论决定，但不应低于 30%；其他净资产量化到个人。撤制村、队集体经济组织成员获得的股权，享有收益权，可以继承、转让，但不得退股。

5. 参与撤制村队资产分配的资格界定

该办法第十六条规定：在撤制村、队集体资产处置中可享受分配的人员是：自建立农村集体经济组织（农业生产合作社）至批准撤制之日止期间，户口在村、队并且参加村、队集体劳动三年以上（含三年），或者经批准从事个体生产经营活动累计三年以上（含三年）并依有关规定按时、按量履行了各项应尽义务的集体经济组织成员。但有下列情况之一的除外：（1）撤制之日前已经死亡的；（2）撤制之日前户口迁出本市的；（3）撤制之日前已是国家工作人员的。

撤制村、队集体资产的分配，以可以享受分配的人员在村、队参加劳动的时间为依据。参加劳动的时间以年度为单位计算，不满六个月的不计算，超过六个月的按一年计算。

撤制村、队撤制工作小组，应当设法通知可以享受分配的人员参加资格确认和登记，必要时可在权威的媒体上发布公告。

二、扩大试点阶段（2002—2007年）

（一）《关于进一步深化农村集体经济体制改革　加强集体资产管理的通知》

2003年6月25日，北京市委、市政府联合发布本通知[1]。严格地说，本通知并不具有法律意义上的拘束力，但是其确实起到指导、规范北京市农村集体产权制度改革的重要作用。本通知是在结合本市农村集体产权制度的现实状况（即农村集体经济组织产权改革滞后，集体经济缺乏活力；一些部门、单位随意侵占农村集体资产，侵害农民利益；一些农村集体经济组织基础管理工作薄弱，集体资产流失比较严重）的基础上，提出的北京市农村集体经济体制改革的具体思路。

---

[1] 见附录一：中共北京市委　北京市人民政府《关于进一步深化乡村集体经济体制改革　加强集体资产管理的通知》（京发〔2003〕13号）。

1. 明确农村集体产权制度改革的基本方向

北京市农村集体经济产权制度改革的基本方向是“资产变股权、农民当股东”。农村集体经济组织要通过产权制度改革，实现制度创新，真正成为产权明晰、农民入股、主体多元、充满生机和活力的市场主体。农村集体经济组织的存量资产通过民主程序，在留出一定数量的社会保障资金后，可以量化给本集体经济组织成员，作为其在本集体经济组织中占有的股份，并按照股份份额获取收益、承担风险。整建制撤村转居的农村集体经济组织，存量资产要优先用于农民转居后的社会保障，剩余部分可以根据本集体经济组织成员的意愿，在留出适量集体股后量化到个人。

2. 明确按照现代企业制度的要求进行农村集体产权制度改革

要按照建立现代企业制度的要求，积极推进农村集体企业改革。集体独资企业可以实行股份制、股份合作制或其他形式的合资合作经营，也可以进行租赁或拍卖。农村集体经济组织要打破产权封闭、区域封闭的格局，实现开放式经营。要坚持实施资本引进和资本跟进战略，积极推进高起点、大范围、宽领域的资产重组，实现投资主体和经营方式的多元化。

要优化农村集体经济的投资结构，提高资金使用效益。抓住发展机遇，大力培育符合现代农业和新型工业发展方向的主导产业，增强农村集体经济的发展能力。农村集体经济组织投资兴办企业或参股经营企业，要认真进行可行性论证，并经本集体经济组织成员大会或成员代表大会讨论决定。对于控股或者参股的企业，集体经济组织要按照企业章程选派出资者代表进入股东会、董事会和监事会，对企业运行情况实施有效的监督。农村集体经济组织不得盲目从事高风险的投资经营。

3. 明确农村集体资产管理主体，建立健全各项民主管理制度

农村集体资产属于农村集体经济组织内全体成员集体所有。农村集体资产受法律保护，禁止任何组织或者个人侵占、哄抢、私分、破坏、平调或者非法查封、扣押、冻结、没收。除按照国家有关政策安置迁入的移民外，未以土地、资金等生产资料投资加入农村集体经济组织的农户，不享有集体资产所有权。集体经济组织成员转为城镇居民以后，以其对本集体经济组织的投资和劳动贡献，享有相应集体资产的所有权和收益权。

村集体经济组织是村一级集体资产的管理主体。尚未建立集体经济组织的行政村，可以由村委会行使集体资产管理主体的职能。要建立健全乡（镇）集体资产管理机构，负责乡（镇）一级集体资产的管理工作。

建立健全农村集体资产的民主管理制度，是做好集体资产管理工作的治本之策。集体经济经营管理的重大问题，包括集体土地承包租赁、集体资产处置、重大项目投资和举债、年度财务预决算、年度收益分配等重大事项，须经本集体经济组织成员大会或成员代表大会民主讨论决定。农村集体经济组织都要实行民主公开制度，通过多种形式，接受群众的监督。

4. 厘清土地承包制度与农村集体产权制度改革的关系

农民自愿且具备条件的地区，在确保农民对集体土地的承包权、收益权的前提下，可以试行承包权和经营权的分离，通过土地承包权作股、承包权作价、承包地出租、联户经营、农民与企业合作经营等形式，进行土地使用权的有偿流转，实行规模化、集约化经营，加快农民向二、三产业转移，为实现郊区工业化、城市化创造条件。

农村集体土地对外承包、租赁，应当事先对承包方、承租方的资信情况和经营能力进行评估，经本集体经济组织成员大会或成员代表大会同意，并报乡（镇）人民政府批准。农村集体土地对外承包、租赁，须以集体资产管理主体作为发包方或者出租方，其他任何单位和个人不得越权发包或者出租。土地承包金或者租金按年度收取的，可以列入当年收益分配；集中收取的，要分摊到每个收益年度。

国家建设征用、占用农村集体土地，应当严格依照法定程序办理征占手续，并按国家法律规定的补偿项目和补偿标准，给农村集体经济组织和土地承包者以足额的补偿，同时做好劳动力的安置工作。任何单位或个人不得无偿征占农村集体土地，不得拖欠、截留和挪用农村集体土地征占补偿收入，不得从集体经济组织土地补偿收入中提取分成。农村集体土地征占收入中的集体所得实行专款专用，主要用于本集体经济组织成员的社会保障和公益事业支出，也可以投资入股兴办企业。

5. 建立制度，强化对农村集体资产的监管

健全农村集体资产的财务管理、会计核算和实物登记制度。定期进行清产

核资，依法界定资产所有权。集体账内资产要做到账实相符，账外资产要建立统计台账。进一步改善农村集体资产管理手段，逐步实行农村集体资产经营管理的信息化。

建立农村集体资产的评估制度。农村集体资产通过拍卖、租赁、股份制、股份合作制以及中外合资经营等方式发生所有权或者使用权转移时，必须进行资产评估。资产评估结果要经过农村集体资产管理主体确认，并报区（县）农村合作经济经营管理部门备案。

完善农村集体经济组织的民主理财制度。农村集体经济组织因扩大再生产确需大额举债的，应当进行可行性论证，并经本集体经济组织成员大会或成员代表大会讨论同意，非生产性投资不得举债。农村集体经济组织不得为本组织以外的单位或者个人提供经济担保。除正常经济业务中发生的应收款项以外，不得将集体资金出借给外单位或者个人使用。农村集体经济组织对应收款项等债权要积极催收，对确实无法追还的款项，经乡（镇）农村合作经济管理部门审核认定，由本集体经济组织成员大会或成员代表大会讨论同意后方可核销。未履行合法审批手续，任何人不得擅自减免应收款项。建立农村集体经济组织干部经济责任审计制度。乡（镇）集体经济组织主要负责人离任，由区（县）农村合作经济经营管理部门负责审计。村集体经济主要负责人、行使村集体资产管理职能的村委会主任和农村集体企业法人代表离任，由乡（镇）农村合作经济经营管理部门负责审计。除上述部门审计外，也可以委托有资质的申介审计机构进行审计。未经审计不得办理离任手续。

（二）《关于积极推进乡村集体经济产权制度改革的意见》❶

该意见是北京市委北京市农村工作委员会2004年根据市委、市政府《关于进一步深化乡村集体经济体制改革加强集体资产管理的通知》，提出的规范意见。

1. 重申集体经济产权制度改革的意义

充分认识农村集体经济产权制度改革的重要性。推进农村集体经济产权制

❶ 见附录一：中共北京市委北京市农村工作委员会《关于积极推进乡村集体经济产权制度改革的意见》（京农发〔2004〕28号）。

度改革，是解决集体经济产权不清、管理不严、资产流失的现实要求，是使集体经济发展与农民致富增收紧密结合的根本途径，是建立社会主义市场经济体制的重要内容。通过产权改革，实现制度创新，探索公有制新的实现形式，塑造充满生机和活力的市场主体，使集体经济真正担负起带领农民共同富裕的责任。

2. 明确农村集体经济产权制度改革的基本方向

农村集体经济产权制度改革的基本方向是“资产变股权、农民当股东”，建立起与市场经济接轨的产权清晰、权责明确、政企分开、管理科学的新型集体经济组织。

3. 明确农村集体产权制度改革的基本原则

农村集体经济产权制度改革要坚持解放和发展社会生产力，壮大集体经济实力的原则；坚持保护集体经济组织及其成员合法财产权，维护农村社会稳定的原则；坚持尊重集体经济组织成员的民主权利，公开、公平、公正的原则；坚持实事求是、因地制宜的原则。农村集体经济产权制度改革，主要在城市化和工业化进程较快、集体经济实力较强、集体资产数额较大、农民群众又有强烈要求的农村进行。鼓励和尊重农村基层干部群众的创造，因地制宜地确定改革形式。

4. 规定统一的集体经济产权制度改革的程序

北京市农村集体经济产权制度改革，应当按照下列程序进行：

（1）成立改革领导机构和工作机构；（2）集体经济组织召开成员大会或者成员代表大会，做出改革决议，并报上级人民政府批准；（3）开展集体资产清产核资或资产评估；（4）开展参加集体资产处置的人员登记和劳龄登记；（5）集体经济组织召开成员大会或者成员代表大会，就改革方案进行讨论并做出决议；（6）进行资产处置；（7）建立新型集体经济组织，召开股东大会或股东代表大会，讨论通过本组织《章程》，选举产生董事会、监事会成员；（8）按照《章程》规定，召开相关会议，决定重大事项；（9）进行新型集体经济组织的相关登记，建立相关档案。

5. 明确集体资产所有权

（1）农村集体资产的产权界定，按照《北京市农村集体资产管理条例》

的有关规定执行。处置集体资产前，必须进行清产核资或资产评估，结果要向本集体经济组织成员大会或成员代表大会报告并得到确认。

（2）明确集体土地所有权、经营权和收益权。集体土地等资源性资产归现有集体经济组织成员共同所有。依法属于集体所有的农用土地，按照《农村土地承包法》规定的范围，落实农户土地承包经营权，保障农户土地收益。依法属于集体所有的建设用地，经营收益和征占收入归本集体经济组织成员所有。区别不同情况，按照会计准则纳入账内核算或登记备案。

（3）农村集体经济组织要按照有关规定，合理确认本组织成员身份。本行政区域范围内各村集体经济组织作为乡镇集体经济组织的团体成员。没有村集体经济组织的乡镇，集体经济组织成员为依法享有集体资产所有权的个人。原集体经济组织成员已经通过农转非、户口迁移等不再是本集体经济组织成员的，依据其对本集体经济组织的投资和劳动贡献，享有相应的集体资产所有权。

6. 将建立社区股份合作制的新型集体经济组织作为改革的主要方向

（1）建立“三榜定案”制度，进行产权制度改革的村集体经济组织，应当对本组织的现有成员、自合作化以来户口在村并参加本集体经济组织生产劳动的人员、劳动工龄等进行认真登记、清查，并张榜公布，三榜定案。

（2）劳动工龄问题，劳动工龄计算起点为全村实现合作化的年份，截止日期（改制之日）应与清产核资或资产评估的时点相一致，具体日期由本集体经济组织成员大会或成员代表大会决定。

（3）处置原始入社股金，农村合作化初期集体经济组织成员投入的股金属于原入股人所有。原始入社股金按照本金的 15 倍折算成 1999 年的现值；1999 年后，按照历年一年期定期个人银行存款复利将本金原值折算成改制之日的现值。根据本人意愿，并经集体经济组织民主决定，原始入社股金折算的现值，可以转化为新型集体经济组织的股份，也可以现金全额一次性兑现。原入股人死亡的，原始入社股金由其法定继承人按法定顺序继承。没有继承人的，列入新型集体经济组织的集体股。

（4）处置原集体经济组织成员应享有的集体资产，包括应享有的转居转工时集体公积金、公益金和征地补偿款等集体资产的份额，并按照劳动工龄具体确定每个人的份额。根据本人意愿并经集体经济组织成员大会或成员代表大会决定，这部分资产可以现金全额一次性兑现；可以作为新型集体经济组织的债务，签订还款协议，分期偿还；也可以转化为新型集体经济组织的个人优先股。

（5）股份设置方案，扣除原始入社股金和原集体经济组织成员的资产份额以后的集体净资产的处置办法：①集体股。根据实际需要，由本集体经济组织成员民主决定集体股比例，用于处置遗留问题、可能需要补缴的费用、本集体经济组织成员社会保障支出和一些必要的社会性支出。②个人股为本集体经济组织成员（包括征地转非后未分配征地补偿款、未领取劳动力安置费、由村集体经济组织安置的留职人员），按照投资和劳动工龄量化的股份。

（6）个人优先股享有优先收益权和优先资产处置权，不参与新型集体经济组织的经营管理。

（7）落实农户土地承包经营权。依据《农村土地承包法》，落实农户土地承包权，并建立流转机制，转化为新型集体经济组织的股权，实行专业化适度规模经营，经营收益按股分红。股权比例和收益分配办法由本集体经济组织民主决定。

（8）新型集体经济组织根据需要可以设置本集体经济组织成员的个人现金股。

7. 按照建立现代企业制度的要求规范农村集体产权制度改革

（1）农村集体经济产权制度改革，关键是通过体制创新和制度创新，实现管理体制和经营机制的根本性转变，创造农村集体经济新的实现形式，塑造充满生机和活力的市场主体。要按照现代企业制度要求，建立股东大会或股东代表大会、董事会和监事会等机构，实行民主管理、科学决策，建立健全激励与约束相结合的运行机制。

实行股份合作制改革的农村集体经济组织，有关机构设置、财务会计与收益分配、合并、分立与解散清算等事宜，由本组织《章程》做出规定。

采取有限责任公司或股份有限公司形式进行改革的，要严格执行《中华人民共和国公司法》的有关规定。

（2）农村集体经济组织在进行产权制度改革后，要不断深化所属企业的产权制度改革和集体资产经营体制的创新，采取多种方式盘活集体资产，广泛开展招商引资，优化资源配置，提高集体资产经营效益。

（3）农村集体经济组织应改革劳动用工制度，为本集体经济组织成员提供就业培训和就业指导，鼓励本集体经济组织成员通过多种渠道自主创业。集体企业的就业岗位，要优先录用本组织成员。

（4）农村集体经济组织应建立和完善社会保障制度。具备条件的，逐步实现与城镇居民社会保障制度接轨；暂时不具备条件的，要根据实际情况，量力而行，探索多种形式，为股东提供养老、医疗、失业等社会保障。

（5）农村集体经济组织应加强管理和制度建设，建立健全内部控制制度，实行财务公开、民主理财，在开展内部审计监督的同时，接受农村集体资产管理部门的审计监督。

8. 明确政府在农村集体产权制度改革中的领导作用，并应尊重群众意愿

（1）各级党委和政府要加强对农村集体经济产权制度改革工作的领导。改革要坚持条件、试点先行、稳步推进，防止一哄而起、急于求成。由区县主管领导牵头建立相关部门参加的领导小组，并设立专门的工作小组，对区县的产权制度改革进行协调指导。进行产权制度改革的农村集体经济组织，要在同级党组织的领导下，成立由农村集体经济组织负责人、成员代表和乡镇有关部门工作人员组成的产权制度改革工作组，具体负责改革工作。

（2）农村集体经济产权制度改革工作组应依照有关法规和政策，结合本地实际，认真制定本组织产权制度改革方案、拟订组织章程，并采取多种形式广泛征求集体经济组织成员的意见，反复宣传集体经济产权制度改革的目的、意义和相关政策，使广大干部群众统一思想，提高认识。

（3）进行农村集体经济产权制度改革，要充分尊重群众的意愿，发扬群众的首创精神。改革过程中要坚持履行民主程序，广泛听取群众意见，实行民主决策和民主监督。

（三）《北京市建设征地补偿安置办法》[1] 与农民市民化有关的规定

2004 年北京市人民政府颁布了该办法，该办法与农民市民化有关的内容

[1] 见附录二：《北京市建设征地补偿安置办法》（北京市人民政府令第 148 号）。

主要涉及被征地后的农村村民转为城市居民的相关规定。

1. 被征地村民安置的相关规定

征用农民集体所有土地的，相应的农村村民应当同时转为非农业户口。应当转为非农业户口的农村村民数量，按照被征用的土地数量除以征地前被征地农村集体经济组织或者该村人均土地数量计算。应当转为非农业户口的农村村民人口年龄结构应当与该农村集体经济组织的人口年龄结构一致。

不满 16 周岁的未成年人及 16 周岁以上正在接受义务教育和学历教育的学生，只办理转为非农业户口的手续，不享受本办法规定的转非劳动力安置补偿待遇。

2. 相关人员就业促进的规定

（1）促进就业的方式，转非劳动力的就业应当坚持征地单位优先招用、劳动者自主择业、政府促进就业的方针。征地单位招用人员时，应当优先招用转非劳动力。乡镇企业、农村集体经济组织有条件的，可以吸纳转非劳动力就业。鼓励用人单位招用转非劳动力。公共就业服务机构应当为转非劳动力提供职业指导、职业介绍、职业技能培训等促进就业服务。

（2）就业补助费，转非劳动力在征地时被单位招用的，征地单位应当从征地补偿款中支付招用单位一次性就业补助费；转非劳动力自谋职业的，一次性就业补助费支付给本人。一次性就业补助费不低于下列标准：①转非劳动力年满 30 周岁、不满 40 周岁的，为征地时本市月最低工资标准的 60 倍；②转非劳动力男年满 55 周岁、女年满 45 周岁的，为征地时本市月最低工资标准的 48 倍，年龄每增加 1 岁递减六分之一，至达到国家规定的退休年龄时止；③其他转非劳动力为征地时本市月最低工资标准的 48 倍。

（3）对招收转非人员的相关规定，招用转非劳动力的单位，应当按照劳动管理法律、法规、规章的规定，对转非劳动力实行同工同酬、进行岗前职业技能培训等，并遵守下列规定：①与转非劳动力签订劳动合同，并到土地所在区、县劳动保障部门办理招聘备案手续。转非劳动力要求签订无固定期限合同的，应当与其签订无固定期限劳动合同，并不得约定试用期。②与转非劳动力履行劳动合同未满 5 年且转非劳动力未达到国家规定退休年龄的，解除或终止劳动合同时，每少履行 1 年，一次性就业补助费按照五分之一的比例返还给转非劳动力，不足1年的，按1年计算。

3. 社会保险

（1）养老保险。社保办理与缴费自批准征地之月起，转非劳动力应当按照国家和本市规定参加各项社会保险，并按规定缴纳社会保险费。农村集体经济组织或者村民委员会应当在转非劳动力办理转为非农业户口手续后30日内，到所在区、县社会保险经办机构为其办理参加社会保险手续，补缴社会保险费。转非劳动力补缴的社会保险费，由征地单位从征地补偿费中直接拨付到其所在区、县社会保险经办机构。

转非劳动力达到国家规定的退休年龄时，累计缴纳基本养老保险费满15年及以上的，享受按月领取基本养老金待遇。基本养老金由基础养老金和个人账户养老金两部分组成。基础养老金按照本人退休时上一年本市职工月平均工资的20%计发；个人账户养老金按照个人账户累计储存额的一百二十分之一计发。转非劳动力按月领取的基本养老金低于本市基本养老金最低标准的，按照最低标准发放，并执行基本养老金调整的统一规定。

转非劳动力达到国家规定的退休年龄时，累计缴纳基本养老保险费不满15年的，不享受按月领取基本养老金待遇，其个人账户储存额一次性支付给本人，并终止养老保险关系。

（2）医疗保险。转非劳动力达到国家规定的退休年龄时，基本医疗保险累计缴费年限男满25年、女满20年且符合按月领取基本养老金条件的，办理退休手续后按规定享受退休人员基本医疗保险待遇；不符合上述条件的不享受退休人员基本医疗保险待遇，个人账户余额一次性支付给本人。

依法批准征地时，转非劳动力男年满31周岁的补缴1年基本医疗保险费，至年满51周岁前每增加1岁增补1年，最多补缴10年；年满51周岁的补缴11年基本医疗保险费，至退休前每增加1岁增补1年，最多补缴15年。

依法批准征地时，转非劳动力女年满26周岁的补缴1年基本医疗保险费，至年满41周岁前每增加1岁增补1年，最多补缴5年；年满41周岁补缴6年基本医疗保险费，至退休前每增加1岁增补1年，最多补缴10年。

补缴基本医疗保险费以依法批准征地时上一年本市职工平均工资的60%为基数，按照12%的比例一次性补缴。补缴后，由社会保险经办机构将其中

9%划入统筹基金、1%划入大额医疗互助资金、2%划入个人账户。

（3）失业保险。依法批准征地时，转非劳动力年满16周岁的补缴1年失业保险费，至达到国家规定的退休年龄前，每增加1岁增补1年，最多补缴20年。补缴失业保险费以依法批准征地时上一年本市职工平均工资的60%为基数，按照2%的比例一次性补缴。

转非劳动力失业后，按照规定享受失业保险待遇。但其在领取失业保险金期间自谋职业的，不执行一次性领取失业保险金的规定。未领取失业保险金的期限予以保留，与再次失业后应当领取失业保险金的期限合并计算。

按照该规定，失地农民的市民化问题得到了根本解决，不仅涉及身份的转变，更重要的是提供了系统性的就业促进和社会保障措施，从而保障村转居的根本性、彻底性，免除了村转居相关人员的后顾之忧。

三、加快推进阶段（2008年至今）

2010年，市委农工委、市农委制定了《关于进一步加快推进农村集体经济产权制度改革工作的意见》（京农函〔2010〕2号），提出了全市拥有集体净资产的农村都要进行集体经济产权制度改革，没有集体净资产的村，要做好集体经济组织成员身份界定、劳龄统计和清产核资等基础性工作。

四、北京市地方政策法规对农村产权制度改革的作用及其完善

（一）北京市地方政策法规对农村产权制度改革的作用

1. 有利于保护农民的合法权益

依法依规改革后农民成为集体经济组织的股东，除来自集体经济组织的工资、福利之外，农民还得到作为股东的红利分配，其作为集体经济组织成员的财产权益从体制上得到了保证。

2. 有利于促进农村集体经济的发展

依法依规把乡村级集体经济组织改造为比较规范的股份合作制企业，打破

了集体经济的封闭性，调动了集体经济组织和股东的投资积极性，不仅盘活了现有资产和资源，而且使集体经济组织在管理制度、劳动用工、分配制度等方面与市场接轨，增强了市场竞争力。

3. 有利于维护农村的社会稳定

各种政策法规明确了集体经济组织成员之间的利益关系，改制后的新型集体经济组织普遍召开了股东代表大会，组建了董事会、监事会，形成了比较规范的企业法人治理结构，为扩大基层民主、实施监督制约、防止集体资产流失提供了机制保证。财权、事权合理分解，干部处在股东、监事会等监督之下，集体资产经营中的土地出租、购置较大宗固定资产等重大事项，均须经股东表决同意，有力地促进了社会稳定和谐。

4. 有利于促进北京农村城市化进程

改制明确了集体经济组织成员的身份，改制后不论农民是否在农村社区居住和劳动，都能享受其作为集体经济组织成员应该享受的收益，从而为农民融入城市、寻找更适合自身的工作和生活方式奠定了基础。改制也明确了集体经济组织与村党支部、村委会之间的关系，明确了集体经济收益与村公共事业开支之间的关系，从而为改革城乡结合部地区行政管理体制和公共服务管护机制，提供了基础性的条件。

（二）北京市农村产权制度改革的地方政策法规现存问题

1. 转制后集体经济组织的法律地位不明确

按照我国现行法规改制后的农村合作经济组织还不具备明确的法人地位。多数集体经济组织既没有进行社会法人登记，也没有进行企业法人登记。如果改制后不进行企业法人登记，技术监督部门就不发给单位代码，没有单位代码税务部门就不提供税务发票。为依法从事生产经营活动，集体经济组织由工商部门按照特殊情况注册登记，这客观上导致农村集体经济定位的混乱。转制后集体经济仍支付社区公共开支，也导致企业权利和义务的严重不对称。合作经济组织与村级基层组织的关系，也需要进一步探索和明确。

2. 转制后农村集体合作经济组织的相关运作程序缺乏法律保障

北京市农村产权制度改革许多依据仅属于党政文件的范畴，严格来说对农村集体产权改革这一重大事项缺乏法律上的拘束力。因此导致社区股份合作经济组织设立的条件和程序；集体资产产权的量化、明晰社员股份的原则和具体办法；社区股份合作经济组织的组织机构的设置和议事规则；社区股份合作经济组织的财务管理和收益分配；社区股份合作经济组织的合并、分立和清算等诸多事项在一定程度上缺乏站得住脚的法律依据做后盾。

第三节　北京农民市民化的路径探索

一、北京农民市民化的过程

确切地说，北京农民市民化的过程就是北京农村集体产权制度的过程。大致看来，主要分为三个阶段。第一个阶段是探索试验阶段，第二个阶段是扩大试点阶段，第三个阶段是全面展开阶段。

（一）探索试验阶段（1993—2002 年）

1993 年，北京市农村集体经济产权制度改革首先在丰台区东罗园村拉开序幕，东罗园村作为产权制度改革试点，只将少部分集体净资产的收益分配权量化给现有集体经济组织成员。1995 年在丰台区南苑乡果园村进行试点时，把量化给社员的股份变为所有权，可以继承和转让。改革初期，股份量化对象还只限定于现有集体经济组织成员。2000—2002 年，在丰台区草桥、成寿寺和石榴庄村试点时，农村集体经济产权制度改革把转居转工人员和其他脱离集体经济组织的人员纳入进来，按照他们的投资和劳动贡献进行资产处置。随着改革的深入，股份量化的标准也从只有劳动贡献，发展到把农户土地承包经营权转化为集体经济组织成员的基本股，使享受改革成果的人员扩大为全体集体经济组织成员。

（二）扩大试点阶段（2003—2009 年）

2003 年，市委、市政府下发了《关于进一步深化农村集体经济体制改革加强集体资产管理的通知》（京发〔2003〕13 号），明确了“资产变股权、农民当股东”的方向和“近郊全面推开、远郊扩大试点”的方针，农村产权制度改革进入重点推进阶段。这一阶段农村集体经济产权制度改革主要在城市化和工业化进程较快、集体经济实力较强、集体资产数额较大、农民又有强烈要求的农村进行，并开展了乡级集体经济产权制度改革试点。集体经济产权制度改革逐步扩展到远郊区县以后，改革从采取存量资产量化型股份合作制一种形式，拓展到土地股份合作型、农民投资入股型和资源加资本型等多种形式。

（三）全面展开阶段（2010 年以后）

2010 年，市委农工委、市农委制定了《关于进一步加快推进农村集体经济产权制度改革工作的意见》（京农函〔2010〕2 号），提出了全市拥有集体净资产的农村都要进行集体经济产权制度改革，没有集体净资产的村，要做好集体经济组织成员身份界定、劳龄统计和清产核资等基础性工作。2010 年和 2011 年全市农村集体经济产权制度改革进度加快，两年新完成改制单位 2833 个，完成的改革单位数是前 17 年以来改革单位数总和的 3.5 倍。

二、北京农民市民化的模式

北京市总结了农村集体产权制度改革的九种模式，即存量资产量化模式、“资源 + 资本”模式、社员投资入股模式、“产权 + 林权”模式、整建制转居模式等。

（一）存量资产量化模式

郊区 98% 的村选择了“存量资产量化”方式的社区股份合作制改革。主要是在妥善处理合作化初期的老股金和原集体经济组织成员留置资产的基础上，将属于现有集体经济组织成员的净资产划分为集体股和个人股，集体股份一般都控制在 30% 左右，个人股份控制在 70% 左右。例如：昌平区北店村，2001 年因国家建设集体土地全部被征收，2003 年村民搬迁上楼，2004 年 9 月撤村建立了北店嘉园社区。当时面对部分村民要求将剩余土地补偿款全部分光吃净的压力，村集体经济组织积极推进产权制度改革，使全村 2474 名社员成为股东。改革时，该股份合作社劳龄股37006个、户籍股1434个、独生子女奖励股316.5个。核定总资产2.77亿元，其中集体股0.831亿元，个人股1.939亿元。同时，村集体向开发商回购3.07公顷（46.1亩，1亩≈666.7平方米）国有商业建设用地，投资4亿元建成9.12万平方米商业楼用于出租，年租金达3000万元。北店社区股份经济合作社在签订商业设施出租合同时，还明确约定要优先解决本社区人员就业，使社区的劳动力全部实现了就业。目前，北店嘉园社区居民收入主要由股份分红收入、工资性收入和住宅楼出租收入三部分构成。

（二）“资源+资本”模式

山区部分集体经济实力较差、集体账内存量资产较少的村，充分利用集体山场等自然资源，通过自然资源与社会资本相结合的方式，积极探索乡村集体经济产权制度改革的新途径。例如：密云区石城镇南石城村采取“资源+资本”方式兴办股份合作制旅游景区，取得显著成效。景区共设有910股，其中，村集体用山场作为资源入股，占总股份的30%；村民入股金32.2万元，即322股，占总股份的35.4%；北京金凤凰旅游公司入股金30万元，即300股，占总股份的33%；个人（外村）入股金1.5万元，即15股，占总股份的1.6%。又如：密云区新城子镇花园村，将全村9748亩有林山场以资源股的形式全部量化给本村658名集体经济组织成员，同时吸引本村180户（占全村的77%）社员现金入股36万元，村集体以2万元现金入股作为集体股份。股份合作社章程规定，收益按资源股占51%、现金股占49%的比例进行分配。

（三）社员投资入股模式

在一些集体企业发展前景好，又急需资金扩大生产经营规模的村，采取以集体资产入股，并按照自愿的原则，发动全体社员现金投资入股，组成社区型新型集体经济组织或企业，发展壮大集体经济。例如：顺义区北郎中村，首先是发动社员投资入股组建股份合作制企业；其次是在股份合作制企业的基础上，吸收社会资本。股份合作制企业注册资本8200万元，其中，集体历年积累3500万元留作集体股，集体经济组织成员投资3500万元作为个人股，并吸收外来企业和科技人员投资入股1200万元。目前，企业总股本达到9700万元，其中集体股4500万元，比注册时增加1000万元；个人股4000万元，比注册时增加500万元。

（四）“产权+林权”模式

“产权+林权”模式主要适用于集体资产积累较少，但是农村集体拥有一定的林地资源。通过产权和林权相结合，将土地、林地等资源性资产全部量化到人，实行股份制改造，使农民成为集体资产的主人，成为权利主体、决策主体和收益主体，形成了产权明晰、管理民主的新型集体经济组织。例如：昌平区兴寿镇木厂村地处北部浅山区，村域面积14700亩，包括集体林地面积14579亩和村庄面积121亩。全村总户数42户，总人口数168人，包括农业户籍135人和非农业户籍33人。村级经济发展以林果业及民俗旅游等农业产业为主。作为全市率先开展集体林权制度改革的试点村，该村通过把产权制度改革和集体林权制度改革结合起来，探索实践了“产权+林权”联动的农村集体经济产权制度改革模式。木厂村集体经济比较薄弱，几乎没有积累性资产和经营性收入，村集体账面资产仅有价值几十万元的几间办公用房，没有可以用来量化给个人并取得收益的集体资产。木厂村共计有14700亩土地，包括村庄用地121亩和林地14579亩。经木厂村集体经济组织成员代表讨论同意，确定把2009年8月10日作为改革基准日，人员配股资格界定和村集体可量化资产核算截至基准日当日24时。木厂村能参与产权、林权制度改革的人员共有168人，其中户口在村的85人，不在村的83人；农业户籍135人，非农业户籍33人。根据区政府、区林业局提供的政策指导价，清产核资小组对村集体经济组织所有的各类资产进行全面清理核实，按照改革工作方案完成了对林地勘界、补充完善承包合同和林权登记等主体改革任务。村庄用地指导价20000元/亩，集体林地指导价10000元/亩，林木价值按照种类不同为200～1000元/亩。这样按照指导价进行量化后，总计形成资源性资产1.54亿元，加上积累性资产64.95万元，并依照相关政策法规要妥善处理“老股金”等历史遗留问题的要求，减去预留老股金8.25万元，全村集体资产总计1.5466亿元。将集体可量化资产全部配置到集体和村民个人，其中30%量化为集体股，70%量化为个人股。个人股份为基本股、劳龄股和独生子女父母奖励股三部分，全部个人股的70%量化为基本股和独生子女父母奖励股，30%量化为劳龄股。通过产权制度改革，成立了村股份合作社，建立了相应的法人治理结构。形成村党支部统一领导、股份合作社依法自主经营、董事会和监事会民主决策的新型农村集体产权管理体制。

（五）整建制农转居模式

整建制农转居是城乡结合部地区50个重点村城市化工程建设的重要任务，是实现城乡一体化社会保障制度的重要探索。实施整建制农转居的重点村，必须完成重点村拆迁任务，做到集体产权制度改革和集体资产处置工作与整建制农转居同步。城市化程度较高、集体经济实力较强、能够自行筹集整建制转居费用的，鼓励以乡村为主体，自主实施整建制转居。土地资源较为充裕的区域，根据土地承载能力，通过土地开发筹集整建制转居费用。农民转居意愿强烈、集体经济实力较弱、统筹利用区域土地资源仍难以承担整建制转居费用的乡村，由市、区财政统筹解决。重点村建设是城乡结合部城市化的一次探索，2011年9月市政府出台《关于城乡结合部地区50个重点村实施整建制农转居有关工作的意见》，对重点村农转居工作做出部署，明确由各区依法合规、多途径筹措整建制农转居资金。通过土地储备、项目带动等方式一次性解决农转居资金的重点村，社会保障及一次性就业补助等所需资金纳入重点村建设整体考虑，由征地、项目投资承担。实施整建制农转居所需资金缺口部分，由重点村所在区政府按相关政策统筹协调解决。实施整建制农转居后，剩余土地仍然由农村集体经济组织使用、管理，剩余土地再征补偿款支付给集体经济组织，纳入集体资产进行管理和使用。

例如位于丰台区南苑乡的新宫村，该村村域面积239.6公顷，由新宫村、李庄子、范庄子、谢家庄4个自然村组成。2003年12月经过股份制改革，新宫农工商联合分公司改名为北京新宫昕源益达投资管理公司。2011年北京市人民政府颁布《关于城乡结合部地区50个重点村整建制农转居有关工作的意见》（京政发〔2011〕55号文件），新宫村是50个重点村之一。按照京政发〔2011〕55号文件，该村进行了整建制农转居改革。新宫村整建制农转居截止日期为2011年12月31日。农转居人员分类及转居后待遇如下：

1. 超转人员。新宫村转居时点（2011 年 12 月 31 日）男满 60 周岁、女满 50 周岁及以上的人员为超转人员，含无人赡养的孤寡老人以及法定劳动年龄范围内经有关部门鉴定完全丧失劳动能力且不能进入社会保险体系的病残人员。超转人员办理转居后移交至民政局，享受生活养老及医疗待遇；个人申请经民政部门批准的重残人员（完全丧失劳动能力）移交至民政局，享受民政部门重残人员生活医疗待遇。

2. 转非劳动力。转非劳动力是指征地转为非农业户口且在法定劳动年龄（新宫村转居时点，男满 16 周岁至不满 60 周岁、女满 16 周岁至不满 50 周岁）范围内具有劳动能力的人员，不包括 16 周岁以上正在接受义务教育和学历教育的学生。转非劳动力安置主要包括两种方式，以下两种方式二选其一：

（1）安置就业，由公司安置在本村就业，签订无固定期限劳动合同，并按照相关规定趸缴、补缴、续缴社会保险。如选择安置就业方式，则不能领取一次性就业补助费。在公司内退职工（女满 45 周岁未满 50 周岁、男满 50 周岁未满 60 周岁），按劳动力进行安置，可采取自愿双向选择，一是选择公司下属单位安置上岗，享受职工待遇，每人每月领取 1500 元内退工资，以后随北京市最低工资调整逐步调整，以不低于北京市最低工资为准，其社会保险由公司和个人按国家规定比例共同承担到国家法定退休年龄，但必须与工作单位签订提前内部退休协议书。

（2）自谋职业，自愿选择自谋职业，在签订自谋职业协议并经公证后，可领取一次性就业补助费，并由公司按照相关规定补缴社会保险。新宫村转居时点时年满 18 周岁的，选择自谋职业的，由公司补贴每人每月 800 元外出就业补助，该补助达到国家法定退休年龄为止。如社会保险补缴不足 15 年的，每年凭本人社会保险金缴费凭证到公司社保部门领取社保补贴 5000 元/年/人，直至个人社会保险补足 15 年为止。选择自谋职业者，公司不再安排就业。

3. 不满 16 周岁的未成年人及 16 周岁以上正在接受义务教育、学历教育的学生。重点村转居时点不满 16 周岁的未成年人及 16 周岁以上正在接受义务教育、学历教育的学生，只办理转非农业户口的手续，不享受转非劳动力安置补偿待遇。

第四节　北京部分区县农村产权制度改革的实践

一、丰台区农村产权制度改革实践

北京市丰台区从 1993 年开始，按照“资产变股权、农民当股东”的思路，采取社区股份合作制的形式，集体经济组织产权制度由“共同共有”转变为“按份共有”，改革促进了农民市民化进程。截至 2013 年 6 月，全区已经有 69 个村级集体经济组织和 3 个乡镇级集体经济组织完成了产权制度改革，占全区乡村集体经济组织总数的 97%，剩余的 2 个村已经完成资产评估、农龄登记等基础工作，2013 年 8 月底前完成改革。全区已有 13 万农民成为新型集体经济组织的股东。

丰台区农村集体产权制度改革的实践主要体现为以下特点：

（一）以乡镇为单位成立改制领导小组

乡党委成立了以党委书记为组长的七人改制领导小组，下设办公室，由乡党委和乡政府有关部门负责人组成。成立了以乡人大代表组成的改制监督小组。由乡体改办、政府办、宣传部、资产办、财务科、统计科等部门抽调十多人组成改制工作小组。改制专门机构的成立，使改制工作有了组织保证。乡改制领导小组要求各村在以下重要工作环节向上级有关部门上报相关内容。

第一，各村在进行产权制度改革之前，村党总支和村集体经济组织要向上级党委、政府提交改制申请，经批准后，方可启动改革程序。实行产权制度改革的村一般应具备的条件是：村级集体经济有一定数量的净资产和稳定的经营性收入来源；绝大多数村民有改革的意愿和要求；村级领导班子团结有力，有较强的改革意识。

第二，改制方案经过群众反复讨论之后，在提交社员代表大会表决之前，要上报上级改制领导小组审核批准。

第三，集体资产清产核资和资产评估结果，在提交社员代表大会确认之前，要上报区经管站审核。

第四，劳动工龄清理登记结果、净资产股份量化方案要报上级改制领导小组审核批准。

第五，新型集体经济组织董事会、监事会的候选人选要上报上级党委、政府审核（预批）。

（二）明确改制的基本原则

确立改制过程中的四项原则：

一是坚持实事求是，因地制宜的原则。一切从本乡、本村的实际出发，对改制过程中遇到的难点问题，既要学习其他地方和单位的经验，又不能生搬硬套，各乡、各村在产业结构、人口结构、地理位置、收入水平、经济基础等方面都有不同情况。因此，改制过程中具体方案和做法允许有所差别，不搞一刀切和互相攀比。

二是坚持公开、公平、公正的原则。改制过程中，集体净资产的清查结果、资产评估结果、改制方案的确定、企业章程的制定、农龄的核实、股份量化方案的制定以及董事会、监事会干部人选的确定等，都要交给社员代表民主讨论，反复征求各方面的意见。

三是坚持民主集中制和平等协商一致的原则。在遇到问题时，充分听取各方面人士的意见，包括老干部和在职干部、老社员和在职社员、转居转工人员代表和社员代表等多方面的意见，以便找出绝大多数人都能接受的解决办法。

四是坚持尊重历史、承认现实、面向未来的原则。集体经济产权制度改革中，无论是农龄的统计认定，还是资产的形成和确认，无论是各村在职社员，还是退休社员、转居转工人员，各方面人员的利益都要兼顾，因此，必须坚持尊重历史、承认现实、面向未来、实事求是的原则，才能使改制工作顺利进行。

（三）明确农村产权制度改革的操作程序

在城市化进程中，农村集体经济组织进行社区股份合作制改革是一个系统工程。涉及产权界定、股权设置、利益调整、机构变动等重大问题，是对传统观念和现行体制的重大变革，关系到社区合作组织每个人的切身利益。因此，改革既要积极又要慎重，要有计划有领导地进行。丰台区在操作中将程序分三阶段进行：

1. 准备阶段

（1）提出申请，上报审批。凡准备进行社区股份合作制改革的村集体经济组织，都应以集体经济组织作为发起人，由领导班子（党总支、村集体经济组织）提出改制为社区股份合作企业的书面申请，报乡党委和乡政府批准，方可进行改制。

（2）建立改制工作领导小组。组建以“一把手”为首的社区股份合作制改革领导小组，研究解决股份合作制改革过程中的各种重大问题。

（3）设立社区股份合作制改革办公室。办公室负责制订工作计划、拟订宣传材料，向党员、干部群众进行宣传动员、收集群众意见，草拟各种文件等具体工作。办公室要确定专人负责，明确分工，落实岗位责任。

（4）做好培训工作。筹备组和办公室工作人员要认真学习国家有关法律、法规，学习市委、市政府以及区委、区政府制定的有关文件，深刻领会精神实质，提高认识，统一思想。

2. 实际操作阶段

（1）宣传动员。首先召开党员、干部动员大会，在此基础上分别向社员和企业职工进行宣传。要向干部群众讲解清楚什么是社区股份合作制、为什么要进行社区股份合作制改革、社区股份合作制的股权怎么设置、股东有哪些权利和义务、承担哪些风险、享受哪些权益等。在宣讲的基础上要组织讨论，听取各方面的意见。

（2）清产核资。要由改革办公室负责，由财务会计人员和社员代表成立清产核资小组，对集体经济组织的账内、账外全部资产以及全部债权、债务进行彻底清查。账外资产和非经营性资产要设立台账进行详细登记。经营性资产要做到账实相符、账账相符。

（3）组织资产评估。资产评估要由具有法定资产评估资格的会计事务所进行评估。评估要按照固定资产、流动资产、无形资产等几个方面进行全面评估，切忌漏评和重评，防止集体资产流失和虚增、重报。

（4）确定集体经营性净资产。资产评估的结果，要召开社员大会或者社员代表大会进行确认，最后落实集体经营性净资产的数额。资产评估的结果要上报区经管站审核备案。

（5）清查户口和统计劳动力农龄。要通过全面清查，搞清楚具有集体经济组织成员身份的农业人口和已转居的非农业人口数额。通过采取个人登记与组织审查相结合的办法，核查集体经济组织成员（包括转居转工、外嫁女）的农龄。农龄核查的办法是由个人填写个人劳动履历表，由所在单位领导审查，张榜公布每个人劳动年限，三榜定案，防止弄虚作假。人口外出流动较多的要采取在报纸上刊登启事进行公告的办法，防止遗漏。

（6）起草股份合作企业章程（草案）。社区股份合作企业章程是新型集体经济组织的基本法，必须经过社员群众反复讨论、修改，做到家喻户晓、人人明白。章程必须具体、明确、有可操控性，除要符合国家工商行政管理部门的规定外，还要结合本村实际，列明资产界定、股东资格界定、股权设置、股权量化办法、收益分配办法等。

（7）处置原始入社股金。农村合作化初期集体经济组织成员投入的股金属于原入股人所有。原始入社股金按照本金的 15 倍折算成 1999 年的现值；1999 年后，按照历年一年期定期个人银行存款复利将本金原值折算成改制之日的现值。根据本人意愿，并经集体经济组织民主决定。原始入社股金折算的现值，可以转化为新型集体经济组织的股份，也可以现金全额一次性兑现。原入股人死亡的，原始入社股金由其法定继承人按法定顺序继承。没有继承人的，列入新型集体经济组织的集体股。

（8）处置原集体经济组织成员应享有的集体资产。包括应享有的转居转工时集体公积金、公益金和征地补偿款等集体资产的份额，应按照劳动工龄具体确定每个人的份额，根据本人意愿并经集体经济组织成员大会或成员代表大会决定，这部分资产可以现金全额一次性兑现；可以作为新型集体经济组织的债务，签订还款协议，分期偿还；也可以作为新型集体经济组织的个人优先股。

（9）界定产权，认股招股。在资产评估和核实农龄的基础上，将集体净资产界定为集体股、社员个人股（基本股、普通股、优先股）。设置现金股的地方要做好招股增资工作。

（10）做出改制决议。集体经济组织要召开社员大会或者社员代表大会，正式做出将集体经济组织改制为社区股份合作制企业的决议，选出集体股管理委员会（集体资产管理委员会）。

（11）发放股权证书。要在界定股权的基础上，制作股东名册和股权证书，列明每人持有社区股份合作制企业股份的性质、股数、每股面值和股权总额。设现金股的可边收现金股边发股权证。

（12）制定管理制度。要根据实际制定社区股份合作制企业内部管理的机构草案和内部管理制度草案。

（13）提出领导班子人选。村集体经济组织提出董事会、监事会、总经理等候选人推荐名单，报上级党委预批。

（14）选举股东代表。股东代表要从村集体经济组织的各下属单位、各分社（生产队）和各方面具有代表性的人群中民主选举产生。代表人数既要有广泛的代表性又要便于议事。集体股代表应当由集体股管理委员会委派。

3. 社区股份合作制企业成立及后续工作阶段

（1）召开创立大会。在扎实工作的基础上，要召开社区股份合作制企业创立大会，即召开第一次全体股东代表大会。主要议程有：汇报筹备工作情况、报告章程（草案）、分组讨论章程（草案）、酝酿董事会和监事会候选人、通过企业章程、投票选举董事会和监事会成员。

（2）选举主要领导。董事会和监事会分别选举董事长和监事长，并由董事会聘任总经理。

（3）办理注册登记，领取营业执照。

（4）举行社区股份合作制企业揭牌仪式。

（5）做好改革档案文件的归档、立卷工作。

二、朝阳区农村集体产权制度改革实践

朝阳区现有农村面积369.8平方千米，占全区总面积的78.5%。朝阳区的大部分乡镇并未进行“家庭联产承包”，土地、企业等大部分资产一直以来是

由集体统一经营，“三级所有，队为基础”的总体治理架构基本未予触动，“集体所有，家庭经营”的模式在该区不占主流，这是其进行集体产权改革的体制背景。朝阳区集体经济产权改革的核心是如何设法将乡、村两级发展经济的职能合理地剥离出去。随着城市化进程的加速，其管理体制也随之向城市型社区转型。乡、村两级的社会管理职能则被分解到新成立的农村社区、地区办事处或街道办，为最终实现城乡一体化的社会管理创造条件。

（一）朝阳区农村集体经济产权制度改革的五种模式

朝阳区在以乡为单位进行土地规划的基础上，于2004年提出“宜乡则乡、宜村则村、宜股则股、宜分则分、试点先行、稳步推进”的改革原则，探索出了农村集体经济产权改革的一条路子。

1. 在城市化发展很快的地区，争取一步到位，成立股份有限公司或有限责任公司处置乡级集体资产

这种模式以大屯乡和奥运村乡最为典型。其特征是，集体土地全部被征为国有，农民转居转工并纳入城市社会保障体系，乡政府改组为街道办，股份有限公司注册为企业法人，与乡政府脱钩，村委会同时消失。

大屯乡作为北京市最早的乡级集体产权制度改革试点乡，其主要做法及程序包括：一是评估集体资产，2001年年底乡级集体净资产为7.65亿元，在扣除残疾人保障费、资产评估费和资产处置预留费以后，确定可供分配的集体净资产为7.42亿元；二是确定集体资产的分配对象，共有15428人享有集体资产分配资格；三是以劳动年限（农龄）作为集体资产的分配依据，经统计和核实，分配对象的农龄共计21.61万年，人均农龄14年，每个农龄折合净资产3435.75元；四是本着尊重民意的原则，采取分配现金和量化股份相结合的方式，凡在乡属企事业单位、机关和其他部门工作的1972名人员，以股份的形式将资产量化到个人，凡在乡域以外单位或部门工作、自谋职业或已死亡的13456人，可自主选择持有股份或兑现等额现金；五是对集体经济组织实施股份制改造，除乡属单位和部门人员以享有的10502.69万元净资产出资外，同时吸收1638.31万元现金出资，组建“北京华汇亚辰投资有限公司”，注册资本为12141万元，同时登记设立“华汇集体资产管理协会”和“亚辰集体资

产管理协会”，由协会代表所有者行使出资人职能，解决了《公司法》对有限责任公司出资人数的限制问题。

2. 在城乡结合部城市化发展较快的区域，将集体资产尽可能量化到乡级或乡、村两级所有，实施乡级专业化经营

这一模式是在乡级集体经济组织（原来的乡农工商总公司代表乡集体经济组织经营乡级集体资产）层次上成立新的公司（资产量化到个人）或引进外来投资进行专业化经营，同时保留少部分村级集体经济组织。其与上述第一种模式的最大区别是土地仍为集体所有，农民转居到农民新村，成立农村社区，村级取消，村村界限消失，乡政府与地区办事处同时并存。这一模式以南磨房乡为典型，目前仅保留两个村委会（仍在发展村级集体经济），村级集体资产尚未交至乡级，全乡共有七大实体公司进行乡级专业化经营。

3. 在绿化隔离地区，力求形成“乡级统筹”的集体资产处置模式

朝阳绿化隔离地区是以乡为单位进行规划建设的，共有 17 个乡 70 多个村位于绿化隔离地区，其中 16 个村规划为绿地（原来的乡企搬迁，居民迁走），43 个村规划为产业用地、商业用地。尽管这种规划打破了原有的行政村界限，但是由于隔离地区用地性质上的不同，造成比较明显的村与村之间发展的差别。这一问题的客观存在使朝阳区试图探索一种对该类地区集体资产的“乡级统筹”，并在此基础上形成一种村村之间相对均衡的发展模式。这一集体资产处置方式的关键在于，绿化隔离地区的土地虽被占用，但其产权仍为集体所有。农民转居或转工后没有取得征地补偿，农民的社会保障无法解决，而同一乡域用地规划性质的差别导致村村之间集体资产的含金量大为不同。因此，很有必要进行集体资产的“乡级统筹”来缓和这一矛盾。

4. 在城市化进程较慢、乡域控制性详规还没有获得规划部门正式批准的乡，形成“乡、村两级资产互动”型的集体资产处置模式

这一模式是指通过对乡级集体资产的整合，在乡一级形成一个大的股份制企业（资产量化），而各村也通过对村级资产的量化相应成立公司，并作为乡企的一家分公司。该模式的合理性在于其经济关系上的“还权于民”，而土地的产权性质仍为集体所有。企业注册成为法人后，撤销村委会，成立农村社区（社会管理职能），乡政府的社会职能被转移至地区办事处，乡政府和村委会

的经济职能都被剥离到公司。该模式的难点在于乡一级需要一个很强大的企业做支撑。

5. 以社区股份合作制企业为依托进行村级集体资产的处置

这一模式适合于原来规划时虽然按乡域规划，但各村区别较大，村级集体资产大部分尚未处置的情况。朝阳区目前在来广营乡红军营村进行社区股份合作制的试点，村民在本企业工作，获取工资性收益，不在本企业工作，每年享有3000多元的分红。这一模式是将村委会发展经济的职能剥离到“合作社”，而企业的运营则兼顾资本与劳动双方的权利。

（二）朝阳区农村集体产权制度改革的具体规定

1. 明确农村集体经济产权制度改革的任务、基本原则、主要形式

农村集体经济产权制度改革的主要任务是按照“资产变股权、农民当股东”的基本方向，将集体经济组织现行的共同共有的产权制度改革为成员按份共有的产权制度，探索公有制新的实现形式，创新集体经济组织，建立适应社会主义市场经济发展要求的产权清晰、权责明确、政企分开、管理科学、保护有力的新型集体经济运行机制。

农村集体经济产权制度改革的基本原则是解放和发展生产力，保护集体经济组织及其成员合法权益，坚持公开、公平、公正、实事求是、因地制宜，维护农村社会稳定。

农村集体经济产权制度改革的主要形式包括：组建股份合作制企业，设立有限责任公司，成立股份有限公司。具体形式由集体经济组织成员大会或成员代表大会决定。

2. 明确农村集体经济产权制度改革的具体步骤

（1）成立改革领导机构和工作机构；（2）民主表决通过改革决议，并报上级人民政府批准；（3）开展集体资产清产核资或资产评估；（4）开展参加集体资产处置的人员登记和劳龄登记；（5）集体经济组织召开成员大会或者成员代表大会，就改革方案进行讨论并做出决议；（6）进行股权设置和资产处置；（7）建立新型集体经济组织，召开股东大会或股东代表大会，讨论通过本组织《章程》，选举产生董事会、监事会成员；（8）按照《章程》规定，

召开相关会议，决定重大事项；(9) 进行新型集体经济组织相关登记，建立相关档案。

3. 组织领导

决定推进农村集体经济产权制度改革的乡、村，应当在乡、村党组织的领导下，成立由乡、村主要领导和有关人员组成的产权制度改革领导小组，设立由专业技术人员和集体经济组织成员代表参加的工作机构。决定推进农村集体经济产权制度改革的乡、村，应当结合实际情况，对乡、村有关人员进行培训，使其全面掌握相关政策和工作方法。决定推进农村集体经济产权制度改革的乡、村，应当围绕推进产权制度改革的目的、意义和改革模式等内容，采取多种形式，全面开展宣传工作，营造良好的改革氛围。

4. 集体经济组织成员大会或成员代表大会在农村集体产权制度改革中的职权

决定推进农村集体经济产权制度改革的乡、村，应当根据改革进程，适时组织召开集体经济组织成员大会或成员代表大会，表决时，占全体成员代表半数以上同意即为通过。集体经济组织成员代表大会行使以下职权：(1) 对启动集体经济产权制度改革进行表决；(2) 对集体经济组织成员认定结果进行表决；(3) 对劳动年限统计结果进行表决；(4) 对集体资产清产核资和评估结果进行表决；(5) 对集体经济产权制度改革采取的形式进行表决；(6) 对股权设置方式和比例进行表决；(7) 章程赋予的其他职权。

集体经济组织成员代表按照有关规定从成员中民主选举产生。根据集体经济组织规模，代表人数一般为 20～60 人。成员代表出现缺额时，应及时进行补选。改革前乡、村集体经济组织已有成员代表大会的，可以继续行使其职能。集体经济组织成员任期已满 3 年的，需进行换届选举。新型集体经济组织批准成立后，原集体经济组织成员代表大会自行解散，集体经济组织成员代表资格同时终止。

5. 参加资产处置人员和劳动年限统计

参加资产处置人员包括：改制之日时的集体经济组织成员和原有的集体经济组织成员。改制之日时的集体经济组织成员包括：本地农业人口及其衍生人口、转居留职人员，以及其他符合条件的人员。原有的集体经济组织成员是指集体经济组织成员，因国家征地转居、死亡等原因，改制之日时已不在集体经济组织内的人员。本地农业人口及其衍生人口包括：原籍和户口均在本地的农业人口及其未成年子女；因婚嫁原因，户籍已迁入本集体经济组织的农业户口人员；本集体经济组织成员依法收养且户口已经迁入本村的子女。转居留职人员包括：农转居后没有领取劳动力安置费而由集体安置的成员；其他未纳入城市社会保障体系的农转居人员。

其他符合条件的人员包括：从本集体经济组织入伍的现役义务兵及符合国家有关规定的士官；原户口在本地，但正在服刑的人员；经本集体经济组织成员代表大会三分之二以上代表表决同意，并按照规定缴纳人均经营性集体净资产的其他人员。对集体经济组织成员资格有争议的，除法律、法规和政策另有规定外，由本集体经济组织成员大会或成员代表大会民主决定。

劳动年限按照劳动力参加本集体经济组织的实际劳动年限计算。有效劳动年限的起始时点为1956年1月1日，截止时点为改制之日，且与资产评估时点一致，具体日期由集体经济组织成员大会或成员代表大会决定。1985年12月31日以前的劳动年限，按实际参加劳动的年限确定；1985年12月31日至改制之日的劳动年限，按照男16～60周岁、女16～55周岁范围内的实际年限计算。

统计劳动年限，要在本市公开发行的报纸上进行不少于3次的公告，公告期不少于1个月，登记时间不少于10天。劳动年限登记结果要张榜公布，并实行三榜定案。一榜公布后，对结果有异议的，可以向改革领导机构反映，经核实后二榜公布。二榜公布后，仍有异议的，可以进一步向改革领导机构反映。经核实，报集体经济组织成员大会或成员代表大会确认并形成决议后，三榜公布最终结果。

6. 产权界定和资产评估

下列资产界定为集体资产：（1）乡村集体经济组织集体所有的土地、森林、水面等自然资源；（2）乡村集体经济组织投资形成的建筑物、构筑物、机械、设备、产畜、役畜、林木和农田水利设施等；（3）乡村集体经济组织投资兴办的企业资产；（4）在各种集体投资的企业中，按照章程或协议的规定，乡村集体经济组织占有的资产份额；（5）乡村集体经济组织出资兼并的资产；(6) 国家无偿资助形成的资产；(7) 国家对乡村集体经济组织及其所属企业减免税形成的资产；(8) 乡村集体经济组织拥有的著作权、专利权、商标权等无形资产；(9) 乡村集体经济组织出资购买的股票、债券等有价证券；(10) 依法属于乡村集体经济组织所有的货币资产和其他资产。

界定资产产权应遵循以下原则：投资主体明确的，按照“谁投资，谁所有”的原则；投资主体不明确的，采取尊重事实、依法协商的办法解决。

产权不清的乡、村集体企业资产，在进行产权界定时，根据不同情况做如下处理：(1) 领取集体营业执照，承包者个人未入资而靠国家、集体贷款、借款起家，滚动发展起来的企业，并由集体承担风险的，其资产界定为集体资产；(2) 领取集体营业执照，个人和集体共同投资兴办的企业，可以参照股份合作制，根据双方出资比例界定各自产权；(3) 企业使用集体土地，集体股份中应考虑土地收益等因素，具体股份比例由集体经济组织和个人协商解决；(4) 集体承包企业中，若承包者或企业职工将按合同规定应该领取的报酬投入企业，该部分报酬可视为企业债务，也可以界定为承包者或企业职工的投资。

决定推进农村集体经济产权制度改革的乡、村，应进行清产核资、资产评估。组建有限责任公司或股份有限公司的，应聘请社会中介机构进行资产评估。组建股份合作制企业的，可以聘请社会中介机构进行资产评估，也可以在农村经济管理部门指导下进行资产评估。清产核资和资产评估结果经集体经济组织成员大会或成员代表大会确认后，报区农村经济管理部门备案。

7. 股权设置和资产处置

乡村集体经济组织进行产权制度改革，具体改革形式由集体经济组织成员大会或成员代表大会民主决定。大部分集体土地没有被征占，多数农民没有转居并进入城镇保障体系的，可以采取设立股份合作制企业的形式。集体土地全部被国家征用，农民全部转居并与城镇社会保障体系接轨的乡、村，集体经济组织产权制度改革可以采取组建有限责任公司或股份有限公司的形式。

(1) 设立股份合作制企业的，可以设置基本股、集体股和个人股。采取组建有限责任公司或股份有限公司的，可以设置个人股和法人股。

基本股是由集体资源性资产等目前无法作价的集体资产转化成的股份，由现有的集体经济组织成员平均按份共有。已经进行土地确权的，将确权份额转化为基本股份额，比例不变。现有集体经济组织成员不再具备集体经济组织成员身份的，不再享有基本股，其份额转化为集体股。

集体股是集体净资产处置原始入社股金、扣除原有集体经济组织成员应享有的资产份额后，按一定比例设置的股份。集体股由股东代表大会集体行使股权。集体股收益一般用于处理遗留问题、可能需要补缴的费用、集体经济组织成员社会保障支出和必要的社区公益事业支出。现有的集体经济组织成员全部纳入城市社会保障体系后，且其他条件成熟时，取消集体股，其份额按照改制时的个人股比例进行量化。个人股是按照劳动年限量化给现有集体经济组织成员的股份，以及以现金形式新入的股份。

法人股是企业法人以其依法可支配的资产向公司投资形成的股份，或具有法人资格的事业单位和社会团体以国家允许用于经营的资产向公司投资形成的股份。

（2）采取设立股份合作制企业改革形式的，资产处置和股份量化按如下顺序进行：处置原始入社股金，确定原有的集体经济组织成员享有的资产份额，确定基本股和集体股的份额，确定个人股的份额。

①处置原始入社股金。农村合作化初期集体经济组织成员投入的股金属于原入股人所有。原入股人死亡的，由法定继承人继承，没有法定继承人的，列入集体股。原始入社股金按照本金的15倍折算成1999年现值；1999年后，按照历年一年期定期个人银行存款复利将本金原值折算成改制之日的现值。原始入社股金折算的现值，以现金形式一次性全额兑现。

②确定原有的集体经济组织成员享有的资产份额，包括改制之日时已不在集体经济组织内的人员应享有的集体公积金、公益金和征地补偿费等集体资产份额，以现金形式一次性全额兑现。原集体经济组织成员已经死亡的，由法定继承人继承，没有法定继承人的，列入集体股。现金兑现有困难的，可以作为股份合作制企业的债务，签订还款协议，分期偿还。

原有的集体经济组织成员采取现金兑现的，必须进行公证。公证后，原有的集体经济组织成员不再具有本集体经济组织的任何权利和义务。

③确定基本股和集体股的份额。基本股占总股本的比例一般不超过15%，

集体股占总股本的比例一般不低于30%，基本股和集体股的具体份额可以根据实际情况，由集体经济组织成员大会或成员代表大会讨论决定。

④确定个人股的份额。集体净资产在处置原始入社股金、扣除原有的集体经济组织成员享有的资产份额、扣除基本股和集体股的份额后，按照现有的集体经济组织成员的劳动年限进行量化，转化为个人股。以现金形式投资新型集体经济组织的，投资转化为个人股。

个人股可以依法转让或继承，但不得退股。转让个人股，必须提出书面申请，并经新型集体经济组织批准。转让个人股的，视为放弃在新型集体经济组织的一切权利和义务。

（3）采取组建有限责任公司或股份有限公司改革形式的，资产处置和股份量化按如下顺序进行：处置原始入社股金，确定个人股或法人股份额。

采取组建有限责任公司或股份有限公司改革形式的，集体净资产在处置原始入社股金后，按照劳动年限进行量化，现有的集体经济组织及其所属单位职工的资产份额转化为个人股。转出北京市人员的资产份额以现金形式一次性兑现。已经死亡的人员的资产份额由法定继承人继承，并以现金形式一次性兑现，没有法定继承人的，列入新型集体经济组织的公积金。其他人员的资产份额，根据本人意愿，可以转化为个人股，也可以以现金形式一次性兑现。现金兑现有困难的，可以作为新型集体经济组织的债务，签订还款协议，分期偿还。以现金形式投资新型集体经济组织的，投资转化为个人股或法人股。

新型集体经济组织筹建完成后，应报区农村体制改革领导小组和农村经济管理部门核准，再向工商行政管理部门申请注册。新型集体经济组织成立后，应及时向全体股东发放股权证书。

三、通州区农村集体产权制度改革实践

（一）通州区农村集体经济产权制度改革的主要做法

1. 完善农村土地制度，加强农村资产管理，为推进产权制度改革奠定基础

落实土地政策，完成农村土地承包经营确权。2004年本着因地制宜、因

村制宜、因事制宜的原则，采取确权确地、确收益、确股等多种形式，通州区全面开展了农村承包土地确权工作。全区确权土地面积56万亩，涉及确权农户12万户，参与确权人口38万人。通过土地确权，落实了“二轮延包”政策，有效化解了土地承包经营权占有不均的人地矛盾，理顺了农村土地承包经营关系。

2. 试点先行，稳步推进农村集体经济产权制度改革

2003年，通州区在梨园镇车里坟村启动村级产权制度改革试点工作。经过各单位、各部门一年多的共同努力，该村注册成立了北京景新伟业投资管理股份有限公司，并于2005年1月5日召开股份制公司成立大会，向经济组织成员颁发了股权证，标志着通州区第一个村级集体资产股份制改革工作顺利完成。该村改革方案将集体净资产折股量化，确定了集体股（占15%），主要用于基础设施建设、公益事业的发展；确定了基本股（占82%），用于保证经济组织成员的根本利益；设置了劳龄股（占2%）和特殊股（占1%），最大限度地维护了经济组织各个成员的合法权益。在认真总结车里坟村试点成功经验的基础上，通州区积极推进村级集体经济产权制度改革工作。

（二）通州区农村集体产权制度改革的具体规定

1. 明确农村集体产权制度改革的方向

进行农村社区股份合作改革，建立健全现代企业制度，促进新型集体经济发展。使各项决策程序进一步规范、各项工作运行更加协调有序、民主制度进一步落实，充分调动农民股东的积极性和创造性，实现改革发展共赢。

2. 农村社区股份合作社的权力机构——股东（代表）大会

股东（代表）大会是农村社区股份合作社权力机构，行使下列职权：（1）决定或罢免理事会、监事会成员；（2）审议批准农村社区股份合作社年度财务预算、决算方案；（3）审议批准农村社区股份合作社利润分配和亏损弥补方案；（4）审议批准农村社区股份合作社股份调整方案；（5）审议批准农村社区股份合作社增减注册资本方案；（6）审议批准农村社区股份合作社合并、分立、变更组织形式、解散和清算方案；（7）决定修改农村社区股份合作社章程；（8）农村社区股份合作社章程规定的其他职权。

股东（代表）大会会议由理事会召集，理事长主持。理事长因故不能履行职务时，由理事长指定的副理事长或其他理事主持。召开股东（代表）大会须超过应到会人数的三分之二以上。股东参加股东大会，享有发言权、质询权、表决权等权利。表决采取票决制或举手方式，股东（代表）大会实行一人一票制，所做决定须经全体股东半数以上通过，并由通过人员签字认可。结合每年“民主日”股东（代表）大会每年至少召开两次，有重大事项随时召开。股东（代表）大会会议记录作为农村社区股份合作社档案保存，保管期限为永久。

股东代表资格的确定：（1）本股份合作社年满18周岁，具有选举权和被选举权的股东；（2）遵守法律、法规和有关政策；（3）关心集体，办事公道，联系群众，有较高的群众威信；（4）身体健康，有一定议事能力，能正确行使股东代表的权利，积极履行应尽的义务。

股东代表由股东户代表选举产生，并与股东签订授权代表书。任期与理事会、监事会任期相一致，可连选连任。股东代表一般由5～15户股东推选一名代表，50户以下的可以采取户代表，100户以上的原则上不低于30人。

3. 理事会

理事会由股东（代表）大会选举产生，组成人员为奇数，人数不少于三人。理事任期与村两委任期一致，任期届满可以连选连任。理事会对社区股份合作社股东大会负责，行使下列职权：（1）审定农村社区股份合作社的发展规划、年度生产经营计划；（2）确定农村社区股份合作社的经营方针和管理机构的设置；（3）批准农村社区股份合作社的规章制度；（4）听取并审查经理的工作报告；（5）审查农村社区股份合作社年度财务预算、决算方案和利润分配方案；（6）对农村社区股份合作社增加或减少注册资本，分立、合并、清算等重大事项提出方案；（7）聘任或解聘企业经理，根据经理提名，聘任或解聘副经理和财务主管；（8）决定对农村社区股份合作社经理、副经理和财务主管的奖惩；（9）农村社区股份合作社章程规定的其他职权。

理事会的选举程序：（1）民主推荐。农村社区股份合作社理事会成员应从股东的优秀人才中推荐，组成人员为奇数，人数不少于三人。确定候选人预备人选的程序是：由村党支部负责召开股东（代表）大会，民主推荐理事会成员及理事长候选人。对初步人选进行全面考察，尊重多数股东的意愿，确定预备人选，预备人选应多于应选人数，并将预备人选名单上报乡镇党委审批。（2）乡镇党委审批。乡镇党委对上报的理事会预备人选进行审核，对照任职条件、预备人选的产生方式进行把关，审批候选人建议名单。（3）正式选举。村党支部将乡镇党委审批的候选人建议名单，提交股东（代表）大会讨论通过后，按规定程序进行选举，超过应到会人数半数以上才可当选，并将选举结果报乡镇党委备案。

理事会会议制度：（1）理事会决议以投票或举手方式表决。每名理事有一票表决权。（2）理事会会议应有记录，出席会议的理事和记录人，应在会议记录上签名。出席会议的理事有权要求在记录上对其在会议上的发言做出说明性记载。（3）理事会的决议须经全体理事半数以上同意方可通过。（4）理事会会议记录作为农村社区股份合作社档案保存，保管期限为永久。

理事长是农村社区股份合作社的法定代表人，由理事会选举或者罢免。❶理事长行使下列职权：（1）召集和主持合作社股东（代表）大会和理事会会议；（2）检查股东（代表）大会决议和理事会决议的实施情况；（3）农村社区股份合作社章程规定的其他职权。

4. 监事会

监事会由股东（代表）大会选举产生，监事可以连选连任，组成人员为奇数，人数不少于三人，监事会任期与村两委任期一致。农村社区股份合作社的理事及财务主管等高级管理人员不得兼任监事。❷ 监事会行使下列职权：（1）列席理事会会议；（2）监督理事的工作；（3）检查农村社区股份合作社经营和财务状况；（4）必要时，建议召开临时股东（代表）大会；（5）农村社区股份合作社章程规定的其他职权。

监事会成员经股东（代表）大会提名，由村党支部确定候选人名单，提

---

❶ 理事长的资格要求：（1）坚持四项基本原则，遵守国家法律法规，有一定的政策水平、较强的法制观念；（2）办事公道，作风正派，在股东中有较高威信；（3）廉洁自律，真心诚意为股民办好事、办实事，有奉献精神；（4）具有中专（高中）以上文化程度，有较强的驾驭全局和解决处理复杂问题的能力；（5）有一定的农村工作经验，有带领群众致富的素质和能力。

❷ 监事资格：（1）遵守法律、法规和有关政策；（2）公正廉洁，作风正派，热心为股东服务；（3）有一定的财会知识，熟悉相关财务制度；（4）身体健康，有一定文化水平和组织管理能力。

交股东（代表）大会选举产生。监事会候选人获得全体代表半数以上的选票才可当选。

监事会会议制度：(1) 监事会会议应有三分之二以上监事出席方可举行；(2) 监事在监事会会议上均有表决权，任何一位监事所提议案，监事会均应予以审议；(3) 每名监事有一票表决权，监事会决议须出席会议的过半数监事表决赞成，方可通过；(4) 监事会会议应有记录，出席会议的监事和记录人，应在会议记录上签名。监事有权要求在记录上对其在会议上的发言做出某种说明性记载。监事会会议记录作为农村社区股份合作社档案保存，保管期限为永久。

5. 农村社区股份合作社的运营管理

农村社区股份合作社实行独立核算、自主经营、自负盈亏、民主管理。严格遵循国家有关法律法规、政策，切实维护股东权益、确保集体资产的保值增值。如集体土地的承包、租赁、流转、集体举债、集体资产处置、管理人员报酬、收益分配等重大事项，必须按以下程序进行决策：

(1) 坚持党支部（总支）对村内事务的核心领导地位。在召开股东（代表）大会前，应先召开支委会和党员大会，对会议内容和要决定的事项进行充分讨论。

(2) 由理事会、十分之一以上股东或五分之一股东代表联名提出议案。

(3) 由理事会统一受理，召开理事会进行研究讨论，形成决议。

(4) 由理事会召集股东（代表）大会讨论决定。对提交股东（代表）大会讨论决定的事项，会前应进行公告，广泛征求意见，会后应及时公布表决结果。

(5) 由理事会组织实施股东（代表）大会会议决策的事项。对决定事项的进展情况，应及时公布，自觉接受群众监督。

第三章　北京农民市民化进程与农民失地

随着城市化进程加速，农民失地问题日益严重。当前失地农民问题不仅是一个经济问题，更是一个社会问题和政治问题，引起了全社会的高度重视。当前征地存在补偿不规范、农民强迁、变相征地等问题。

失地农民存在的主要问题包括生活问题、社会保障问题、集体资产分配问题、教育与培训问题、管理问题，心理问题、特殊群体的问题、安置问题等。解决失地农民问题的具体对策包括扩大社会化保险范围，把失地农民纳入城市保险体系；实施城市最低生活保障政策，确保失地农民中特困人员的生活；开展专业性培训，提高失地农民劳动力的就业效率；市场化运作失地农民劳动力就业工作；实施社区化管理，加强失地农民的日常管理；规范化和制度化对失地农民的扶持等。

第一节　北京城市发展与失地农民的形成

城市发展需要大量建设用地，国家征用土地是国家因公共利益的需要，以补偿为条件，强制征取集体土地的行为。农地征用是国家基于公共利益的需要而有偿取得农地所有权的一种措施。国家出于经济、文化、教育、科技、交通等方面发展的需要，每年通过征用而从农民手中获取大量的土地。失地农民是指由于国家征用土地而完全丧失土地的农民，有些城市的失地农民按照相关政策由农业户口转为非农业户口，这类人员被称为“农转非人员”。

（一）北京市的耕地逐年减少

依据对现有土地统计资料的分析看，北京市的耕地一直呈净减趋势。1996～

2000年，北京市的耕地面积减少了17.8万亩，北京郊区的失地农民总数在50万人左右。随着城镇规模的急剧扩张，这个数字仍在继续增加。

（二）北京市的建设征地产生大量失地农民

据对顺义、大兴两区六镇百户失地农民的调查显示，有20.8%的农民成为无地、无岗、低保无份的人员。

（三）北京农民失地呈现三种趋势

一是农民失地的区域已由近郊向远郊扩展，到2001年年底，北京被征占的43万亩集体土地中，远郊已占42.5%；二是土地权益问题成了农民上访的主流；三是失地农民的数量不断增加，2000年以后，每年占地从1000多公顷增加到5000公顷左右。

（四）北京征地主要的安置方式是货币安置和招工安置

北京市自2004年7月起出台了一些新政策。如新出台的《北京市建设征地补偿安置办法》和《关于本市建设征地"农转居"自谋人员社会保险有关问题的处理办法》以及《关于征地超转人员生活和医疗补助若干问题的意见》[1]等，开始逐步实施货币安置和保险安置相结合的形式。

第二节　失地农民面临的问题分析

一、失地农民安置问题

按照《北京市建设征地"农转居"人员安置办法》的规定，农转非人员分为四类，即未成年人、劳动力、残疾人、超转人员。三种安置方式，第一种

[1] 《关于完善征地超转人员生活和医疗保障工作的办法》自2015年4月1日起执行，而《北京市人民政府办公厅转发市民政局关于征地超转人员生活和医疗补助若干问题意见的通知》（京政办发〔2004〕41号）同时废止。《关于完善征地超转人员生活和医疗保障工作的办法》（京政办发〔2015〕11号）详见附录三。

是安置工作（劳动力），第二种是自谋职业（劳动力），第三种是超转（残疾人、超转人员）。

由于北京市16号令规定，用人单位必须与所接纳的转非劳动力签订没有固定期限的劳动合同，这无形之中给这些企业戴上了紧箍，这些企业必须对转非劳动力有生之年的工作负责。然而北京市的最低工资标准又在逐年增长，北京市企业职工的三项保险和各种待遇也在逐年增长，在企业的经营状况不是特别景气的情况下，经济负担沉重，不愿意接纳转非劳动力。所以安置工作这条路越走越窄，接收单位和转非劳动力积极性不高。同时，对于16岁以下的未成年人不予安置，也就是任何待遇都没有。他们只能依靠自己的父母来维持和完成自己的学业，因为父母收入有限，目前也普遍存在着学费问题。

二、失地农民生计问题

由于农转非地区实行的是土地整体征用、村庄整体拆迁、农转非人员全部上楼；村集体整体撤制，成立全新的居委会，所以这种模式有一种赶鸭子上架的味道。这种模式并没有充分考虑到农转非人员的生活问题。搬迁上楼后，转非人员必然要承担相应的住楼费用，如电、气、水、暖、物业费等。

三、失地农民社会保障问题

对于自谋人员，在北京市规定的安置补偿费2万元的基础上，亦庄镇人民政府又从土地补偿费中拿出3万元（2万元的就业补助费，1万元的保险费）发给自谋人员，以促进自谋人员积极就业，减轻政府安置的压力。在5万元自谋资金的条件下，很多农转非劳动力都选择了自谋职业。但是随着生活水平和消费水平的提高，5万元在亦庄地区也只能维持5年的生活，5年后该怎么办？并且由于选择安置工作人员的工资和待遇水平在逐年增长（1万元，有三险，将来有退休金），特别是没有三项保险，促使自谋人员对于自己的5万元的待遇越来越感到不满。所以自谋人员强烈要求也加入城市社保体系，实现老有所养，病有所医。同时安置工作待遇和自谋职业待遇差距明显，促使要求安置工作的人员大幅度增加，使安置工作雪上加霜（企业不愿意接收，安置工作人员剧增）。超转人员的养老金一次性从土地补偿金中直接拿出，缴纳到北京市民政局，由他们负责逐月发放。每个超转人员的养老金一直交纳到82岁，目前水平是290元的养老金，30元的医疗费，共计320元/月。但是每月30元的医疗费根本解决不了超转人员的医疗问题（老人身体状况不好，比较容易得病），所以他们强烈要求能够享受到城市退休职工的医疗待遇。

四、失地农民集体资产分配问题

撤制村队的农村集体资产主要包括土地补偿款、青苗补偿费、树木补偿费、地上附着物补偿费、固定资产、历年公积金、公益金、福利基金、低值易耗品、库存物资、畜禽的折款以及国库券等。

目前按照《北京市撤制村队集体资产处置办法》，实施农村集体资产分配，在具体的实施过程中，存在着以下两个主要问题。

首先是土地补偿款的问题，〔1999〕92号文件第十三条明文规定“集体固定资产，土地补偿费，全部交给乡镇合作经济组织管理，用于集体经济再发展”。对于上缴后的资产处置问题，并没有明文规定。并且乡镇合作经济组织具体是什么地位，没有做出说明，实际上这些资金就无形之中由镇政府全权支配，这使群众很不满意，干群关系紧张。有些村队趁机钻政策的空子，固定资产变成现金后，按照政策可以适当分配，所以出现了突击低价变卖固定资产的情况，直接导致集体资产的流失和社会秩序的混乱。

其次关于劳动年限的标准问题。〔1999〕92号文件对于劳龄（劳动年限）规定如下：“凡在村队建社之日至村队撤制之日期间，户口在村队并参加村队集体劳动三年以上（含三年）；或者经认定从事个体生产经营活动累计三年以上（含三年），并按照有关规定，按时按量履行各项应尽义务的成员（村队撤制之日前已经死亡的，户口迁出本市的，已是国家工作人员的除外）。”如何认定从事个体生产经营活动，依据个体工商证还是证人证明？户口迁出本市人员和国家工作人员排除在外，就更没有理由，难道因为居住地的变化和工作身份的变化就能否认他们以前的劳动？这些问题直接导致了 92 号文件在实际操作过程中很难实施。

五、失地农民教育和培训问题

对于农转非劳动力不同班次的培训收到了一些效果，一些劳动力因此而找到了工作。但是总体而言，培训的针对性和目的性不强，层次和深度不够，效果不是很明显。农转非劳动力渴望进行严格的专业培训，真正走上工作岗位，成为专业技术工人。

同时，转非劳动力子女的教育问题也是一个大问题。失地农民家庭普遍存在着生活困难，并且他们由于自己就业的不如意，更加迫切地希望自己的孩子能够学有所长，在未来的社会竞争中具有一定优势。所以学费问题是一个大问题。

六、失地农民管理问题

由于从农村转变为居委会，成立物业公司是一个历史的巨变，由农村村庄管理转变为城市社区管理，同样也存在着一些不可避免的问题。

首先是居委会和物业公司的职责范围及工作协调问题。居委会、物业公司对于农民而言是一个新生事物，他们有一个逐步认识和学习的过程。尤其在一个原有管理对象和管理业务、管理环境发生根本性变化的前提下，肯定会出现一些管理上的混乱。

其次是管理人群的复杂性和相对封闭性。农转非人员由于对外部环境比较陌生，同时自己对城市生活的适应能力较差，就业技能不强，生活水平不高，往往形成对于外界的自闭，很容易形成农转非人群的特定生活圈子，从而形成“城中岛”和“城中村”现象。“城中村”中的居民仍保持着原来乡土的人际关系、思维方式和行为方式，与外界现代化城市社区显得格格不入。这对于城市化的物业管理和居委会管理必然是一个极大的挑战。

最后，还包括农民的素质和生活习惯。在对于公共设施的爱护和公共卫生的维护方面，存在着一些管理上的问题。因为在农村没有物业费的概念，且开支较大，物业费的及时交纳也存在一个认知过程。

七、失地农民社会心理适应问题

目前在“搬迁撤制”村队的农转非人员中，普遍存在着适应方面的心理问题，应该引起足够的重视。

首先是等靠要的心理。许多农转非人员始终认为，既然政府能让我们搬迁上楼，征占我们的土地，那么政府就应该为我们的生活谋出路，政府就应该为我们负全责，我们有问题，就应该找政府，政府就必须给我们解决一切困难。所以，他们自己并不积极地自主就业，而是一味地等待政府出台新的优惠政策，或者政府对本人实行特殊照顾，如安排合适的工作、减免一些费用等。

其次是茫然不知所措心理。由于失地农民中有相当一部分是年龄较大的四五十岁人员。他们往往面临着就业无门、保险无靠、生活负担重、上有老人需要赡养、下有孩子需要抚养的困难境地，由于猛然失去了赖以生存的土地，他们面对繁杂而陌生的城市生活，油然产生一种茫然不知所措的心理，非常苦恼和烦躁，一些人借各种赌博发泄郁闷，直接影响了他们正常的生活。

再次是对政府的仇视心理。部分失地人员把自己生活的改变和一切不如意，都归结于政府对土地的征用，所以对于政府自然产生仇视心理，认为政府的一切都是欺骗农民，政府的一切都是不可信的，对于政府的一切号召和行为都坚决反对，同时煽动一些不明真相的失地农民和政府对着干，以便自己能从中捞到好处。

最后，北京人的优越心理导致一些失地农民搬迁上楼后，从日常的土地劳动中解脱了出来，依靠所分配的浮财和空余的楼房租赁所得的收入能够维持正常的生活，对于未来，本着一种无所谓的消极态度。

八、失地农民中特殊人群问题

在“搬迁撤制”农转非过程中，不可避免地出现了三类特殊人群，他们也是失地转非农民，但是他们又明显有别于正常安置的农转非人员。特别是他们没有完全享受到正常失地转非农民的安置政策。

（一）领取北京市规定的2万元安置补助费的人员

这类人员绝大多数存在于农转非前，基于农村婚姻关系和北京市户籍管理的有关规定，而把农业户口突击搬迁到村队的人员，有些人甚至在撤制的当天，才把户口迁移到村队，所以明显有别于原有的村队户口。对于这类人员，由于他们符合户口迁移政策，所以只能发给他们北京市规定的安置补助费，而不能发给村里原有农业户口人员享受的就业补助金和保险基金。

同时由村队和他们签订协议，只给发放安置补助费，其他待遇都没有（安置工作，其他补助金，集体财产分配，其他待遇等）。当时这类人员比较知足，不但转了农业户口，同时也得到了安置补助费。但是随着时间的推移，许多人和转非人员一样，生活和就业出现了困难，导致对这种待遇提出了质疑，尤其是对于社会保险的需求越来越强烈。而由于他们既不是安置工作人员，又有别于自谋人员，所以被排除在目前的社会保险体系之外。

（二）只转户口，没有任何待遇的人员

由于种种原因，一些人一直希望自己能够从农业户口变成非农户口，所以他们通过各种渠道，把自己的户口迁移到即将撤制的村队，以搭便车的方式，把自己的农业户口转变成非农户口。对于这类人员，村集体一般和他们签订协议，只给转户口，其他任何待遇（要求安置工作，5万元补助金，集体财产分配，其他待遇等）都没有。但是这类人员转非后，同样面临着生活和就业问题，同样也是亦庄镇范围内的居民，他们既不是安置工作人员，又明显地有别于自谋人员，所以被排除在目前的社会保险体系之外。

（三）撤制前转非的人员

由于北京市的一些农业户口转变为非农业户口的优惠政策，使一些老教师、军人、高级知识分子、国家干部的家属可以随亲属转为非农户口，这些家属转非后，绝大多数依然在家务农，并没有积极到职业介绍中心和社保中心办理相应的手续。同时他们所在村撤制转非时只对农业户口人员进行相应的安置（自谋、安置工作、超转），他们由于提前转为非农业户口，所以被排除在安置范围之外，除了能分配到部分集体资产外，没有任何待遇。这类人员没有享受到北京市所规定的撤制转非的优厚待遇（5 万元安置资金、社会保险、安置工作、超转待遇）。由于他们依然在亦庄居住，而且也是非农户口，所以他们的生活和社会保险也必然是一个社会问题。

第三节　失地农民面临问题的原因分析

一、土地对于农民的社会作用分析

（一）生活保障

大部分农村土地功能仍以社会保障为主，农民对土地的依赖程度较高，正所谓土地是农民安身立命之本，有了土地农民就有了安全感，就有了生活的追求和希望，就有了最低的生存空间。

（二）就业岗位

农民失地也就失去了劳动的对象、工作的场所，成为“剩余劳动力”。使他们面对着工作的风险和压力。由于农民自身的素质问题，就业的技能和工作的能力必然较低，所面对的风险和压力自然更大，甚至是就业无望，从而失业。

（三）财产和财产权利

土地不仅作为一种重要的资源而成为“财富之母”，满足人类的不同需求。土地同时也是一项重要的财产，隐含着巨大的价值。土地还是一种财产权利，土地产权的分割让渡同样会产生收益。农民通过土地的收益来维持自己的生活，同时也可以依靠自己对土地的权利而开展各种经营活动，最低标准是可以自力更生，自己养活自己。

（四）农民身份及待遇

有土地存在时，作为农民，可以享受到农村集体的一些待遇，比如不用交一些日常费用（水费和电费），同时还可以享受相应的一些待遇，如孩子的入学费、劳动者的体检费、老人的退休费等。随着农民最大的资源——土地的丧失，他们也相应地失去了这一切。

显然，土地对于农民而言，不仅是一种生活来源，更重要的是一种社会保障和就业岗位，土地的社会作用，在某种意义上远远大于其经济作用；但是现在的土地征用补偿标准，并没有对土地的社会作用的损失给以相应的补偿，仅局限于按照农业产值计算经济损失。所以直接导致农民失地后，产生以上诸多问题。

（五）社会保障功能

对于农民来说，土地不仅是基本的农业生产资料，也是重要的社会保障载体。土地的社会保障效用已达到农村土地总效用的51.32%。中国历史上曾经禁止买卖农地，其实质就是保障土地对农民起到基本的社会保障作用，以维护社会稳定。

现阶段农民从土地上获得的社会保障主要有养老保障和就业保障。

长期以来，我国农村居民的养老保障形式是家庭养老，而家庭养老的主要经济基础则是土地保障。土地是农村家庭养老或社区集体养老的物质基础。然而，改革开放以来，随着我国城市化进程的加快，农村经济结构的变化、人口政策的影响，以及农村人口结构的老年化，农村的家庭养老保障受到极大冲击，农村人口对政府组织的社会保障的需求越来越迫切。作为家庭养老主要经济来源的土地保障功能呈现明显弱化的趋势。但是，在我国正式、普惠制的农村养老保障体系尚未建立的情况下，以土地承包权为主要依据的土地保障对农民的社会保障和全社会的稳定依然发挥着重要作用。当农民因为年老、疾病而丧失劳动能力时，其分得的土地承包权可以由子女继承而成为其从家庭获取生活资料的基础之一，也可以将土地转包出去以获得部分生存保障，农民失去了土地等于失去了养老保障的最后屏障。在全覆盖的社会养老保障体系没有建立之前，从社会交换角度看，失去了土地，在某种程度上就等于失去了换取子女生活照料和经济支持的物质来源。

据统计，我国农村剩余劳动力在农村劳动力中所占的比例为35%，也就是说农村劳动力就业率为65%。大量得不到充分就业的农村剩余劳动力涌入城市，而城市的非农部门无法为如此庞大的农村剩余劳动力提供就业岗位。在城市中谋生的农民工就业主要集中在加工制造业、建筑业、采掘业等高强度体力负荷行业，这些行业普遍具有职业寿命短、风险高和不稳定的特点。可见，土地对部分从农村流动到城市非农部门就业的劳动力还可以起到失业保障载体的作用。如果拥有一份土地，从事非农产业的劳动力在遭到就业挫折时就可以退而务农，使自己的劳动价值得以实现，其家庭人口就有了基本的生活资料。当前我国的征地补偿标准按照土地年产值倍数测算，实际上只考虑了土地生产资料功能的效用价值，而土地的社会保障功能价值并没有得到体现。土地的社会保障潜在能力是土地社会保障功能价值的体现，是农村土地集体所有权在经济上的实现形式之一，在量上表现为对土地征收、转包和出让后所产生增值收益的分割，在形式上则应该为现代社会保障体系所替代。

二、土地补偿费管理制度

目前土地征用的补偿费分为四部分，土地补偿费、劳动力安置费、青苗补助费和其他附属物补偿费。其中劳动力安置费、青苗补偿费以及其他附属物补偿费都分给农民个人，但是作为补偿额度最大部分的土地补偿费却并没有直接分给农民。按照《北京市撤制村队集体资产处置办法》和《北京市集体资产管理办法》的规定，“固定资产和历年公积金余额，以及土地补偿费，全部交由所属村或者乡镇合作经济组织管理，等村或者乡镇合作经济组织撤制时再行处理”。乡联社，村合作社的土地被国家全部征用，行政建制被撤销的，其集体资产处置办法由市人民政府规定。

三、失地农民的保险政策

虽然北京市在对失地农民的保护方面，走在了全国的前列，把农转非人员彻底纳入城镇社保体系，自2004年7月以来，分别出台了一系列的政策措施，如《北京市建设征地补偿安置办法》《关于本市建设征地“农转居”自谋人员社会保险有关问题的处理办法》以及《关于征地超转人员生活和医疗补助若干问题的意见》。但是这些文件在具体的执行过程中，也存在着一些问题。

首先是文件执行时间的问题。许多文件早已经对社会公布，但是至今没有具体实施，同时需要多部门的配合。

其次，现在的补办保险政策，对于将达到退休年龄的自谋人员来说，解决了保险问题，但是对于较年轻的自谋人员而言，实际上仅仅是给了唯一的城市社会保险体系的机会。“征地自谋人员在本办法实施前未参加基本养老保险，自本办法实施之日起预计达到国家规定的退休年龄时，累计缴费不满 15 年的应当补缴，并以办理补缴手续时上一年本市职工平均工资的 60% 为基数，按 28% 的比例一次性补缴与当年差额年限的基本养老保险费”。在自谋人员生活普遍困难的条件下，人们拿不出这笔钱。

四、失地农民的就业政策

目前，针对北京失地农民的就业政策，是参照个体工商户和城镇下岗职工的部分优惠政策，并没有出台针对失地农民的优惠就业政策，这就是失地农民就业存在问题在法律层面上的根本原因。失地农民的特征明显有别于个体工商户和城镇下岗职工。他们大多数适应城市生活的能力更低，而且四五十岁人员较多，家庭负担较重，除了务农外，没有其他生存和就业技能。

按照北京市〔1993〕16 号令和〔2004〕148 号令的规定，在征地过程中，农民可以选择就业安置，而且要求与接收单位签订无固定期限的劳动合同。但是前提条件是必须有接收单位。在没有接收单位时，只能是自谋职业。根据北京市的统计，全市就业安置的比例仅为 5%，95% 都是自谋职业。亦庄地区，虽然就业安置比例较高，但是随着十几个村整建制的撤销和企业的大面积拆迁，安置空间不断减少，这种比例也逐年减少。即使就业，绝大多数就业人员也只是拿到北京市的最低工资和最低的三项保险。

失地农民就业虽然有一定的优惠政策，但是从根本上并没有解决问题。例如启动资金，在银行贷款必须有一定的担保，在此基础上才能享受到一些贷款利率的优惠等。并且各个部门之间缺乏统一的管理和协调，各自为政，有些失地农民根本就不明白相应的优惠政策。

政府对于就业仅局限于培训和提供就业信息，显然做的力度不是很大，而且针对性也较差，效果不是很明显。

第四节 失地农民面临问题的解决办法

通过以上原因的分析，要从根本上解决我国失地人员存在的诸多问题，就要从本质上给失地人员一个真正的城市市民身份和待遇。把他们作为城市的失业人员，纳入城市社会管理的各个体系。以下措施的实施将彻底地解决这个大问题。

一、把失地农民纳入城市保险体系

保险社会化，就是将失地农民中的“农转非”人员，全部纳入现在的城市职工社会保险体系。社会保险是国家通过立法采取强制手段对国民收入进行再分配，形成专门消费基金，对劳动者在遇到生、老、病、伤、残、死、失业等风险时，由于暂时或永久丧失劳动能力或暂时失去工作而给予物质帮助的形式。作者认为应该分别对安置工作人员、自谋人员和超转人员的保险做出明确规定。对于安置工作人员在接收单位必须上三项保险，享受城市职工基本养老待遇和医疗待遇，不受法定15年和25年的限制，享受最低的养老金和医疗待遇。这从根本上解决了工作人员的后顾之忧，使他们安心工作。

对于自谋人员，按照年龄区别对待，由征地单位给上养老保险和医疗保险不足法定年限的部分年限，其余部分年限由自谋人员自己和村集体经济组织按照一定的比例承担（比如个人20%，集体80%）。这样就可以使每个自谋人员都能够达到法定保险年限，彻底地解决自谋人员的基本养老和医疗问题，使他们全身心地自主择业。对于超转人员，在领取基本生活费的基础上，参照有关城市退休职工的医疗费报销制度，可以按照一定的比例报销医疗费（可以参照一般超转人员累计超过360元/年以上的部分报销50%，最高限额2万元，病残人员3000元以下部分报销80%，超过3000元以上的部分报销90%，全年累计报销最高限额5万元），解决因病返贫问题，使老人真正达到老有所养，病有所医。

二、实施城市最低生活保障制度

在对农转非人员实施社会化保险的同时，还要对农转非人员中的特困户实施最低生活保障政策。由于农转非人员个体之间的差异比较大、就业能力不同、年龄不同、家庭基础经济不同、家庭结构不同，所以肯定存在着一些生活特别困难的人员，对于这些人员的生活，必须按照城市民政部门救助体系给予适当的救济，发给他们一些生活必需品或者最低生活费，以便维持他们正常的生活。只有这样才能保证让每个农转非人员有饭吃有衣穿，维持最基本的生活和维护宪法赋予自己民政救济的权利。目前亦庄地区执行的就是北京市的最低生活保护政策，对于农转非特困人员，由民政部门下发北京市最低生活费200元/人。虽然钱不多，但是这对于维护社会的稳定具有很大的社会作用，也充分说明了这项制度实施的必要性。

三、开展专业性培训提高失地农民劳动力的就业效率

对于农转非人员的培训，应该是具有针对性的专业培训，只有这样才能提高培训的效果和提高“农转居”人员的就业技能。亦庄地区从2000年就开始对农转非人员进行免费培训，当时的针对性不是很强，主要是一些基本技能的培训，结果花了大量的资金和人力，农转非人员却并不满意，根本原因在于这种培训并不能直接给他们带来工作岗位，招工单位对于农转非人员的工作能力也不满意。从2003年开始，亦庄地区开展与招工单位签订协议的专业技术认证培训，收到了良好的效果。先有招工单位与镇劳动服务公司签订用人协议，由镇劳动服务公司负责寻找相关专业的认证机构签订培训协议，然后对符合基本条件的农转非人员开始培训，达到专业水平，拿到专业认证的，招工单位必然就会接受，所以大家都满意。虽然培训的次数和人数有所下降，但是培训的

效果非常好，极大地调动了各个方面的积极性，有力地促进了“农转居”人员的培训工作。

四、市场化运作失地农民劳动力就业工作

由于由政府和乡镇企业安置工作的就业模式很难提供更多的就业岗位，所以我们必须适应社会用工制度的变化和劳动力市场的需求，对“农转居”人员实施社会化就业制度，也就是把他们视同城市失业人员，他们必须通过政府的政策扶持、职业介绍中心的信息支持、社保部门的基本保障以及自身的不断努力，才能找到真正属于自己的工作。具体的实施办法是，转非劳动力自谋人员将档案转到职业介绍中心，依靠职业介绍中心免费提供的各项就业信息自己找工作，由就业双方按照市场规律，进行自主择业，而不是依靠政府安置工作。如果找不到工作，即失业，则把档案转到社会保险经办机构，并办理失业登记、申领失业保险金手续，领取失业保险金，也就是依靠社会保险部门为失地农民就业提供可靠的基本生活保障。

五、实施失地农民社区化管理

针对“农转居”人员的日常管理问题，其思想观念、生产和生活方式、行为方式与城市市民相比，还有着较大的差异，应该实施社区化管理的模式。把居委会和物业公司以及农转非人员代表纳入到社区管理的领导层之中，统一明确各方职责，协调各方利益，共同维护社区的公共利益，实施统一的社区化管理模式。居委会主要负责日常的行政事务，物业公司负责小区的环境和安全工作，农转非人员代表反映农转非人员的意见，解释相应的法规与政策，做群众的思想工作，并对物业公司和居委会的工作进行监督。同时各方共同发展和建设社区学校、社区文化娱乐活动场所、社区商业服务业、社区医疗事业等，使社区变成一个各项功能齐备的生活舒适、环境优美的小社会。彻底突破“城中村”和“城中岛”的格局，建立一个和谐优美的生活居住区。目前亦庄地区正在尝试通过这种方式对农转非人员进行日常管理，收到了良好的效果，

使农转非人员居住小区的环境和社会治安状况得到较明显的改善，案件率下降30%。

六、规范化和制度化失地农民的扶持措施

农转非地区的地方政府不仅应该免费举办一些专业化培训，切实做好特困农转非人员的最低生活标准的救济工作，而且应当出台一些切合实际的现实优惠政策，如鼓励农转非人员自主就业的政策、接受农转非人员就业的企业优惠政策、鼓励个体和企业到农转非人员社区、开展社区商业服务业的优惠政策、投资社区文化和教育事业的优惠政策等。通过这些政策的实施，使农转非人员切实得到实惠，使社会更多地理解、关注和支持农转非人员，使他们融入城市群体中和适应城市生活，从而成为名副其实的城市市民。

第四章　北京市农民市民化进程中的拆迁安置与利益补偿

随着我国各地工业化、城市化进程的加快，建设用地需求大幅提升，越来越多的农业用地被征用，大量农民失去了他们赖以生存的土地。如何有效解决好失地农民的安置问题，关系到失地农民的生存权和发展权，关系到农村社会的稳定、经济的可持续发展与和谐社会的最终建立，已成为当前摆在各级政府面前一个十分重要而紧迫的问题。

第一节　土地征收及失地农民安置理论概述

一、土地征收补偿的理论依据

（一）产权理论

1. 马克思主义产权理论

马克思和恩格斯认为，土地是共同体的财产，是劳动中生产并再生产自身的共同体财产。马克思认为“私有财产的统治一般是从土地占有开始的，土地占有是私有财产的基础”，“地产是私有财产的第一个形式”。马克思提出了土地所有、土地占有和土地利用这三个概念，并明确指出土地占有和所有是可以分离的，土地占有者和利用者并不一定是土地所有者。

资本主义典型的生产方式是土地所有权和经营权分离。土地所有者占有土地，土地经营者即租地农场主占有资本。马克思把土地所有权和经营权的分离归结为“资本和土地的分离、租地农场主和土地所有者的分离”。

2. 西方产权理论

西方现代产权理论的系统提出，以20世纪30年代科斯发表的《企业的性质》为标志。科斯认为“产权是对（物品）必然发生的不相容的使用权进行选择的权利的分配。它们不是对可能的使用施加的人为的或强制性的限制，而是对这些使用进行选择时的排他性权利分配”。德姆塞茨认为产权是一种社会工具。其重要性就是事实上它们能帮助一个人形成他与其他人进行交易的合理预期。这些预期通过社会法律、习俗和道德得到表达；产权所有者拥有公认的以特定方式行事的权利。产权的实质就是界定人们如何受益及如何受损，因而谁必须向谁提供补偿以使它修正人们所采取的行动的权利。阿尔钦认为产权是一个社会所强制实施的选择一种经纪商品使用的权利。私有产权将这种权利分配给特定的人，它可以同附着在其他物品上的类似权利互相交换。

（二）马克思主义地租理论

马克思指出地租是土地所有权在经济上借以实现即增值价值的形式。在社会主义国家，地租是国家土地所有权或集体土地所有权在经济上的实现形式，是实行土地有偿使用、调节土地利益关系、合理配置土地资源的重要经济手段，反映了社会主义市场经济条件下土地所有者和土地使用者之间的经济关系。

1. 级差地租

马克思认为级差地租实质上是投在土地上的等量资本所具有的不同生产力的结果。产生于支配垄断自然力的个别资本的个别生产价格和投入该生产部门的一般资本的社会生产价格之间的差额。根据级差地租的形成条件不同，又可以分为级差地租Ⅰ和级差地租Ⅱ两种形式。土地所有权并不能创造级差地租，但却是把“差额”转化成级差地租的形式的根本原因。级差地租Ⅰ是由于土地区位、交通和配备设施条件的不同所造成的相同投资的边际收益不同而产生的超额利润转化成的地租。级差地租Ⅱ是指国家或企业在同一地块上由于城市开发和旧城改造而从总体规划、基础设施等方面连续追加投资所造成的投资边际收益不同而产生超额利润转化成的地租。

2. 绝对地租

级差地租是相对于最劣地而言的，所以又称为相对地租。绝对地租是指由于土地所有权的垄断，任何一块土地，即使是最劣等地，也绝对必须支付的地租。绝对地租产生的原因是土地所有权的垄断以及土地所有权与使用权的相互分离。土地所有者凭借土地所有权向土地使用者收取绝对地租，不管使用的是好地还是劣地。

3. 垄断地租

垄断地租是指因垄断了某些自然条件特别有利的土地，在该土地上能生产相应的土特产品，这些产品能够提供垄断价格，从而带来了一个相当大的超额利润。这些超额利润，因土地所有权的存在而转化为垄断地租。由垄断价格产生的超额利润，由于土地所有者对这块具有特殊性质的土地的所有权而转化为地租，并以这种形式落入土地所有者手里，因此，这是垄断价格产生的地租。

（三）效用价值论

我国人多地少，土地极其稀缺，作为基本的生产资料来说，农地不仅提供经济产出，具有生活保障作用，而且它对农民的就业、医疗以及社会稳定、粮食安全等方面都具有特有功能。然而，土地征用在国家实现土地高效利用的同时，却使农民丧失了土地的相关收益。因此，土地征用不但要对土地本身的价值和地上物及其附着物进行补偿，对失地农民进行安置，还应对失去土地的间接损失如土地的医疗、养老保障价值等给予一定的补偿。

（四）劳动价值论

马克思指出，价值是凝聚在商品中无差别的人类劳动，价值量的大小由社会必要劳动时间决定，社会必要劳动时间在现有的社会正常的生产条件下，在社会平均的劳动熟练程度和强度下波动，从长期来看基本与价值一致。由于我国农产品价格长期偏离价值，所以在采用收益还原法测算征地补偿费时，应以农产品的实际价值为基础，而不是农产品市场价格。因此，土地征用补偿必须以农地的实际产出价值为依据方能体现公正与合理。

二、征地补偿的主要学说

土地征用补偿，是指因土地征用造成的特定人在经济上的特别损失，由国家或政府对受损的人给予补偿的义务。土地征用补偿属于行政损失补偿的范畴。有关征地补偿的学说主要有既得权说、恩惠说、社会职务说、公共征收说、公共负担说、特别牺牲说等。

（一）既得权说

既得权说认为人民的既得权既然是合法取得的，就应当得到绝对的补偿。即使是由于公共利益的需要，使其遭受经济上的特别损失，也应当依据公平的原则给予补偿。但是对于既得权以外的权利所受到的侵害，没有说明补偿的理论依据。

（二）恩惠说

恩惠说强调国家统治权与团体利益的优越性，主张绝对的国家权利，以及法律万能和公益至上。因此，恩惠说认为个人没有与国家相对抗的理由，甚至完全否认国家对私人有提供损失补偿的必要。国家侵害个人权利给予补偿，完全是出于国家的恩惠。

（三）公共征收说

公共征收说认为国家法律果然有保障个人财产的一面，但是也有授予国家征收私人财产的另一面，对因公共利益的需要而做出的合法征用，国家可以不承担法律责任，但是仍然应当给予个人相当的补偿，以求公平合理。

（四）社会职务说

社会职务说抛弃权利天赋观念，认为国家为了使个人尽其社会一分子的责任，首先应当承认个人的权利，这是实现社会职务的手段。因为，所有权从产生之日开始，就具有自由和义务的双重性。但是人民的财产被征用后，国家酌情给予补偿，才能使其社会职务得以继续履行。

（五）公共负担说

公共负担说认为政府的征地活动是为了公共利益而实施的，其成本应当由社会全体成员平均分担。合法的行政行为给公民、组织的合法权益造成的损失，实际上是受害人在一般纳税负担以外的额外负担，不应由受害人个人承担，而应当平等地分配于社会全体成员，其分配方式是国家以全体纳税人的金钱来补偿受害人所遭受的损失，进而在全体公民和受害人之间实现新的权益平衡。

（六）特别牺牲说

特别牺牲说源于公共负担平等说，认为国家或政府的合法征地行为对人民利益所造成的损失，与国家或政府给人民的一般的负担不同，它是使无义务的特定人对国家或政府所做的牺牲。因此，应当本着公平公正的原则，对被征主体所受到的损失予以补偿，该补偿应当由全体公众共同负担，以保证在不损害个体利益的前提下实现公共利益。

上述学说中，特别牺牲说逐渐被广泛接纳。基于特别牺牲学说，又产生了形式说、实质说和折中说。

第二节　北京市拆迁安置的方式与国内外经验

一、北京市拆迁安置的方式

（一）招工安置

由征地单位或其他单位安排符合条件的征地剩余劳动力就业，并在政府劳动部门办理劳动用工手续，用人单位取得一定的安置补偿费。招工安置可解决一部分人的就业，但招工单位有一定的用工要求，安置面较窄。若安置企业效益不好，必然导致其重新失业。

（二）货币安置

给农民一定的货币由他们自己寻找出路。但如果农民的全部土地被征收，则当他们把所获得的安置费花完后，生活又会陷入困境，就会找政府和用地单位纠缠，成为新的不安定因素。

（三）保险安置

土地行政管理部门把安置费的一部分交给劳动和社会保障部门，以土地换取社会保险的方式，为农民建立个人账户，在其达到退休年龄后领取养老金。另外，家庭保障，即家庭养老，是由家庭成员或者说是亲属网络（如子女、配偶和其他亲属）忠实地履行对老年人的经济供养、生活照料和精神慰藉的职责。从经济来源讲，失地农民的收入一般由被征土地补偿费加上再就业所得工资或出租城郊房屋租金组成。在目前土地征用补偿费用总体偏低的状况下，失地农民的自我养老能力较弱，且再就业也不易，因此，主要还是依靠家庭成员的其他收入来养老。

二、拆迁安置的国外经验

大部分市场经济国家采用市场价格对土地征用进行补偿，价格评估遵循一条重要原则——最有效利用原则，也就是土地征用价格应以估价对象的最有效利用为前提。国外土地征用补偿费用非常高，一些国家轻易不会动用土地征用权。因此，人们在新加坡、日本到处可以看到火柴棍式的高楼大厦，而不是我国火柴盒式的大楼。

（一）国外土地征用补偿安置经验

大多数市场经济发达国家土地征用补偿通常会充分考虑土地所有者的利益，不仅补偿被征土地现有市场价值，而且补偿土地得到最有效利用时可预期、可预见的未来价值。

1. 美国

公私兼顾，补偿价由双方共同评估。美国是典型的土地私有制国家，给予合理补偿来征用土地实际上就是购买土地，属于市场行为。美国土地征用补偿标准是以土地被征用时的市场价格为基准，加上土地可预期的未来价值，并充分考虑土地所有者的利益而加以补偿。同时，为了避免政府操纵征地过程，征地补偿一般通过独立的市场中介组织对土地价值进行评估。这个价值不仅包括土地的现有价值，还包括它将来一段时间可能产生的利润。

2. 加拿大

依据最佳用途按市场价补偿。加拿大土地征用制度沿用的是英联邦的体制，征地补偿建立在被征土地的市场价格基础上，依据土地的最高和最佳用途，按当时的市场价格补偿。加拿大征地补偿具体包括：被征用部分的补偿，必须依据土地的最高和最佳用途，根据当时的市场价格补偿；有害或不良影响补偿（如严重损害或灭失价值），主要针对被征用地块剩余的非征地，因建设或公共工作对剩余部分造成的损害，还包括对个人或经营损失及其他相关损失。这种补偿不仅包括被征地，还包括受征地影响相邻地区的非征地；干扰损失补偿，是被征地所有者或承租人因不动产全部或基本征用，因混乱而造成的成本或开支补偿；重新安置的困难补偿。

3. 英国

安置好拆迁户被视为政府法定职责。英国除土地补偿价格以被征用地的当前市价为标准计算外，补偿范围还包括：租赁权损失补偿——契约未到期被征用而引起的损失；迁移费、经营损失等额外补偿；律师或专家的代理费用、权利维护费用等其他必要费用支出的补偿。另外，努力安置好拆迁户被认为是英国政府的法定职责。而对于开发商来说，重新安置好拆迁户可以减少支付给被拆迁户的赔偿金额，因此英国的拆迁户都能得到较好的安置。

4. 德国

按当日的移转价值或市场价值补偿。德国的土地征用补偿范围包括土地或其他标的物损失的补偿，其标准为以土地或其他标的物在征用机关裁定征用申请当日的移转价值或市场价值；营业损失补偿，其标准为在其他土地投资可获得的同等收益；征用标的物上的一切附带损失补偿。德国被征用土地的补偿价格计算与英国一样，也是以官方公布征用决定时的交易价格为准。

5. 法国

以征用裁判所一审判决之日的价格为基准计算。法国的土地补偿价格是以征用裁判所一审判决之日的价格为基准计算的，同时以征用土地周围土地价格或纳税时的申报价格作为参考。为了控制补偿，被征用不动产的用途以公布征用规定 1 年前的实际用途为准。

6. 新加坡

征地补偿由土地税务兼行政长官决定。新加坡土地征用补偿的决定由土地税务兼行政长官做出，但补偿金额由专业土地估价师评估，以公告征用之日的市价为补偿标准。土地补偿的项目包括因土地征用造成土地分割的损害，被征用的动产与不动产的损害，被迫迁移住所或营业所所需要的费用，测量土地印花税及其他所需的合理费用等。

7. 日本

日本的土地征收补偿制度是由多项内容组成的一套完整制度，其主要包括补偿原则、补偿范围、补偿标准、补偿方式、补偿方案确定程序和补偿争议的救济等内容。

（1）补偿原则。日本宪法将正当补偿原则规定为土地征收的补偿原则，其第 29 条规定：私有财产在正当补偿下可以为公共目的之使用。但到底何谓“正当补偿”，有完全补偿说和相当补偿说两种观点。完全补偿说认为，补偿必须将不平等还原为平等，即对于所产生的损失的全部进行补偿。相当补偿说认为，只要参照补偿时社会的一般观念，按照客观、公正、妥当的补偿计算基准计算出合理的金额予以补偿即可。现在日本学者认为，除了农地改革等社会改革外，通常的公用征收等，应该采取完全补偿说，实行完全补偿。最高法院判例采取了这种观点，认为《土地征收法》中的损失补偿的目的在于：当因特定的公益上必要的事业征收土地时，为求得因该征收而使该土地所有者等蒙受的特别牺牲的救济，应该进行完全补偿，也就是说，应该予以使征收前后被征收者的财产价格相等的补偿，土地征收时的补偿金额为足够被征收者在附近取得与被征收土地相等的代替地所需金额。

（2）补偿范围。日本土地征收的补偿范围包括：

①对土地的补偿。这是指对被征收土地、房屋等所有权及其他具有财产性价值的权利的补偿。这在日本称为“权利补偿”，实行完全补偿，即以事业认定时的价格乘以物价变动率所得的数额进行补偿。

②剩余土地的补偿。例如，一片土地的一部分被征收，剩余的土地不成形状或面积狭小时，其价格与以前相比可能会下降，所以应对其价格的减少部分予以补偿。

③通常损失补偿。通常损失即“通损”，是指在土地征收中，由于征收而通常可能导致权利人蒙受的附带性损失。其一般包括搬迁费、地租费、营业上的损失、因转移建筑物而造成的租赁金的损失及其他因征收而通常产生的损失。对于这些损失，应予以补偿。值得注意的是，通损补偿不包括对精神上的损失补偿和重建生活的补偿等。

④对第三人的补偿、公共补偿。关于对土地所有人及关系人以外的第三人的补偿，《土地征收法》规定了沟墙补偿，《伴随公共用地的取得的损失补偿基准纲要》（以下简称《基准纲要》）仅规定了对少数残留者和离职者的补偿。公共补偿是对征收中侵害公共设施等的补偿。根据《公共事业施行的公共补偿基准纲要》的规定，如侵害公共设施，兴业人要进行改建道路或其他补偿。

（3）补偿标准。关于补偿标准，以前采取的是征收裁决时主义。鉴于裁决时主义的缺陷，为保证兴业利益的公正化，排除闹事者占便宜的现象，防止多数权利者之间的不平衡，1967 年日本《土地征收法》对此进行了修正，补偿标准采取了以交易价格为原则、以事业认定公告时为基准时这一价格固定制。该法第 71 条规定：考虑到近旁类似土地的交易价格等而计算的事业认定告示时的相当价格，乘以对应至权利取得判决时为止的物价变动修正率，所得的数额。《基准纲要》进一步规定对土地以正常的交易额为补偿额，计算的时期为契约缔结时。

（4）补偿方式。日本一度规定土地征收补偿的方式为金钱补偿，不承认现物补偿。现行的土地征收法则参考了德国的做法，规定以金钱补偿为原则，现物补偿为例外。现物补偿的方式主要有：提供替代土地（换地）、开造耕地、开造宅基地、代为实施工事、代为迁移等。

（5）补偿方案确定程序。日本征地补偿方案的确定是由兴业人事先拟订补偿标准，再与被征收人进行协议，如达不成协议则由征收委员会裁决。

（6）补偿争议的救济。兴业人或土地权利关系人对损失补偿金额不服时，不能提出不服申诉，只能在收到征收委员会的裁决书后 3 个月内以另一方当事人作为被告提起行政诉讼中的当事人诉讼。这是由于这类诉讼所争议的是损失补偿金额的多少，补偿裁决是“有关私人利益的裁决，在诉讼中应当区分有关公共利益的裁决事项与有关私人利益的裁决事项。损失补偿额的确定等从法律关系的特点来看，属于当事人之间的私法关系，但由于土地征收这一公权力行使的行为是损失补偿的前提，因此，采取形式为当事人诉讼的争议损失补偿的额度”。

8. 韩国

韩国土地征用补偿主要包括以下几个方面：①地价补偿，为土地征收补偿的主要部分，1990 年韩国统一以公示地价为征收补偿标准；②残余地补偿，土地征用可能导致残余地价值减低或因残余地须修建道路等设施和工程而予以补偿；③迁移费用补偿，对被征地上的定着物，不是进行公益事业所必需的，应给予迁移补偿；④其他损失补偿，对土地征用致使被征地者或关系人蒙受经济损失时，应给予相应的补偿。同时，韩国在建设部设立了中央土地征用委员会，在汉城特别市、直辖市及道设立地方土地征用委员会，对土地征用的区域、补偿、时期等进行裁决。

9. 其他国家

在波兰，赔偿费总额以征用土地和土地上建设物的市价为基础在 14 天之内一次性付清；在必要的情况下，可请专家咨询确定赔偿标准。韩国由中介认证机构对土地价格做出基本评估，双方以此为基础讨价还价，要么提供令住户满意的补偿金，要么放弃项目。瑞典的土地补偿费不包括预期土地将变为公共土地而引起的价格上涨部分。土地征用补偿价格的计算，以 10 年前该土地的价格为准。

（二）国外经验对我国土地征用的启示

与国外土地征用补偿标准相比，我国征地补偿在遵循市场价格和最有效利用原则方面还有很大差距，为此应健全被征地农民的利益共享机制，加大政府土地收益反馈给“三农”的比例。

我国在土地征用补偿方面尊重市场经济规律还不够，与国外土地征用补偿制度相比还有一定差距，尤其土地征用价格评估应以估价对象的最有效利用为前提开展。补偿安置问题在我国土地征用工作中一直没有得到很好的解决。我国《土地管理法》历经几次修改，取得了很大的进展，2004 年《土地管理法》把土地征用改为征收，虽然表面上只改了一个字，但充分表现了人们思维的重大进步，但仍然存在需要修改之处。其中第四十七条关于耕地征用的规定人为限定了补偿标准，没有真正体现出被征用土地的真正市场价值和最有效利用原则。

欧美国家土地一般为私有，与我国土地归国有和农村集体有着本质的区别，我们不能完全照搬他们的做法，但国际上一些先进理念和做法值得我们学习和借鉴。我们同时也要健全被征地农民的利益共享机制，加大政府从土地中获利反馈到“三农”的比例。土地征用涉及社会稳定，英国的土地征用补偿安置方式值得借鉴；被征用土地按公平市场价格和最有效利用的原则进行补偿的理念值得思索；而日本、新加坡节约集约用地的经验值得我们参考，以最大限度地避免土地粗放利用与浪费。

第三节　征地与补偿安置中存在的问题

一、征地行为不规范问题

依据《征用土地公告办法》（国土资源部第 10 号令）的有关规定，在征用农村集体经济组织的土地时必须履行严格的征地手续，特别是要充分地和被征地方协商征地补偿的标准和转非农民的安置途径问题。并且，补偿标准和安置协议要通过村民代表大会或者社员代表大会 2/3 通过才能正式实施。有些土地开发商为了减少投资资金，规避投资风险，以很低的成本拿到了土地的实际使用权，然后再招商，确定投资商和建设单位后，再办理征用土地的手续。而此时土地已经开始建设经营性场地。甚至有的土地建立起工业厂房后，依然没有办理土地征用手续，只是提高土地的使用金而已。

二、强制拆迁问题

由于各种原因，拆迁单位对于个别不愿意搬迁的单位和个人采取强制措施，但是这种措施明显具有不平等的因素。作为弱者在此过程中，根本不可能以平等协商的原则来维护自己的利益，必然要遭受一定的经济损失。

三、圈地运动问题

《土地管理法》中对于征地补偿的标准规定如下：

1. 用耕地的，按该耕地被征用前三年平均年产值（被征用耕地前三年平均年产值每667平方米低于1200元的，按1200元计算，下同）的8～10倍计算。

2. 征用精养鱼池的，按邻近耕地前三年平均年产值的10～12倍计算，征用其他养殖水面的，按4～8倍计算。

3. 征用果园或者其他经济林地的，按邻近耕地前三年平均年产值的8～12倍计算。

4. 征用其他农用地的，按邻近耕地前三年平均年产值的6～10倍计算。

5. 征用未利用地的，按邻近耕地前三年平均年产值的3～5倍计算。

6. 征用农民集体所有的非农业建设用地的，按邻近耕地前三年平均年产值的6～10倍计算。

这个标准就直接导致了疯狂的“圈地运动”。一些投机商人就以较低的价格（500～1000元/亩/年）租赁开发区周边的暂时还没有被征用或者没规划在内的土地，直接种植赔偿倍数较高的果树和绿化树木（6～12倍），然后就“守株待征”，专门等候征地赔偿。由于开发区是逐步推进式的滚动发展，征地范围必然会逐步增大，“守株待征”的投机商人租赁的土地必然要被征用，所以他们根本没有任何投资风险，但是赔偿的价格每亩能达到4万～7万元；个别人盖高档温室，种植高档花卉，每亩能够达到8万～10万元。扣除各种成本，每亩地的投资回报率基本为300%～500%。投资的资金越多，赔偿的资金也就越多。

四、变相征地问题

在农村的实际土地工作中，存在着三种变相征地的模式。

1. 以租代征

北京某地区，以每亩500元的价格征用5个村集体的1000亩土地，用于搞工业开发区建设，已经开始基础设施的建设（七通一平），并且早已开展招商工作，但是土地依然没有办理征用手续。农民得到一些实惠后也不会太多追究（租金每亩500元起步，每年递增10%，最高到1500元封顶）。这种方式减轻了征用单位或投资者因土地征用一次性投入巨额资金而带来的风险和压力，但是土地已经彻底改变了其农田的性质。

2. 旧村改造

一般都是申报征地的面积小，等拿到土地证后开发的土地面积大，而且原有的旧村也不用拆迁，村民依然住着农房。而征用的土地则用于房地产开发项目。基本农田面积却在锐减。

3. 以罚代征

现在的土地政策容许罚款补偿。这直接致使一些土地使用者先协商好土地的使用费，然后就开始工程建设，从事生产经营活动。等到检查土地使用证时，再补齐相应的土地征用手续。现在有些地区的一些个体工商户就采取这种模式，导致圈地运动迅猛发展，出现了越建越大，越赔越多，越拆越建的恶性循环。

第四节　征地与补偿安置中存在问题的原因分析

一、对土地征用制度存在问题的分析

征用土地是国家为了社会公共利益的需要，依照法定程序将集体所有的土

地转变为国家所有，并依法给予被征用土地的单位和原土地使用者一定补偿的行为。农用土地的征用补偿有四个方面：一是青苗补偿费；二是农民的劳动补偿即劳动力安置补助费，其标准是近三年土地的平均产值的4~5倍；三是土地补偿费，农村土地属集体所有，土地补偿费归集体经济组织所有；四是地上附着物补偿，包括地上地下的各种建筑物、建构物的拆迁和恢复费用。

国家出于经济、文化、教育、科技、交通等发展的需要，每年通过征用而从农民手中获取大量的土地。由于国家是集体农地的唯一购买者和土地一级市场的唯一供给者，这种垄断行为，有利于土地的保值增值，可以有效控制土地的非农开发，有利于耕地保护，最大可能地维护国家的整体利益。由于土地是关系到国计民生的最基本的资源，统一征地、统一出让、政府垄断土地一级市场，从根本上决定了土地产权流转的方向，有利于控制和调节国有土地的出让数量和出让时机，促进了土地的合理利用和集约利用。它不是一种计划经济行为，而是属于整个国家实行市场经济体制下的垄断行为。

但是，这种国家垄断很容易让地方政府从征地中获得巨大利益，从而使政府不断强化征地的频率和扩大征地的面积。相对而言，忽视了失地农民的利益，甚至尽可能地降低征地的成本。所以失地农民不反对征地，但最主要的是自己的切身利益没有得到有效的保护，特别是补偿标准较低的问题。在现行的征地制度下，土地卖与不卖，很多时候不由农民决定；即使是农民要卖土地，他们也很难有与买方平等谈判价格的权利。

二、对集体土地产权关系存在问题分析

我国现行与土地有关的《宪法》《农业法》《土地管理法》《土地承包法》和《村民委员会组织法》等五部法律，均明确规定农村土地归农村集体所有。但现实生活中，乡农民集体经济组织并不存在，村农民集体经济组织缺位，村民小组是农村群众性自治组织，不具备行使农村土地处置的权力，从而造成农民集体土地所有权主体严重模糊。集体土地从权属关系看，是土地集体所有，农户家庭联产承包经营，所有权和经营权相分离；从经营形式看，是农民家庭经营与集体经营相结合，即双层经营。集体拥有土地的所有权，从所有权的含

义和法律上讲，集体就拥有对土地的占有、使用、收益、支配和处置等所有者权利。但实际情况是集体只拥有部分的权利。

我国《宪法》和《土地管理法》规定，土地集体所有者产权不能自由转让，只能依法在一定期限有偿出租其使用权；不能买卖土地产权。这样，国家基本垄断了土地的一级市场，可以根据需要对农村集体所有土地实行强制性征购，仅支付一笔在土地实际价值中比例很小的补偿费，无须进行等价交换的市场买卖。农民的承包经营权虽然在土地占有、使用、收益等方面得到充分体现，但土地处置权自始至终没有赋予农民，土地卖与不卖，卖多少价格，农民没有发言权。由于农民没有完整的土地产权，农地自由流转受到严格约束和限制。村级组织可随意操纵土地流转，热衷于“低价格，长期限，大规模”地转让和租赁土地，不仅侵犯了农民的物质利益和经营自主权，也剥夺了农民正常获得保障的权利。

三、对征地补偿制度存在问题的分析

依据1998年修改执行的《中华人民共和国土地管理法》第四十七条规定：征用土地的，按照被征用土地原用途给予补偿。征用耕地的补偿费用包括土地补偿费，安置补助费以及地上附着物和青苗的补偿费。征用耕地的土地补偿费，为该耕地被征用前三年平均年产值的6～10倍。征用耕地的安置补助费，按照需要安置的农业人口数计算。需要安置的农业人口数，按照被征用的耕地数量除以征地前被征用单位平均每人占有耕地的数量计算。每一个需要安置的农业人口的安置补助费标准，为该耕地被征用前三年平均年产值的4～6倍。但是每公顷被征用耕地的安置补助费，最高不得超过被征用前三年平均年产值的15倍。很显然，这是按照土地的农业产值标准给予补偿的。

《土地承包法》中明确规定，农民的承包经营权三十年不得改变，并且规定在土地征用时对土地承包经营权要进行补偿，而《土地承包法》中又明确了土地在不改变用途的情况下可以以租赁、转包、转让或者其他方式进行流转，流转所得收益全部归承包人。所以应该在征地补偿时，补偿农民三十年承包权的权益损失。征地补偿标准未包含土地的增值部分。根据马克思地租理论，级差地租可以分为级差地租Ⅰ和级差地租Ⅱ。级差地租Ⅰ形成的原因之一是土地位置的差异，级差地租Ⅱ产生的原因是因为在同一块土地上连续投资的劳动生产率的差异。同时，按照马克思的地租分配理论，级差地租Ⅰ应该归土地所有者所有，级差地租Ⅱ应当由土地所有者和征地者共同所有。而当今土地征用后之所以会产生增值，是由于土地的位置差异和国家规划和开发投资两部分造成的，增值部分当然就包括两种形式的级差地租。因此，在对增值部分的分配上尤其是在由于地理位置的增值部分分配时，更应考虑被征地者的利益。

同时，由于征地导致土地对于农民所发挥的社会作用，特别是就业和社会保障作用的完全丧失，使农民面临着严峻的就业风险和社会保障风险及生活风险，这也必须给予相应的补偿。

第五节 对征地拆迁与补偿安置的对策建议

结合以上征地存在问题原因的分析，作者认为要解决我国征地存在的问题，健全土地征用制度，应该从以下五个方面做起。

一、健全法制，尽快出台《土地征用法》

由于土地征用过程中存在着一些依据现有政策很难解决的问题，我们只能理解为现有的土地征用政策存在着一些缺陷，所以我们必须出台相应的《土地征用法》。《土地征用法》要充分尊重农民对土地财产的所有权及其使用、收益和处分权，明确土地补偿费的分配办法及用途。改变土地征用补偿标准的测算方法，改变现行的“产值倍数法”，实行按照农民的实际损失为标准的赔偿方法，特别是充分考虑到土地对于农民的社会作用和土地的实际价值。规范政府在土地征用过程中的收益，改变现在的收益模式（出让金制度），形成规范的税收政策。最好能够开放土地一级开发市场，打破政府对于土地一级开发市场的垄断。彻底地解决失地农民在土地征用上的问题。同时实行最严格的土地征用制度，对土地征用的主体、客体、对象、条件、方式、范围、具体步骤等，要有明确具体的规定。建立土地征用的协商机制和司法裁判机制，把征地过程纳入规范化、法制化的轨道。

二、设立专业的土地纠纷裁决机构

土地问题是中国农村的根本问题，关系到国家的命运，是一个复杂的和专业性很强的社会与经济问题。现有的土地政策又是多部门分别执行，涉及的法律规范也比较多——土地问题又是一个全国普遍存在的棘手问题。

如果农村法院建立专门的土地法庭，依法公平公正合理地解决土地问题，那么就会更好地协调和保护乡镇政府与失地农民的合法利益。彻底地解决失地农民的困难，杜绝一些非专业因素对土地问题的复杂化，规范相关土地部门的义务，提高土地问题解决的权威性和效率。

三、实施土地征用最低保护标准制度

北京市新出台的《北京市建设征地补偿安置办法》规定：征地补偿费实行最低保护标准制度，征地补偿费最低保护标准由市土地行政主管部门以乡镇为单位结合被征地农村村民的生活水平、农业产值、土地区位以及本办法规定的人员安置费用等综合因素确定，报市人民政府批准后公布执行。征地补偿费标准应当根据社会、经济发展水平适时调整，征地单位与被征地农村集体经济组织或者村民委员会应当在不低于本市征地补偿费最低保护标准的基础上，协商签订书面征地补偿安置协议。这个补偿费最低保护标准制度，很好地解决了土地的价格问题，起码对农民的土地利益是一种最基本的维护。同时也很好地解决了农民失去土地的实际损失问题，补偿的范围扩大，补偿的幅度增加，并且具有切合农村实际的弹性。所以最低保护政策确实是一个规范土地征用的好政策。

四、建立土地项目终身问责制

针对目前土地征用管理较为混乱、土地征用手续比较烦琐、土地征用时矛盾突出等问题，借鉴建筑工程管理的经验，建议实行土地项目管理制度，并在此制度基础上，建立终身问责制度。土地项目管理一般由土地中介承担。征用土地项目负责人，对整个土地征用工作全权负责，负有不可推卸的直接责任，其主要负责征地方与农民利益的协调问题，其工作结果要能够经得起时间的考验。只要其负责的土地项目出现问题，农民或集体经济组织可以在其有生之年，对其提起诉讼。这样就从根本上明确了征地工作的责任人，把征地工作社会化，体现了征地双方地位的平等，公正地维护了双方的合法权益，杜绝了不法行为的发生和暗箱操作。

五、明确集体土地的产权

首先，必须把集体土地所有权人具体化。目前的五部相关法律都规定，集体土地的所有权人为集体经济组织，那么集体经济组织又是什么机构？村委会是农民的自治组织，显然应该具有这个权利。从法律上讲，村民代表大会是村集体的最高权力机构，应该毫无争议地具有集体资产的处置权，但是，农村体制中还存在着社员代表大会，专门决定集体经济的发展问题，而且社员代表和村民代表很可能在同一问题上做出不同的决定，这样就出现了集体经济组织的混乱。在土地这个最大的集体资产问题上，社员代表大会的决策力度可能不够，应该由村民代表大会决定，其应当具有最高的决策权，而村委会只是村民代表大会决议的执行者。明确村民代表大会是最终的集体经济组织，这对于集体资产的管理，特别是集体土地的管理，具有重大的现实意义。

其次，明确村民代表大会对集体土地的所有权和产权，及土地补偿款应当由村民代表大会支配，而不是上缴到乡镇集体经济组织。土地补偿费彻底用于农民自己的安置工作和提高全体农民的生活水平，为全体村民谋福利。这样集体土地的收益才完全归集体经济组织支配。

完善法制，尽快出台《土地征用法》。充分尊重农民的各项土地权益，改变“产值倍数法”，按照农民的实际损失赔偿农民，最好开放土地一级市场，实行最严格的土地征用制度。

设立专门的土地纠纷裁决机构。针对土地问题的特殊性，要平等协调和保护征地双方的合法权益，杜绝土地问题的复杂化，提高土地问题解决的权威性和效率。

实施土地征用最低保护标准制度。对农民的土地利益进行最基本的保护，扩大补偿范围和幅度，具有切合实际的补偿弹性。

建立土地项目终身问责制。明确土地征用工作的负责人，规范土地征用工作，公正地维护征地双方的合法权益，杜绝不法行为和暗箱操作。

明确集体土地的产权。必须把集体土地所有权人具体化，明确村民代表大会是最终的集体经济组织，明确村民代表大会对集体土地的所有权。

总之，扩展社会保障范围，把失地农民纳入城市保险体系。使他们能够享受到城市职工的基本养老和基本医疗待遇，并不受法定年限的限制，彻底解决老有所养、病有所医的问题。

实施城市最低生活保障政策，确保失地农民中特困人员的生活。通过城市民政部救助体系，发给一些生活必需品或者最低生活费，维护社会稳定。

开展专业性培训，提高失地农民劳动力的就业效率。即先找到用人单位，签订用人协议，然后按照用人单位的专业要求，再培训合适的失地农民劳动者，达到要求的就上岗。

市场化运作失地农民劳动力就业工作。按照市场机制，促进劳动力就业，政府政策扶持，职业中心信息支持，社保部门基本保障，劳动者依靠市场规则，自主就业。

实施社区化管理，加强失地农民的日常管理。居民委员会、物业公司、群众自发组织共同参与社区建设，协调各方利益，共同维护社区的公共利益，实施统一的社区管理模式。

规范化和制度化对失地农民的扶持措施。必须出台一些切合实际的规范的优惠政策，关注和扶持失地农民，切实维护和发展他们的利益，促进扶持工作有理有序地开展。

（一）树立“大保障”理念，完善现有保障制度

为了确保失地农民今后可持续生计和发展，政府在财力许可的条件下，应逐步为其建立“大保障”理念下的失地农民社会保障制度，也就是基于为失地农民生存权和发展权的考虑，结合当前现行社会保障制度，妥善解决失地农民当前生存和今后发展的社会保障制度。

这种“大保障”理念下的失地农民社会保障制度至少应该包括失地农民生存保障和发展保障两大部分内容：

一是失地农民生存保障属于失地农民基本生活权利的保障，保障项目应该与现行城镇居民社会保障制度保持一致，包括养老保险、医疗保险、失业保险、生育保险、社会救济和住房保障等项目。

二是失地农民发展保障，是指在满足失地农民当前基本生活的前提下，为失地农民提供未来可发展的物质和服务，促进失地农民长期生存和发展的制度保障，主要包括制定就业扶持政策、组织就业指导、提供就业信息等内容的失地农民就业保障和为失地农民市民化、失地农民心理健康等问题提供服务的失地农民发展保障。受政府财力限制，当前全面建立“大保障”理念下的失地农民社会保障制度还存在着许多困难，但“大保障”理念下的失地农民社会保障制度应作为未来的发展方向，政府应提早进行制度上的安排。

主要应做好以下三个方面的工作：

首先，应提高失地农民养老基本生活保障金和基本生活补助费的金额，达到与企业退休人员养老金和城镇失业人员失业保险金一致的标准。

其次，对于已经领取24个月的基本生活补助费的失业人群，全部纳入城镇最低生活保障范围，确保就业困难群体的最低生活水平。

最后，为了切实解决好失地农民的后顾之忧，通过政府补贴，将全部失地农民纳入到现行城乡合作医疗保险体系中，并逐步向大病医疗统筹过渡，最后与城镇职工基本医疗保险并轨，保证失地农民病有所医。

（二）多方扶持，帮助失地农民就业及创业

有效解决失地农民的就业难题，需要政府和失地农民双方的共同努力。一方面，失地农民必须改变就业观念。在嘉兴，每年有许多外来民工未经政府的

任何培训，都能顺利地找到工作，实现了就业。

这一现象说明就业培训并非是失地农民实现就业的必然条件，许多失地农民缺少的不是劳动技能而是正确的就业观念，“高不成、低不就”是导致失地农民无法就业的主要原因之一。广大失地农民必须清醒地认识到政府只负责保证维持他们的基本生活，想要增加收入，提高自己的生活水平，必须改变陈旧的就业观念，参加力所能及的劳动。另一方面，政府应从多方面入手，帮助失地农民就业及创业。

首先，有针对性地提供高质量的职业技能培训。如对四五十岁的人员，应重点开展以家政服务为主的实用技能培训；对具有一定文化的青年人，则提供技术含量高、市场需求大的技能培训。

其次，为失地农民创造良好的就业环境。包括落实城乡统筹就业的政策制度，完善人力资源市场体系；提升社区、村劳动保障服务站“三化”水平，建立就业和失业管理服务长效机制；加快建立失地农民就业信息网络服务平台，实现与市、县劳动就业社会保障管理服务机构的业务联网，共享就业信息资源。

最后，鼓励失地农民自主创业。对自主创业的人员，举办“创业培训班”，采取集中授课、专家现场咨询和案例分析相结合的方式，提供各种创业指导。对于已通过创业培训，着手创办个体或私营企业的失地农民，有关部门应保证其在税收、技术、经营场地等各方面与持有《再就业优惠证》的人员享受同等优惠待遇，并且放宽小额信贷条件，为失地农民筹集创业资金提供有效帮助。

（三）提高征地补偿标准，加大市场化供地力度

政府应参考当地社会经济发展的水平和社会保障项目缴费的变化，及时提高征地补偿标准，减轻政府财政压力和保护被征地农民的切身利益。同时，必须严格区别建设用地的性质，对于当地社会经济发展急需的公益性建设用地，如水利、行政、教育、国防等建设用地，由市统一征地办公室征收后，继续采用行征划拨的方式供地；对于非公益性建设用地，包括经营性的高速公路、桥梁、物流园、各类市场等建设用地，一律采用招、拍、挂的形式供应，并将土

地增值收益全部用于社会保障资金，让失地农民充分享受土地增值带来的利益。

（四）针对不同征地区域，适当引进其他安置模式

征地安置时，应该区分不同的征地区域，采取其他行之有效的安置模式。例如，嘉兴市地理位置优越，交通便利，目前正在大力发展物流业，打造物流基地，对于这类建设用地，由于用地单位未来经营稳定、收益可期，可以引进“土地入股”模式来补偿安置被征地农民。采用这一模式，一方面可以降低物流基地建设的前期投入，加快建设进度；另一方面也可以让被征地农民充分享受土地未来的增值收益，最大限度地保障失地农民的长期利益。再如，对于近郊的被征用土地，考虑到郊区商品经济发达，农民自身也有很强的经营能力，可以采用“留地安置”模式，在征地时，给村集体留下部分土地，在城市规划许可的条件下，鼓励村集体建设各类市场，发展第三产业。采用这一模式，政府不需要为失地农民购买社会保障，既减轻了政府的财政压力，又可以通过发展第三产业解决失地农民的就业问题。当然，在引进多种安置模式时，还需要政府多方调研，认真决策，确保政策的可行性，最大限度地减少各类模式的弊端。

（五）制定实施细则，严格土地补偿费管理

为了有效解决当前村组集体经济组织对土地补偿费缺乏统一管理这一问题，各级政府应制定相应的实施细则，从制度上、机制上防止出现土地补偿费使用、管理不规范的情况。实施细则应明确土地补偿费的具体用途和审批程序；规定土地补偿费所有权归村组集体经济组织所有，但资金由镇（街道）专户管理；土地补偿费的分配、使用方案必须征得村组集体经济组织成员三分之二以上通过，向全体村民公示，没有异议后，由镇（街道）负责拨款，防止“暗箱”操作、随意使用土地补偿费等现象的出现。

第五章　农民市民化后的就业问题

随着北京城市化和工业化进程步伐的加快，失地农民群体不断扩大。农民失去了土地，就失去了最根本的就业岗位。失地农民向非农就业转移过程中，除少数人能利用城区发展带来的商机经商办企业外，由于大多数失地农民的文化素质和劳动技能普遍很低，在土地以外的其他工作岗位竞争中处于劣势，难以找到新的就业机会。如何解决失地农民的就业和社会保障，使农村人口非农化和就业的非农化同时实现，让农民真正享受到城市化进程加快带来的收益，关系到社会稳定和经济发展。

第一节　农民市民化后非农就业的一般理论

一、社会资本理论

学术界普遍认为，真正将社会资本作为一个明确的概念提出并运用于社会学研究领域的是法国的社会学家布迪厄，其在 1980 年提出了社会资本这一概念。布迪厄提出，所谓社会资本就是“实际的或潜在的资源的集合体，那些资源是同对某些持久的网络的占有密不可分的”。“这一网络是大家共同熟悉的，得到公认的，而且是一种体制化的网络，这一网络是同某团体的会员制相联系的，它从集体性拥有资本的角度为每个会员提供支持，提供为他们赢得声望的凭证个体所占有的社会资本多少取决于两个因素：一是行动者可以有效地加以运用的联系网络的规模，二是网络中每个成员所占有的各种形式的资本的数量。”

伯特从网络结构的角度研究社会资本，并提出了“结构洞”的概念，所谓的结构洞是指在整个大的社会网络中各群体之间的弱联系（weakness），“其特殊视角在于重视人际关系而不是重视个人特征；重视人际关系形成的网络，以及人们身处在什么网络中，而不是重视个体类别（如男女或职业）；重视人际间的联系性和资源的嵌入性，而不重视人的归属感；重视个人通过这种人际网络摄取多少资源，而不是人们现实占有多少资源；重视人们在网络中的位置或网络所能使用的资源，而不是重视人们的阶级地位”。

美籍华裔学者林南给社会资本做了如下定义：社会资本是投资在社会关系中，并希望在市场中获得回报的资源，是一种镶嵌在社会结构之中并且可以通过有目的的行动来获得的资源。林南运用社会资源理论对功能性组织网络与人际网络之间的交叉问题做了恰当的理论概括，强调权力、财富、声望等社会资源是嵌入社会网络之中的，缺乏这些资源的人们可以通过社会网络来获取，而社会资源的利用是个人实现工具性目标的有效途径。林南从社会网络的角度对社会资本进行研究，这个视角与我国的关系型社会形态非常契合，林南的理论引入国内后受到众多学者的肯定，许多学者以此为理论基础对不同阶层、群体的社会资本进行研究，林南本人也在天津等城市做了大量关于社会网络的社会调查与研究。

二、路径依赖理论

目前，在西方发达国家，新制度经济学迅猛发展，制度问题已被推到了经济学的前沿，特别是它明确指出制度变迁的路径依赖及各种制度的相互关系等，已成为新制度经济学的主要贡献。诺斯认为路径依赖理论比传统的产权理论在探索制度安排和持续发展的动态问题上提供了一个更为有用的理论基础。我们认为，制度变迁的路径依赖理论对我国劳动力流动制度的创新具有重大现实意义。

路径依赖类似于物理学中的“惯性”，一旦进入某一路径（无论是“好”的还是“坏”的）就可能对这种路径产生依赖。用诺斯的话来讲：历史确实是起作用的。我们今天的各种决定、各种选择实际上受到历史因素的影响。诺斯认为制度变迁过程与技术变迁过程一样，存在着报酬递增和自我强化的机制。这种机制使制度变迁一旦走上某一途径，它的既定方向会在以后的发展中得到自我强化。所以人们过去做出的选择决定了他们现在可能的选择。沿着既定的路径，经济和政治制度的变化可能进入良性循环的轨道，迅速优化，也可能顺着原来错误路径往下滑，甚至被“锁定”在某种无效率的状态之下而导致停滞。一旦进入了锁定状态，要脱身而出就会变得十分困难。

在我国劳动力管理制度的变迁过程中，路径依赖是客观存在并起作用的。已有的研究表明，政策和体制是影响农村劳动力外出与回流的重要因素。我们也时常听到外来劳动力的抱怨，因为他们受到不公平的待遇和歧视。要全面深刻揭示农村劳动力外出与回流的现象及其原因，就必须对政策问题进行专门的讨论和分析。1954 年，中华人民共和国宪法规定了中国公民有居住和迁徙的自由；1958 年，《中华人民共和国户口登记条例》正式制订，这一法律提供了城乡二元分割结构的规则，并确立了中国特有的劳动力管理制度、土地制度、人口制度等。整个社会的劳动力固定化，产生了庞大的剩余劳动力群体。劳动力的自由流动和迁徙仍然存在着众多阻碍。

第二节　农民市民化后的总体就业状况

一、北京郊区失地农民就业现状

目前，北京郊区农民失地的形式主要分为三类：一是国家征用农村集体土地，进行公共事业、基础设施、经济开发区以及通过土地征收再转让给企业进行房地产开发的建设等。据有关部门介绍，从 1998 年至 2003 年上半年，这类建设项目征地总量达到 1.8 万公顷。二是政府下达指标进行绿化建设。土地虽然仍归农民集体所有，但实际上农民失去了对土地的支配权，属于隐性失地。其中，绿化隔离带建设涉及 4 个近郊区和 2 个远郊区的 91 个行政村，339 个自然村和3个农场，88.5万人口。三是乡村占用集体土地进行非农产业建设开发。原来务农的那部分农民失地后不能继续从事农业生产。

失地农民大体呈现以下三种趋势：

一是农民失地的区域从近郊向远郊扩展。由于四环以内地区的土地已大部分被征占，农民失地的区域已开始向远郊扩展。据统计，农民失地涉及近郊348个村，远郊581个村。截至2001年年底，被征占的农村集体土地共计2.87万公顷，有57.5%在近郊，42.5%在远郊。仅通州区卫星城及周边的永顺、梨园、潞城三镇，从1999年至2001年三年间就减少了32%的农用土地。

二是土地权益问题成为农民上访的主流。从2001年至2003年上半年，农民上访中占地补偿、拆迁政策、转工转非等与土地权益相关的共531批、9095人次，约占农民上访批次的51.8%，上访人次的62.7%。

三是失地农民的数量不断增加。2000年以前，每年占地在1000～1500公顷，2000年以后，每年增加到5000公顷左右。

城市化进程中产生失地农民是正常现象，问题的关键是如何保障失地农民的生存权益和发展权益。在计划经济时代，各级政府通过一系列政策措施，让农民“以土地换就业”，从而消除了失地农民今后就业、养老等一系列问题。市场经济体制的确立带来了企业用工方式的市场化，政府传统的、行之有效的失地农民安置方式已经不适应环境的发展变化，失地农民的安置问题日益突出。目前对失地农民的安置方式有货币安置、就业安置、住房安置、留地安置、建立社会保障等形式，其中货币安置是主要的安置方式。农民一旦失去土地，也就失去了维持家庭生计的主要来源，要切实保障失地农民的基本生活，根本出路在于就业。现行政策中最主要的应对措施，是让失地农民去劳动力市场找工作。这对相当一部分失地农民，尤其是男性40岁、女性35岁以上的失地农民而言并不是一种可持续的生计。他们在年龄、体力、文化、技术等几乎所有的“个人素质”方面，都不具备竞争优势。失地农民就业情况不容乐观。失地农民就业问题突出表现在以下几个方面：

（一）“农转居”人员就业安置难，并且就业后下岗、失业问题突出

到2001年，北京近郊城乡结合部地区因土地被征占共有“农转非”人员

20.5 万人，其中劳动力 11.4 万人，获得就业安置的 5.3 万人，仅占 46%，其余的都是自谋出路。不少人即便被就业安置，由于多种原因，往往成为优先下岗的对象。20 世纪 90 年代中期以来，劳动力市场配置的进一步发展，企业为减少冗员而实行下岗分流，使得“农转居”人员首先受到冲击。丰台区卢沟桥乡太平桥村，1993 年土地被征用时，实行招工安置的有 3 个队，1100 余人，从后续了解的情况看，除少数安排在环卫、公交和房管部门的人员外，其他“农转居”人员 90% 以上都已下岗、失业。近年来，北京近郊地区的乡镇企业经过重组改制或者被拆迁，吸纳当地农村劳动力的能力明显减弱。失地农民失去土地后，由于就业安置不到位或是就业安置不能持续，成为了“种田无地、上班无岗、低保无分”的“三无”人员。

（二）“农转居”自谋职业人员择业难导致还乡人数猛增

北京市因征地“农转居”自谋职业人员大概有 10 万人，目前绝大部分处于失业状态。以北京市朝阳区来广营乡新生村为例，以前在集体企业工作的村民大约有 50 人，现在已经达到 260 人，近年来平均每年增加 40 余人，其中相当一部分是以前领取过一次性安置补偿费的“农转居”自谋职业人员。

（三）“农转居”人员就业质量不高，隐性失业问题严重

“农转居”劳动力由本乡、本村就地安置，从表面看，他们的失业问题并不严重。如丰台区卢沟桥乡，现有农村劳动力 24770 人，登记失业人员只有 460 人，失业率仅为 1.9%。太平桥村干部更是坦言，由于都是乡里乡亲，只要有就业意愿，村里都尽量安排，所以不存在失业问题。然而，实际情况是，乡村企业隐性失业现象极为普遍。主要表现在两个方面：一是目前无业或待工人员较多。丰台区卢沟桥乡待工人员有 4700 多人，占全乡农村劳动力总数的 19%。有一个村 1200 多农村劳动力，目前全部在家里待着，仅靠村集体每月发给的 460 元生活。二是单位或企业冗员颇多。以乡村绿化队、卫生队、治安队为例，截至 2004 年 4 月底，朝阳区来广营乡已就业的 4693 人中，从事绿化工作的有 1037 人、从事卫生保洁工作的有 427 人、从事治安联防工作的有 355 人，三者合计 1819 人，将近全部就业人员的四成。丰台区卢沟桥乡太平桥村就业人员 1300 人，其中仅卫生保洁人员就有 300 余人，占全部就业人员的 23%。

二、北京郊区失地农民就业难原因分析

（一）失地农民就业时面临着劳动力市场不统一，就业信息不充分的困难

许多行业对农民采取限制和歧视的做法。城市现行的就业政策一直是为解决城市市民的就业设计的。在失地农民转为城市居民的同时，现行就业政策没有能够及时改变以往偏向既得利益群体的做法，造成失地农民就业困难。同时城市劳动力市场就业信息不充分，即使有适合失地农民的工作也因为信息不畅而无法及时就业。

（二）失地农民在激烈的就业市场竞争中明显处于劣势

由于城市就业压力不断加大，许多大学生都降低了就业要求，有的甚至与普通的工人竞争，缩小了失地农民的就业空间。此外，众多的外来务工人员同样与失地农民争抢有限的就业岗位。北京郊区失地农民文化素质和劳动技能偏低，这集中表现在年龄偏大、文化程度不高和缺乏非农劳动技能三个方面。以北京市朝阳区来广营乡为例，截至 2004 年 4 月底，劳动年龄人口共计 4943 人，其中 45 岁以上的占 24.7%，初中及以下文化程度的占 78.5%，无技术人员占 73.4%。大多数失地农民只适合从事手工操作和简单重复工种，失地农民在城市劳务型与服务型行业并不具有特别的优势。随着经济发展，劳动力市场逐步由单纯的体力型向专业型、技能型转变，用人单位对求职者的年龄、知识、技能和市场竞争意识要求较高，失地农民在城市多元化的就业格局中处于明显的劣势地位。

（三）相当数量的失地农民依赖性强、就业预期高

在土地征用过程中，农民始终处于被动地位。这使为数不少的失地农民能够找到“理由”对政府和集体“等、靠、要”。另外部分失地农民对就业岗位、收入要求预期较高，一般不愿意从事苦、脏、累的工种，而且把求职范围限定在自家附近，这些使失地农民就业之路变得狭窄。

三、对解决失地农民就业问题的对策建议

（一）确立“就业优先”的政策目标，实施保护性就业措施

“就业是民生之本”。政府有责任在社会保障体系尚未完善、土地产权尚未明晰的情况下，通过明确政策导向，制定政策措施促使失地农民转移到非农产业或得到城市提供的非农就业机会。一方面，政府可以通过制定相关的保护政策，使在推进城市化进程中创造的大量就业机会作为回报、补偿，优先录用、安排因城市建设扩张而失去土地的农民。如可以组建由失地农民参加的绿化、管护公司。社区服务业应该是失地农民就业的主要方向和领域，特别是农村城市化后形成的新社区应更多优先安排失地农民就业。另一方面，政府要发挥财政资金转移支付的功能，建立失地农民就业保障金。保障金专项用于失地农民职业技术培训费用的补贴；用于奖励、补贴安排失地农民就业的工作单位；有偿扶持失地农民集体就业、个体经营；适当补助失地农民劳动就业工作经费开支。

（二）加大对非正规就业的法律保护和规范

非正规就业就是在“非正规部门”就业。国际劳工组织把非正规部门分为三类：小型或微型企业、家庭型企业、独立的服务者。在发展中国家，由于正规部门不能提供充分的就业岗位以及劳动者技能的欠缺，致使非正规就业的存在与发展有其必然性。同时，经济周期性的波动以及许多行业生产季节性的变化，提供了一些并不正规的岗位空缺，从长期发展看，这种需求还会一直延续，有些还会扩大，能够提供相当数量的就业机会。非正规就业虽然不是一种理想的就业状态，但却是人们争取就业与生存的一种基本途径。但失地农民在非正规部门就业所面临的“非正规”及其社会保障的不稳定性问题是需要配套政策措施来解决的，非正规就业需要正规化的引导、扶植，不断改善非正规就业的环境，促进其正规化发展。

（三）完善城乡一体化的劳动力市场体系

通过城乡一体化劳动力市场把失地农民纳入城镇就业体系，使其在就业培

训、择业指导、职业介绍等方面享受就业服务，在接受职业培训、就业援助、自主创业等方面享受到应有的政策待遇。失地农民的生活安置应立足于就业和创业，变被动的补偿安置为积极的就业安置。征地补偿是失地农民再就业和再创业的重要物质基础。应把失地农民的补偿安置与就业安置和创业安置结合起来，并把就业和创业放在优先地位，为失地农民提供就业和创业的空间和条件。为此，各级政府对此负有重要职责，须在以下方面做出改善：

（1）加快建立和健全就业信息网络，使农民都能及时有效地得到就业信息。

（2）大力发展劳动力市场中介组织，形成包括就业信息、咨询、职业介绍培训在内的社会化就业服务体系，规范就业机构，为失地农民进城就业提供高质量的服务。

（3）积极扶持中小企业特别是劳动密集型行业，为失地农民提供更多的就业岗位。

（4）制定相关优惠政策鼓励各类企业积极吸纳具有就业条件的失地农民就业。

（5）在农村土地开发中可以留出一部分土地用于安置农民就业。

（6）从土地出让金中拿出一定比例的资金用于农民自谋职业的融资担保，以支持失地农民的就业工程。

（四）进一步健全完善劳动力培训体系，强化就业培训制度，增强失地农民的可持续就业能力

强化职业教育和职业培训是可持续地解决失地农民就业难题、解决失地农民发展权问题的重要手段。通过职业教育和职业培训对农民进行基本素质教育，包括思想教育、职业道德教育、择业观念教育、文化素质教育等，从根本上提高农民自身的素质，消除陈旧思想，建立全新就业观念，全面提高京郊失地农民的科技文化水平和现代化素质，提高京郊失地农民的就业能力和从业水平。因此，完善的就业培训体系起着重要的作用。完善培训体系的根本既要靠政府组织，主管部门多头并举，又要靠社会力量的积极参与。为此应在以下方面加强管理：

(1) 要尽快健全对失地农民和剩余劳动力培训的信息采集机制、师资组织机制、专业培训机制、评价考核机制、反馈跟踪机制、资质认证机制等，由组织、人事、劳动、教育等部门共同参与实施，实实在在把失地农民和剩余劳动力的培训转移工作纳入政府工作的主要议题。

(2) 各级政府要建立一个布局合理的人员培训网络。要根据不同年龄阶段和文化层次区别对待，培训内容要有针对性，以市场的需求和农民的需求来定培训项目，有的放矢地安排培训课程。

(3) 培训费用要遵循政府补贴与农民合理分担的原则。对于就业培训费用政府可给予一定财政支持，也可从土地征用款项和集体积累中按一定比例提取，有条件的地方可免费培训，也可采取由失地农民支付培训费，政府部门视具体情况按一定比例或按定额报销的方式。对经济特别困难的人员，要免费转岗培训，至少让每一个失地劳动力掌握一门非农职业技能，提高就业竞争能力。

(五) 刺激经济发展和结构调整，带动就业的增加

大批失地农民的出现是工业化、城市化的结果，但解决失地农民就业问题最终还是要靠发展经济，为失地农民创造更多的非农就业机会。在发展经济过程中应更多关注以下问题：

(1) 积极支持中小企业的发展，以吸纳更多的就业人员，促进自主创业机制的形成和完善。中小企业具有经营灵活、就业吸纳力强的特点，由于许多中小企业属于自主创业的结果，蕴含较强的自主发展动力。有数据表明，年产300万~1000万元的中小企业的劳动力增长需求弹性较高，能够为农村富余劳动力包括失地农民提供更多的就业机会。当前世界各国中小企业的发展可在一定程度上体现出创业就业的重要作用。日本的小企业雇用了全国工业总劳动力的74%；法国有35万家中小企业，其容纳就业人数占全国职工总数的50%；欧盟的中小企业就业人数占其就业总人数的66%；美国同样有三分之二的就业机会来自中小企业。中小企业的发展反映出企业主的创业和创新精神，对其他劳动者也发挥着容纳就业和示范创业的作用，有利于促进自主创业的扩展。为此，在经济发展中要统筹兼顾技术密集型产业和适度规模的劳动密集型产业

的关系，对中小企业、私营经济发展给予更大的政策支持。例如，政府可以通过提供低息贷款等途径，采取资金援助和技术指导等多种手段，扶持中小企业的健康发展，鼓励和帮助失地农民自谋职业乃至创办新的中小企业。

（2）推进农村城镇化建设。城镇经济集中、繁荣，也是失地农民就近寻找新的就业门路的主要载体和根本支撑点。有关研究表明，城镇的劳动力就业成本，相对于城市而言比较低，大城市安排一名劳动力就业需要投入 1.5 万元，小城镇只需要 0.4 万元，减低了失地农民的就业门槛，能有效地实现农村人口非农化和就业非农化。因此，要加大对农村基础设施和服务体系的建设，给农村劳动者提供必要的科技、资金及信息服务，通过缩小城乡差别，使失地农民在小城镇获得理想的就业。

第三节　农民市民化后就业的主要类型

北京城市边缘区失地上楼农民就业主要有以下四种类型：

一、在农村集体经济组织中工作

农村集体经济组织的发展壮大是吸纳农村劳动力、解决失地农民就业难的重要途径。我们所调查的村庄在拆迁后有 100 多名村民在集体经济组织中工作。该村下设房地产投资公司、物业公司、农业观光园、餐饮服务公司等，吸收了部分本村的失地农民。村主任、书记等在村集体的集团公司中从事管理工作，一部分村民在村属社区物业公司中从事绿化、保洁、保安、修理等工作。该村集体经济一年的收入是二三千万元。由于该村在拆迁前集体经济有一定基础，农民有一定的集体福利，村集体经济组织正在筹备股份制改组，待股份制改造完成，村民可享受股金分红。所以目前在集体经济组织中工作的农民均不愿意转居民身份，他们目前仍享受村民待遇。

二、在国有企业或事业单位从事工作

一部分失地农民通过政府协调、企业招聘等方式就业，主要从事市政、园林和环卫工作，成为国有企业的正式职工，这部分农民（工人）一般每月有2000多元收入；还有一部分文化水平较高、综合素质比较好的农民回迁后，在所在社区居民委员会从事管理工作。以上两部分“农民”均有稳定的工作，已转为居民身份，享受城市居民所享有的社会保障，真正实现了平稳过渡。

三、在占地企业中工作

一部分失地农民在政府的协调下，以“合同工”身份在占地企业从事保洁等体力劳动，缺乏稳定性。

四、在拆迁前，就已经从事非农产业的工作

这部分具有农民身份的非务农者以经商、进城打工居多。通过调查可以看到，土地被征用后，大多数农民通过政府安排和集体经济安置的方式实现了就业，从表面上看不存在失业问题，属于就业年龄段的农民只要个人有就业意愿，政府都会出面协调，尽量安排，不存在失业问题。但实际情况并非如此简单。

第四节　农民市民化后的就业困境

目前对失地农民的安置主要有农村集体经济组织安置、用地单位安置和货币安置三种方式。《中华人民共和国土地管理法实施条例》第二十六条规定：需要安置的人员由农村集体经济组织安置的，安置补助费支付给农村集体经济组织，由农村集体经济组织管理和使用；由其他单位安置的，安置补助费支付

给安置单位；不需要统一安置的，安置补助费发放给被安置人员个人或者征得被安置人员同意后用于支付被安置人员的保险费用。这三种安置方式在实际中操作困难较多、阻力较大，无法解决数量众多的失地农民的长远生计问题。

一、农村集体经济组织安置中的农业安置模式存在较大的弊端

农业安置就是由农村集体经济组织将部分农村集体机动地、流转承包地、新增耕地的土地承包经营权安排给被征地农民，失地农民通过土地经营来维持生产和生活的安置模式。虽然这种安置方式让失地农民可以继续留在农村从事熟悉的农业生产，对失地农民生产和生活的影响较小，但是在我国城市化进程快速推进、人地矛盾极为突出的情况下，农业安置模式的实现极为困难。将失地的农业人口束缚在农村，既不利于农业的产业化经营，也会阻碍我国工业化和城市化的发展进程。而且这种安置方式在农村集体经济组织预留地较少的地区难以实施。

二、用地单位安置在市场经济条件下难以实现

用地单位安置即招工安置，是一种“谁征地，谁安置”的安置方式，带有浓厚的计划经济色彩，在当前的时代背景和社会环境下实施难度很大。随着我国城市化进程的加快，土地被征收后的用途也发生着较大变化。大量被征收的土地都用于市政建设、公益项目、公共设施建设等非生产性项目，这些用地单位也难以提供大量的岗位安置失地农民。因此，招工安置方式在事实上已经很难执行。失地农民获得安置就业的人数很少。安置就业比例最高的江苏省也只占到被调查农户的7.8%，而四川省和宁夏回族自治区的失地农民获得安置就业的比例为0。2006年广东省一项自然科学基金项目对失地农民的调查表明：直接获得安置就业的人数仅占被调查农户的0.7%。实现安置就业的失地农民的数量越来越少，已经被安置就业的失地农民下岗回流人数却越来越多。在用地单位面临倒闭、停产或裁员增效时，素质不高、能力不强的失地农民则会成为下岗的首当其冲者。在上海已经安置就业的失地农民中，有近30%的

人实际上已经处于离岗状态。

北京丰台区卢沟桥乡太平桥村，实行招工安置的1100余人中，90%以上都已下岗、失业。用地单位安置的失地农民面临着再失业的巨大风险。

三、一次性的货币安置方式无法解决失地农民的长远生计问题

一次性的货币安置方式是指政府相关部门将土地补偿费、安置补助费和青苗补偿费等征地补偿费用以货币形式一次性支付给被征地农民，由失地农民自谋生计。

由于货币安置方式风险较小、操作简单、周期较短，是目前各个地区采取的主要安置方式。2006年广东省一项自然科学基金项目的调查结果显示：货币补偿形式占到了被调查失地农民获得的各种补偿形式的71.3%，占被调查农户的81.0%。被征地农民在得到一次性补偿金后，就被永久地推向了劳动力市场自谋出路，所以这种方式又被称为“一脚踢”的安置方式。一次性货币安置方式对于非农就业十分困难的失地农民来说，失地就意味着失业。

四、自谋职业难

我国失地农民外出务工人数较多，比例较高。自谋职业是当前大多失地农民的就业选择，也成了失地农民最重要的就业途径。失地农民转岗就业十分困难，自谋职业的失地农民就业现状不容乐观。

（一）失地农民在市场竞争中就业竞争力弱

失地农民属于被动城市化队伍中的成员，其整体素质不但低于城镇下岗职工、大中专毕业生、转业军人，甚至低于主动城市化的一般意义上的农民工，是就业大军中就业最困难的群体之一。

（二）失地农民外出务工的就业选择面很窄

国家统计局的调查表明：2006年在全国外出务工的农民工从事的行业中，制造业的比重最大，占到了35.7%；其次是建筑业，所占比例为20.5%；服

务业、住宿餐饮行业、批发零售贸易业分别占到 10.2%、6% 和 4.6%。受教育水平低、劳动技能不高、非农就业经验不足是失地农民整体状况的写照。失地农民是就业市场上的弱势群体，大多数只能从事流程简单、可替代性强的体力型劳动。

农民通过在土地上的劳动和对土地的经营来获得经济收入和就业岗位，从而为生活、养老、医疗等提供基本的保障。在我国征地补偿制度不完善、就业市场压力大、社会保障机制不健全的背景下，广大失地农民面临收入下降、就业无路、保障无望的艰难状况，令人担忧。解决这些问题的根本出路在于解决非农就业问题，为失地农民找到可维持持续生计的出路。而我国失地农民非农就业面临着诸多的困境。如何妥善解决好失地农民的就业问题，已成为我国面临的一项紧迫而艰巨的任务。

（三）失地农民非农就业困难多

从实际情况来看，失地农民无论是安置就业、自谋职业还是自主创业都面临着较大挑战。失地农民就业的阻碍较多，就业渠道较少，非农就业十分困难。

2003 年，广东、江西、四川、湖南等地的农村社会经济调查队对部分失地农民家庭进行了调查。其中绝大部分的安置就业，经营二、三产业和外出务工的就业形式属于失地农民非农就业的范畴。

从中不难发现失地农民非农就业不足，就业形势相对严峻。缺乏长远的考虑，短期行为严重，难以适应市场变化。失地农民未参加专业的技能培训，创业信息与技能储备不足，选择的创业项目往往技术含量低、产品可复制率高、市场竞争力弱、市场前景不容乐观。失地农民受传统求稳求安的小农思想影响，害怕创业中的风险和失败，创业畏难情绪较重，缺乏自主创业的积极性。已经创业的失地农民，也因为创业经验较少，管理经营不科学，创业项目的信息不足，难以承担创业过程中的各种压力和风险。

（四）失地农民外出就业具有自发性和无序性的特点

自发性外出就业是失地农民外出就业的主要方式。2010 年湖南省统计局调查还显示：已经就业的失地农民中 68.4% 通过自己寻找就业岗位，10% 是通过政府、社区介绍就业，5.6%是通过亲戚、朋友介绍就业。失地农民极少通过网络、电视、报刊、职业中介等途径找工作，他们外出就业信息主要来源是以地缘和亲属关系为基础建立起的信息网络。失地农民通过这种信息网络所获得的就业信息覆盖面小、数量较少、质量不高、可靠性差，这也导致失地农民错失了部分的就业机会。

（五）失地农民自主创业难

自主创业也是失地农民就业的重要途径之一，在经济相对发达的地区尤为突出。调查显示：在被调查各省的失地农民中，自主创业的失地农民平均比例接近28%；其中比例最高的是江苏省，自主经营二、三产业的比例占到被调查户数的47.8%。2006年广东省对失地农民的一项调查表明：失地农民依靠个体经营和开办企业所获得的收入来源占总收入来源的11.91%，自主创业对创业者的文化、素质、资金、信息等各方面的要求颇高。由于大多数失地农民资金匮乏、信息闭塞，普遍缺乏自主创业的技能和经验，导致其创业有心无力。

即使已经创业的，也很可能因为产品竞争力弱、经营管理不到位、申请贷款困难等原因，而出现亏损或倒闭的情况。由于自主创业主观和客观的制约因素较多，失地农民创业十分艰难。

首先，失地农民的文化少，创业项目难创新。创业者的文化素质、技术能力、心理素质等自身素质条件是关系创业能否成功的重要因素。失地农民未受过较高程度的教育，文化素质偏低，导致创业过程中创新能力和市场开拓能力较差。失地农民参加培训，要支付书本费、考试费、职业技能鉴定费等多项培训费用，少则数百元，多则几千元。高昂的培训费用也成为他们职业转移中的沉重负担。另外，失地农民在劳动力市场上找工作，必须支付一定的费用。其搜寻费用大小主要取决于劳动者所掌握的就业信息数量和质量。在城乡分割的劳动力市场上，失地农民在就业信息获取中处于弱势地位，农民要找到合适的工作付出的信息搜寻成本较大，成为失地农民外出就业的一大阻碍。

其次，失地农民在外出就业过程中还需支付必需的生存成本，以满足衣、食、住、行等日常生活消费需要。城乡居民的收入水平和消费水平差距较大，收入偏低的失地农民在城市中生存面临着高额的消费价格，这就增加了失地农民的生存成本，减弱了失地农民非农就业的动力。

最后，失地农民非农就业还付出了较高的机会成本。失地农民就业的机会成本是指由于非农就业而放弃的在原土地耕作和经营所能够获得的最大收益。近些年来政府为了统筹城乡一体化建设和推进社会主义新农村建设，推行了种粮直接补贴、大型农机具购置等补贴政策以及粮食收购保护政策等一系列惠农政策措施，拓展农民增收渠道。对化肥、种子、农药等农资产品价格则进行一定的管制，降低农业生产成本。同时政府还深化农村税费改革，减轻农民经济负担。国家对农村发展、农业增产和农民增收的倾斜性政策的实施，提高了农业生产收益和增加了农民的收入，使得农民非农就业的机会成本增加。

（六）失地农民非农就业成本高

失地农民的非农就业特别是进入城市就业，需要政府增加大量的财政支出，提供较为全面的就业公共服务。而在目前我国农村基础教育、就业培训财政支出不足，公共就业服务缺失的情况下，失地农民实现转岗就业，就需要自己努力去寻找工作。我国广大的农村交通不发达、通信设施落后、信息相对闭塞；失地农民本身受教育水平低、非农就业经验欠缺、择业观念比较保守、掌握新知识的难度较大。在这样的双重影响下，失地农民要在城市中实现转岗就业需要付出较高的成本。

失地农民从农村进入城市就业的流动过程中会支付包括交通费用、办证费用、求职费用、培训费用等流动成本。这些成本越高，失地农民非农就业的困难就越大，实现非农就业的可能性越少。

第一，交通费用。失地农民非农就业包括就地转移和异地转移两种情况，移动距离的远近直接影响到交通费用的多少。在使用交通工具相同的情况下，异地转移的成本要明显大于就地转移的成本。失地农民要离开家乡进入大中型城市就业，必须支付大量的交通费用。

在工作尚未确定而在城市又无居所的情况下，还会不断往返于城乡之间，这样支付的交通费用会进一步增多。一旦失地农民未能在目的地就业，那么这部分费用也不能得到相应的补偿。

第二，办证费用。失地农民进入城市就业和生活需要办理健康证、暂住证、外来人员就业证等各种证件，这就要支付相关的办证费用。另外还会缴纳各种管理费用，比如流动人口管理费、城市增容费、劳动力调节费等。名目繁多的行政性、管理性、服务性收费，增大了农民外出就业的流动成本。

第三，求职费用。要提高城市运行的经济效益和社会效益，城市化的运行模式必然由粗放型向集约型转变，这就对城市劳动力素质提出了新的要求。大多失地农民需要经过相关的培训，具备一定的专业技能，才能适应城市文化。而农民普遍都有较强的恋土情结，更希望留在家乡服侍父母、陪伴亲人，这也在一定程度上增加了失地农民外出就业的心理成本。

（七）失地农民非农就业质量低

失地农民是城市化发展形成的一个特殊群体，由于受文化程度、劳动技能、综合素质等主观因素以及就业政策、户籍制度、社会歧视等客观因素的影响，使其在城市劳动力市场上就业举步维艰。失地农民非农就业能力低、就业环境差、劳动报酬低、职业稳定性差，实际上一部分已经就业的失地农民已经处于半失业状态。失地农民非农就业质量低导致收入状况难以改善，难以成长为现代产业工人，难以融入城市交往圈，长期徘徊在城市边缘地带，进而影响农民的市民化进程。

1. 结构性失业较为严重

失地农民面临的诸多就业困境和较大的就业压力从很大程度上是来自结构性失业。结构性失业是指劳动力的供给结构和市场需求结构不相符而引发的失业。主要是由于劳动者的知识、技能、分布等情况不适应经济结构和经济体制的发展变化而造成的。一是产业结构升级导致的结构性失业。随着劳动用工制度改革和产业结构的升级，我国产业结构从传统产业向新兴产业调整。虽然这些新兴产业对劳动者的需求量大，但是这些行业对劳动者的文化层次、知识结构、创新能力、综合素养的要求也较高。劳动保障部门在北京、天津、大连等26个城市的企业调查显示：在用工企业提供的岗位中，64.9%的岗位需要具备初中文化，23.2%的岗位需要具备高中文化，近50%的岗位需要熟练工。而失地农民文化层次低，文盲与半文盲的数量占到了很大比重；长年从事农业生产活动，知识结构较为单一；思想保守，竞争意识差，难以开拓创新的总体情况很难满足产业升级带来的岗位需求。失地农民能胜任的岗位越来越少，结构性失业矛盾越来越突出。二是技术型人才的供需矛盾导致结构性失业。随着我国经济的快速发展，经济发展方式由粗放型向集约型转变，由劳动密集型向技术密集型升级，企业对劳动者的技术水平、知识结构和专业经验的要求越来越高，技能型、知识型、专业型人才十分紧缺。多数失地农民缺乏专业技能和实践经验，难以适应这些技术性、专业性较强的工作，失地农民与就业岗位对接难度很大。2009 年广东省初级以上的技术工人紧缺，岗位供求比例是 1∶1.2，而普通农民工找工作难度较大，岗位供求比例是 1∶0.8。企业招工难与失地农民找工难的现象并存，农民失地不能适应市场化就业，结构性失业的矛盾将进一步加剧。

2. 非正规就业普遍存在

非正规就业是我国失地农民主要的就业形式。根据国家人力资源和社会保障部的解释，非正规就业是指未签订劳动合同，但已形成事实劳动关系的就业行为。非正规就业包括在非正规部门的就业和在正规部门的非正规就业两大类。

非正规部门是指以个人或家庭经营为主，规模较小，稳定性差的生产、流通以及服务单位。因为用工单位本身的经营管理模式不规范，而导致其用工雇员形式的不正规。比如从事家政服务、为个体经营者打工或在一些小型企业务工等。

正规部门的非正规就业，指在大型企业、事业单位、机关部门等从事一些临时性、服务性的工作，比如清洁工、建筑工、保安等。因为岗位本身的性质决定了其就业形式的不规范。非正规就业具有以下特点：用工很不规范，不签订劳动合同的情况十分普遍，导致雇员缺乏法律保障；就业门槛低，职业可替代性强，雇员流动性较大；雇佣关系不稳定，具有临时性和短期性的特点，雇员的失业风险较大。据相关调查表明：有 70.13% 的农民工都有调换工作的经历，其中 35.71% 的人调换过一次工作，33.77% 的人调换工作为 2 ~ 7 次，0.65% 的人调换工作多于 7 次。如果再出现市场萎靡、销售减少、盈利下降的情况，非正规就业的失地农民便成为最容易失业的人群。非正规就业导致失地农民的就业质量不高，失地农民就业后更换职业的情况也非常普遍。

一是条件较差，很多用工单位并没有按照法律的相关规定，为失地农民缴纳工伤、生育、养老、医疗等基本保险。二是工作时间长，劳动环境恶劣。包括失地农民在内的大多农民工拿着城市中最低的工资，却干着最苦、最累、最危险的工作。这些职业工作时间本来就长，还常常被要求加班，在法定的节假日也无法休息，用工单位却经常不支付加班工资。此外，这些行业劳动强度大，安全卫生条件缺乏保障。农民工大多从事建筑施工、井下挖掘、易爆易燃等高危行业和污染行业。由于长期受到机器、噪声、粉尘、有毒有害气体的侵害，农民工已经成为工伤、职业病高发的人群。据国家相关部门统计，每年全国因工致残的农民工有近 70 万人，其中煤炭生产企业每年因工死亡的人数达到了 6000 多人。三是职业发展空间小，前途迷茫。失地农民的市民化是城市化发展的必然要求，而要实现市民化的转变，失地农民必然要从职业技能、文化素质、经济收入、思想觉悟等各方面进行提高。在次属劳动力市场里，失地农民一般从事的是技术含量低、可替代性较强的体力型工作。用工单位对农民工本身就存在偏见与歧视，更加谈不上对其进行职业培训和人力资本投资。而失地农民自身对职业的期望值也不高，没有相应的职业规划，在工作岗位上发展与晋升的机会十分渺茫。失地农民在城市就业面临着诸多的歧视和巨大的压力，处在一个被农村和城市双重边缘化的忐忑状态。

3. 单位用工不规范

虽然近些年保护农民工合法权益突出问题得到了一定重视，但仍然存在以下一些问题：有关保护农民工劳动权益的法律制度缺失；已有的法律规范可操作性不强；相关执法部门的监管不力等，这样就给用工单位不规范用工提供了可乘之机。

第一，用工无合同。一些用工单位法律意识淡漠，不愿意与农民工签订相关的劳动合同，只做简单的口头约定，导致农民工劳动合同签订率很低。还有一些用工单位为了逃避法律责任，合同只单方面强调用工单位的权利，而忽视农民工的相关权益。

第二，同工不同酬。我国《劳动法》第四十六条明确规定：工资分配应当遵循按劳分配原则，实行同工同酬。但是很多用人单位出于自身利益的考虑，故意把劳动力划分为农民工与城市工、编制内与编制外、正式工与临时工等类型。歧视性的双轨用工制，造成了同工不同酬的报酬分配格局。失地农民受到的报酬歧视主要有三种表现形式：

一是同量不同酬，具有相同生产能力的农民工与城市工在提供等量劳动之后，农民工获得报酬往往低于城市工。二是同时不同酬，即大多数的农民工每天工作时间在 12 小时以上，大大高于平均的劳动时间，而他们的收入却低于平均收入。三是同岗不同酬，农民工与城市工在同一岗位上，从事同种工作，且熟练程度相同，农民工获得的是却是较少的工资。

第三，侵权常发生。随着进入城市务工的失地农民数量日益增多，侵犯农民工权益而引发的劳动争议案件也较多。失地农民多数从事的是声望低、稳定性差的职业，其劳动权益时常得不到保障。恶意拖欠工资、无故解雇雇员、滥用试用期、限制人身自由、体罚员工等非法侵害农民工权益的事件频繁发生。失地农民的权利意识较差，加上相应的维权渠道不畅通，造成失地农民人身权益和财产权益遭到侵害后得不到及时有效的法律救济。这不仅严重损害了失地农民的劳动权益，也挫伤了失地农民非农就业的积极性和主动性。

4. 失地农民就业权益难保障

失地农民就业权益的保障缺失是由多种因素造成的。受城乡隔离的户籍制度影响，农村人口和农村文化受到城市社会的习惯性排斥。失地农民难以进入城市劳动力市场，在城市劳动力市场上受到种种的偏见和歧视，不能与城市居民享有同等的就业机会，其基本的合法权益还时常遭到侵犯。

5. 就业机会不平等

虽然我国《劳动法》第十二条明确规定：劳动者就业，不因民族、种族、性别、宗教信仰不同而受歧视。但是在经济发展水平、历史原因、户籍管理制度等多重因素的影响下，我国劳动力市场实际上被分割成了首属劳动力市场和次属劳动力市场两种类型。前一种劳动力市场因为工资待遇高、工作环境好，而被城市居民占据；后一种劳动力市场则因为待遇福利差、工作环境恶劣，而成为农民工劳动力市场。失地农民进入城市务工，一般进入次属劳动力市场，而这些职业一般都具有劳动报酬低、基本没有福利的特点。

很多用工单位把最低工资作为支付给农民工的工资标准，这样就使得失地农民获得的实际报酬等于甚至低于当地的最低工资标准线。2009 年上海的最低工资标准为 960 元，这相当于绝大多数农民工的月工资，而城镇非私营单位在岗职工的月平均工资为 5296 元。据此计算，城镇非私营单位在岗职工月平均工资是农民工月平均工资的 5 倍多。另外，湖南、四川和河南的抽样调查表明农民工的劳动力时间是城镇职工的 1.5 倍以上，但平均工资却不到城镇职工的 60%。失地农民在城市中难以获得同城市居民相同的社会福利。例如：因为没有相应的住房保障，许多失地农民进入城市后只能租住在地下室或工棚，居住环境恶劣。

第五节　农民市民化后就业的影响因素

“根据公共利益的需要，可以依法对土地实行征收或者征用并给予补偿。”为了满足人民群众的需求，政府可以强制性地把集体土地转变为国有土地。虽然这些规定都强调了征收或征用土地的目的是“公共利益的需要”，但是对“公共利益”的具体范围却未能明确界定。仅 2010 年全国出让国有建设用地面积达到 29.15 万公顷，出让合同款为 2.71 万亿元，同比分别增长 32% 和 57.8%。大量被征土地处于“多征少用、早征迟用、征而未用”的闲置状态。这种掠夺性、粗放性的征地模式，不仅造成土地资源的严重浪费，也侵害农民对土地的合法利益。根据《全国土地利用总体规划纲要（2006—2020）》显示：2005 年全国城镇规划范围内共有闲置、空闲和批而未供的土地近 26.67 万公顷（400 万亩）。我国《土地管理法》第四十三条规定：任何单位和个人进行建设，需要使用土地的，必须依法申请使用国有土地。为了获得土地增值利益，有些不法商贩借地生财，变相进行炒地。商业性项目需要使用土地时，也打着公共利益的旗号征地。时常出现非法征收农地、违法使用农地的情况。2007 年开展的全国土地执法“百日行动”清查结果显示：全国“以租代征”涉及用地 2.20 万公顷（33 万亩），违规新设和扩大各类开发区涉及用地 6.07 万公顷（91 万亩），未批先用涉及土地面积 15 万公顷（225 万亩）。

农民市民化后就业的影响因素有以下几个方面：

一、制度原因

我国的城市化过程中存在诸多问题，其中很大一部分是由于政策制度不完善和改革措施不到位造成的。制度能够通过对社会各方面规则的运行来影响城市化的进程。一方面，城市的扩张和城市经济的发展为失地农民提供大量非农就业机会和发展空间，激发了失地农民对城市生活的向往；另一方面，诸多体制性障碍的存在又阻止了失地农民向城市的流动，使大多数失地农民变成了城乡之间的流动人口。数量庞大的失地农民已经成为推动我国城市化发展的重要力量。但是征地制度、户籍制度、劳动就业制度的缺陷却使农民市民化的进程受阻。2007 年武汉大学经济研究所课题的一项调查显示：92.3% 的农民工认为影响成为市民的主要因素是城乡分割的户籍制度、就业制度、社会保障制度和城市住房购房制度。制度性障碍成为造成失地农民就业困境的主要原因之一。

探索失地农民非农就业过程中的制度障碍，对促进失地农民非农就业，使其真正融入城市社会，进而推动我国城市化进程有重要意义。

1. 征地补偿制度不完善

当前对失地农民非农就业影响最直接的制度就是征地制度。土地对农民来说不仅是一笔重要的财富，还包含着与之相关的多种土地权利。我国的土地资源非常有限，耕地、林地、草地等农业用地更是珍贵。现行征地制度从征地范围、补偿标准、征地程序、安置方式等多方面都急需进行改革。不科学的征地制度不仅造成大量农业用地被滥征和滥用，也让失地农民付出了巨大的代价。

农民既不能参与到土地征收的过程，也未能分享到城市化带来的土地增值收益。可以说造成失地农民利益受损的重要原因之一就是现行土地制度的缺陷。

（1）补偿标准只是对农民原来在土地上从事生产收益的补偿，没有考虑土地的区域位置、土地供求状况、物价水平等影响土地价值的因素，没有体现土地非农化后的潜在收益。在城市化进程加快和城市土地稀缺的双重影响下，征地补偿标准严重偏离土地的市场价格，也远低于土地出让价格。政府“低征高卖”农地的行为严重损害了失地农民的土地收益权。

（2）征地补偿不仅偏离土地真实的市场价值，还忽视了土地对农民的生存、发展和保障功能。现行的征地补偿标准缺乏对失地农民的基本生活、就业培训、创业成本、养老保险等的考虑。有限的征地补偿费用难以为失地农民提供正常的生活保障，也不能满足失地农民非农化的需要成本。

（3）法律制度对征地补偿安置费用的具体分配未做明确规定，使得失地农民实际获得的征地补偿费用大打折扣。农民的预期土地收益与实际补偿费用间的巨大差异，致使农民产生了极大不满情绪，由此引发了不少群体性的抗争事件。

2. 计划性的安置方式已不能适应市场化的要求

征地后农民全部实现农转非、农转工，享受市民、工人的福利待遇，征地后农民的长远生计是有保障的。随着城市化进程的加快，征地用于市政工程、房地产开发、公共设施的非生产性建设项目越来越多，“土地换就业”的招工安置方式在实践中难以操作。计划性的安置方式已不能适应市场化的要求，传统用人渠道功能不断减弱，致使失地农民安置工作越来越困难。这些非生产性单位无岗安置数量如此庞大的失地农民。即使是已经被安置就业的失地农民也随时存在着被淘汰的风险。从货币安置来看，前面已经谈到货币安置方式具有成本低、易操作、阻力小的特点，特别是一次性的货币安置方式成为使用最广的安置方式。这种安置方式只考虑了失地农民短期的生活费用，而给被征地农民今后的生存与发展埋下了诸多隐患。

（1）很大部分失地农民在领取到征地补偿费后，没有合理利用这部分资金。只是用来补贴家庭日常生活开支，对投资创业、职业培训、购买社保等问题却无暇兼顾，坐吃山空的现象严重。

（2）失地农民通过货币安置获得的资金很少，无法完全满足失地农民的就业和创业需要。

（3）货币安置只能为失地农民提供短期的生活补偿，自谋出路成了绝大多数失地农民的选择。失地农民由于文化、技能、年龄、经验、观念等多方面的原因，转岗就业十分困难。

3. 二元户籍制度不公平

我国的户籍管理制度根据地域和家庭成员关系将户籍划分为农业户口和非农业户口。农村居民与城市居民之间有着严格界限，在权利、待遇、身份等方面有着较大的差异。户籍制度作为计划经济的产物，在特定的历史时期对农村人口无序流动，减缓城市人口过速增加起到了积极的作用。随着城市化进程的推进，户籍制度限制了失地农民在城乡之间的自由流动、自谋出路和自主创业。这不仅不适应社会主义市场经济发展的需要，也成了阻碍失地农民向城市非农部门就业转移的一块屏障。

户籍制度对失地农民的非农就业形成了体制性障碍。现阶段我国有包括失地农民在内的大量农村劳动力需要转移，政府已经逐步放宽对农民进城的限制。但是农民到城市落户的制度性障碍依然存在，就业市场也表现出对农村居民的排斥和歧视。

失地农民因农民身份而无法享有与城镇居民平等就业的权利，很难进入城市主流劳动力市场，大多只能进入环境差、待遇低、工作累的次属劳动力市场。两个劳动力市场的隔绝，进一步加剧了次属劳动力市场供大于求的矛盾，使农村劳动力越来越廉价。不公平的就业竞争机制，干扰了劳动力市场的公平竞争秩序，严重损害失地农民就业权利，导致失地农民就业机会的丧失。

4. 劳动保障制度不健全

劳动保障制度是保护失地农民合法的劳动权益，使其获得合理的工资待遇以及相应的社会福利的重要依据。目前我国尚未建立起专门针对失地农民的劳动保障体系。外出务工的失地农民的劳动权益、工资福利、社会保障等各方面都得不到应有的保障，这不仅不利于我国社会的稳定和经济持续发展，也会影响到失地农民在城市的安居乐业。

虽然我国已经初步建立起了《劳动法》《劳动合同法》《失业保险条例》《劳动力市场管理规定》等与劳动就业相关的法律体系，但是现行的劳动保障法律制度仍存在以下问题：与农民工就业权益相关的法律体系不完备，针对失地农民非农就业的立法更少；现行的关于农村劳动力就业的法律规范多以行政规章、条例、通知为主，这些法律规范立法层级低，修改和变化频繁，不利于法律的执行和落实；已有法律条文规定不够细致，法律责任追究不到位，可操作性不强；相关法律部门监管不力，执法力度不强，失地农民的权益遭受侵害并发生争议后，难以通过司法途径得到及时、有效的救济。

基于上述原因，现实中失地农民进城务工时还面临身份歧视、年龄歧视、岗位歧视、薪酬待遇歧视等各种就业歧视；失地农民找到工作后面临着无劳动合同、拖欠工资、不购买社保等种种违法行为；在有些用工单位甚至还出现了限制人身自由、随意体罚工人等严重侵犯农民工人身权益和财产权益的事件。不仅伤害了失地农民的利益和感情，也降低了城市对失地农民的吸引力，大大减弱了失地农民非农就业的动力。

二、自身因素

劳动力素质的差异是形成劳动力市场分割的重要原因之一。因为劳动者素质越高，从事职业专业化程度也就越高，越能较好地满足岗位需求，职业竞争能力更强；相反劳动者素质越低，其接受新的信息和掌握新的技能的能力越差，其工作的可替代性就越强，失业的风险较大。

失地农民在劳动力市场上能获得的就业机会相对较少，也更难融入城市，实现市民身份的转变。

1. 文化素质偏低

劳动力文化素质的提高是劳动者实现就业的一个重要条件。教育则是提高劳动力文化素质的关键。高质量的教育水平在推动劳动力文化素质提高的过程中起着不可替代的重要作用。一般意义上讲，人力资本投入的增加与劳动力素质的提高是成正比的关系。由于受历史、政策、制度等多方面因素的影响，我国城乡教育呈现出不均衡的发展趋势。我国大部分的农村地区特别是贫困山区经济发展水平较低，教育基础设施落后，师资力量不足，教育结构单一，办学规模较小，农民的受教育程度和文化素质水平普遍很低。据国家统计局的相关统计表明：2008 年我国农村劳动力资源文化程度构成中，农村劳动力中文盲人数有 3593 万人，所占比例为 6.8%；拥有小学文化程度的有 17341 万人，所占比例为 32.7%；拥有大专及以上文化程度的有 648 万人，仅占 1.2%。据 2006 年广东省一项调查表明：在被调查的失地农民中初中及以下文化程度的占到总人数的80.4%，其中初中文化程度的占49.7%，小学文化程度的占26.5%，未上过学的占4.2%。失地农民受教育程度较低，制约了综合素质的提高，导致其在非农就业过程中学习能力、适应能力、创新能力比较差，从而缺乏就业竞争优势。在激烈的劳动力市场竞争中，失地农民显然处于劣势状态。要想改变这种竞争劣势，实现转岗就业就必须付出巨大的代价。

随着我国城市化进程的推进和经济增长方式的不断转变，文化素质较低的失地农民非农就业将变得更加困难。农村地区就业公共服务匮乏，就业服务体系尚未建立。不少地区的公共就业服务体系还没有延伸到农村，乡镇很少有专门的就业服务机构，特别是针对失地农民的公共就业服务严重不足。公共就业服务功能不完善，就业服务水平较低，就业服务方式大多为简单的职业指导和职业介绍；就业服务手段落后，服务效率不高，无法满足不同年龄、不同文化层次、不同地域的失地农民的就业需求；就业服务监管不到位，就业服务市场秩序混乱。一方面，对一些优秀社会就业服务机构的服务模式推广不够，失地农民寻找就业服务和就业帮助无门，服务机制不能适应大批失地农民转移就业要求。另一方面，一些非法职业中介打着职业介绍的名义，行非法敛财之实，骗取打工者的报名费、培训费、保证金、押金等，失地农民在寻找职业的过程中时常发生上当受骗的情况。

2. 就业信息渠道不畅通

就业信息缺乏是失地农民非农就业面临的重大问题之一。我国失地农民外出务工和大多数农民工一样，主要是依托地缘关系、亲戚关系获取就业信息。这种模式获取的信息量较少、就业范围窄、就业质量低，这就造成失地农民要么找不到合适的岗位，长期失业；要么找到的工作不合适，频繁变换工作。乡村的就业信息服务工作才刚刚起步，农民就业服务信息网络不健全是失地农民面临的又一个问题。由于对农村信息网络投入较少，通信基础设施落后，信息网络不发达、覆盖率低，难以向农民及时传递和发布有效的就业信息，失地农民与用人单位没有建立有效的就业信息平台。二者之间获取的就业信息常常不完整和不对称，已经成为阻碍失地农民非农就业的重要因素。

3. 职业技能培训不到位

在对失地农民的职业技能培训方面存在的主要问题有：一是培训费用高。

失地农民参加职业培训和岗前培训需要缴纳各种培训费用。由于职能部门责权不明确，相关立法规范不完备，缺乏统一、详细的管理规则和收费标准，不少职业培训机构出现乱收费、高要价的情况。特别是市场需求量大，技术含量较高的技能培训项目收费高、培训期长，使失地农民难以承受。二是培训质量低。由于培训市场鱼龙混杂，有些培训机构打着为农民工服务的旗号牟取暴利，只追求培训的数量，不注重培训质量。一些培训项目与培训内容实际的生产、经营、服务需求脱节，不能满足用工单位实际需要，培训课程和项目的培训效果差，接受过培训的农民工的整体素质并没有明显改善，使失地农民花了冤枉钱。

三、市场原因

城市化和工业化的发展促使失地农民离开土地，进入劳动力市场寻找非农就业机会。我国经济发展方式由粗放型向集约型转变，促使企业技术创新的步伐不断加快，大量使用工人的工作岗位也被计算机或机器所替代。劳动力市场上的就业竞争日益激烈，特别是对素质低、无技能的农村劳动力的吸纳空间越来越小。另外，随着我国产业结构的升级和劳动力市场需求的变化，用工单位对求职者的年龄、知识、技能和竞争意识的要求越来越高，失地农民的整体素质难以满足工业化和现代化对劳动力综合素质的要求，很难在劳动力市场上找到合适的工作岗位，这就严重制约了失地农民向非农部门和城市地区的转移。

对“离土又离乡”进入城市寻找非农就业机会的失地农民来说，就业形势十分严峻。伴随着工业化和城市化的发展，大量人口快速聚集到城市，许多城市都面临着就业问题的挑战。从就业空间来看，我国城市的就业岗位严重不足，城市本身就业人口的规模很大。随着国企改革的推进，产生了大量的下岗职工；市场竞争日益激烈，许多企业裁员增效也造成了大量的失业人员。

我国城市劳动力市场上有下岗职工、退役军人、大中专毕业生等庞大的待业人群，待业人数的增长与城市就业空间的矛盾突出，城市劳动力市场就业压力巨大。2009 年我国城镇的待业人数有 1500 多万人，加上 2008 年尚未落实就业的 150 多万人，我国城镇待业人数达到了 1650 多万人。每年我国城镇新增就业岗位900多万，如果不考虑农村剩余劳动力的就业需求，单城镇就业岗位缺口就已经达到600多万个。而部分失地农民思想观念却与市场要求存在很大的反差。例如：城郊失地农民因为其所在区域生活水平与城市比较接近，不愿从事脏、累、差的职业，也不愿外出打工过颠沛流离的生活。他们更希望政府能为其提供理想的工作岗位；年轻的新生代的失地农民眼高手低，对职业要求较高，对劳动报酬期望值较高。他们对工作岗位的要求往往高于自身的实际能力。

四、政策原因

要实现失地农民的非农就业，必须有相关政策的推进。各地政府要统筹城乡就业，通过出台有利的就业服务政策促进失地农民自谋职业和自主创业。就业服务是指政府、相关部门或其他社会组织通过发布就业信息、提供职业咨询、进行职业介绍、组织职业培训等多种方法和手段，为用人单位雇员和劳动力就业提供支持和帮助，从而改善劳动力市场的供求状况，使劳动力资源得到合理配置。

政府出台就业服务政策的目的就在于为失地农民就业提供各种信息、技术、经济、政策支持，扫清就业过程中的各种障碍，解决就业中遇到的诸多问题，从而提高其就业概率和就业的质量。就业服务政策越完善，失地农民非农就业支付的成本就越少，而且获得就业岗位的机会越大。现阶段，我国就业服务水平较为低下，就业服务体系尚不完善，主要存在以下一些突出的问题：

1. 就业服务体系不健全

失地农民非农就业困难的原因之一就是同其就业紧密相连的就业服务体系不健全。

2. 劳动技能缺乏

城市是先进生产力、先进生产方式的主要集聚地。以知识经济为代表的产业结构调整和以市场为导向的就业制度改革，要求企业不断改进技术，提高劳动生产率以应对激烈的市场竞争。因此，劳动力市场对专业型、技术型人才的需求大大增加。西方发达国家非常重视劳动力职业技能提高在劳动力转移中的重要作用。美国、加拿大、荷兰、德国、日本等国农村劳动力中受过职业培训的比例都在70%以上。我国失地农民原来从事与农业生产相关的工作，大多数缺乏非农就业的相关经验，更加没有接受过相关的职业技能培训。据2006年《中国农民工问题研究总报告》显示：我国的农村劳动力中接受过初级和中等职业技术培训或教育的仅占3.53%，接受过短期职业培训的占20%，而没有接受过技术培训的竟高达76.4%。失地农民的状况也基本如此，在对铁岭市18853名失地农民的调查中，有技术证书的仅113人，占失地农民总数的0.6%，完全无技能的失地农民占到80%以上，其中实现就业1040人，仅占总人数的5.5%。由于职业素养低，专业技能欠缺，在实际操作中经常出现看不懂图纸、搞不清流程的情况，面对新知识、新技术、新要求只能束手无策，难以适应城市中二、三产业的岗位需求，在市场化的激烈竞争中难以立足。

3. 思想观念落后

社会存在决定社会意识。农村生产方式和生活方式与城市相比相对落后决定了农民的思想观念与城市居民相比也表现出一定的落后性和封闭性。一般来讲，农民恋土情结和求稳求安的心态较重，不愿离开养育自己的家乡和亲人，背井离乡进入陌生而又未知的城市生活和工作；农民习惯于悠闲、自由的农耕生活，害怕适应城市中快节奏的生活和现代企业的严格要求，缺乏应对市场竞争的自信心。失地农民要实现职业的非农转变，竞争意识有待提高，思想观念也有待转变。

较高的城市失业率和较少的就业机会无疑会对失地农民进城就业产生负面影响。面对竞争激烈、供大于求的城市就业市场以及城市对外来务工人员实行带有歧视性的政策，失地农民在城市就业将面临巨大压力。其次，从产业结构上看，失地农民主要分布在一些对从业者的文化、技能、素质要求相对较低的行业。制造业、建筑业、批发零售业、住宿餐饮业以及其他服务业是吸纳失地农民最多的非农产业部门。城市要有效吸纳失地农民，关键在于城市中能够吸收大量失地农民的劳动密集型产业和服务型产业分布是否合理，发展是否良好。而我国的城市化发展较为滞后，第三产业发展水平低，城市能够为失地农民所提供的就业空间相当狭窄，这就阻碍失地农民非农就业的步伐。

4. 小城镇就业空间有限

对“离土不离乡”留在小城镇非农就业的失地农民来说，就业形势也不容乐观。因为只有当城镇达到一定规模才可能会持续吸引来自农村的生产要素，只有当这种吸引达到一定程度时，才会对就业产生带动作用。小城镇具有成长性不强、服务功能弱、吸纳能力差的特点，加上没有相应的产业支撑，失地农民进入小城镇后的就业机会很少。20 世纪 80 年代，在大力发展小城镇的城市化发展战略的指引下，我国乡镇企业得到迅速发展，乡镇企业大约吸纳了 1.3 亿乡村人口。乡镇企业的快速发展使许多农村剩余劳动力实现了就地非农转移。但是好景不长，乡镇企业遍地开花并未持续解决我国农村剩余劳动力转移的问题以及有效提高我国的城市化水平。由于乡镇企业的重复建设、粗放经营、技术落后、信息闭塞、布局分散等原因，导致整体的竞争实力不强，在激烈的市场竞争中难以生存，吸纳农村剩余劳动力的人数由从每年 1000 万下降到 300 多万。因此，1995 年后，70% 的农民工集聚在地级以上城市，仅有 14% 留在乡镇，16% 集中在县城。乡镇企业发展速度的减缓，难以有效带动第三产业的发展，吸纳失地农民的能力逐渐减弱，失地农民想就地就业也变得十分困难。

第六节　农民市民化后就业的对策分析

国土资源部发布了《关于进一步采取措施落实严格保护耕地制度的通知》。该通知要求各地相关政府部门整顿土地市场秩序，加大对乱占、滥用耕地现象的治理力度，严肃惩处土地违法案件；落实土地利用的总体规划，严格控制用地规模，加强对耕地的保护。政府部门已经意识到改革和完善现行的征地制度，切实保护包括耕地在内的各种农用资源，维护失地农民的合法权益具有重要意义。解决城市化过程中因土地征收而导致的失地农民问题，可以通过严格土地征收管理，控制政府征地范围，减少失地农民数量的途径来实现。

一、健全与土地征收相关的法律制度

明确界定征地的范围，确保有关征地的各项法律概念清晰、条款一致。要严格认定征地目的，征地的目的应当具有非营利性，即应当是为国家建设服务或为人民群众服务的项目。征地项目所涉及的受益主体应当是不特定的多数人。防止一些地方政府滥用行政权力，以“公共利益”名义进行商业性征地，从而满足特定少数人的利益。要明确列举“公共利益”的范围，涉及国家建设、国防设施、公共事业、公益性事业的用地应当属于因公共利益需要而征地的范围，而商业、旅游、娱乐等经营性用地应当排除在征地范围之外，这些项目不能动用国家的征地权。通过明确界定“公共利益”的内涵和外延，禁止非公共利益项目占用耕地，从根本上解决乱占、滥用耕地的问题。

二、制订科学合理的征地计划

要切实转变征地方式，将盲目、强制、无序的征地行为转变为科学、协商、有序的征地行为。政府以及相关部门需要制定科学性、前瞻性的征地规划，树立节约和保护土地资源的意识，正确处理好城市发展与农地征收的关系，实现土地资源的最优化配置。为确保中国粮食安全，保护我国珍贵的耕地资源，在土地征收规划时尽量少占土质较好的地，对农用耕地、林地、草地等实行重点保护，保证农业基本用地和农业可持续发展。

严格控制土地盲目开发，控制城市建设用地的无序扩张。对新建项目进行严格审批，放慢土地非农化的速度，缓解失地农民数量日益增多的矛盾。对已经征收的土地按照科学用地、集约用地的原则，进行整合利用，不断提高土地利用率，提高农地非农化质量。

三、做好城市土地利用规划

对用于城市建设的征地要统筹规划与市场经济要求相适应。应当改变以土地的原用途为标准的补偿方式，借鉴国外比较成熟的征地制度来制定补偿标准。征地补偿费用不仅要考虑土地原有的收益，还应综合考虑土地的预期收益、土地位置、土地质量、市场供求状况、经济发展水平等因素，确定符合市场经济运行机制的补偿标准。征地价格应当真实体现被征土地的价值，使农民成为土地权益的受益者，分享土地增值利益。

四、合理分配土地征收补偿金

明确界定个人和集体征地补偿费用分配比例。青苗补偿费、地上附着物补偿费等补偿费用应当全额发放给失地农民；土地补偿费、安置补助费等补偿费用，集体留存部分首先用于失地农民各项社会保险支出，剩余部分由全体村民表决，用于农村基础设施建设，改善农民生活条件或是由村民入股或合作建立乡镇企业，造福失地农民。从而保证失地农民短期生活有来源、长远生计有保障。

五、完善征地补偿程序

完善征地程序是改革征地制度的关键环节。建立民主、透明、公正的征地程序，严格规范政府征地行为，充分尊重农民对土地的使用权和收益权，是维护失地农民合法权益的重要保障。各级政府和国土资源管理部门应当依法办事，加强征地工作监管。在征地的事前、事中、事后认真履行审查、监督、检查的职责，将征地过程纳入规范化和法制化轨道。保证征地过程的透明性、公正性和合法性，保证失地农民失地不失利。

征地之前，应当建立较为完备的征地程序法律规范，制定严格的行政审批手续，使政府的征地行为有法可依、有章可循。通过法律和行政手段防止乱占耕地、乱征土地的情况发生。相关政府或征地单位要严格按照法律要求，做好征地调查、拟订征地方案、依法审查报批等各项工作。切实履行征地告知义务，将拟征地的方案、用途、位置、补偿方式等详细情况告知被征地农民，保障被征地农民的知情权和咨询权。统一布局和统一管理，克服城市用地的盲目性和随意性。合理使用有限的土地资源，提高土地利用效率。对城市空间布局进行科学合理的设计，建立城市土地集约化利用指标体系。对已经征收但仍未利用的闲置土地、零星土地进行集中开发与复垦，减少土地资源的浪费和低效率使用。协调推进城市化进程与节约土地资源的关系问题，挖掘城市内部土地的潜力。通过加强建设规划、改善用地结构，规范用地布局、实施旧城改造等措施，提高城市的容积率，增加城市土地产出效益，促使城市化向内涵型、集约型方向发展。

六、提高征地补偿标准

征地补偿是失地农民失地后短期内最主要的经济来源。合理的征地补偿是解决城市化进程中失地农民问题的重要条件。土地征用补偿是否合理，直接影响到失地农民的短期生活状况、创业资金、社会保险等问题，进而影响到其市民化转变过程顺利与否。为了保证被征地农民的生活不因征地而受影响，应当制定合理、科学的补偿标准。在征地过程中应当坚持市场化方向，参照市场价格确定合理土地征收价格，提高对失地农民的征地补偿标准。既保证城市化顺利推进，又切实保护失地农民土地利益。

（一）扩大我国土地征收补偿范围

征地补偿范围除了包括可以量化的直接损失外，还应当补偿由于征地而造成生产功能、就业功能、社会保障功能的丧失给农民带来的连带损失和间接损失。比如日本的征地赔偿范围不仅包括财产损失赔偿，还包括征地而带来的通损赔偿、离职者赔偿、事业损失赔偿、少数残存者补偿等多项费用。各级政府应当按照中央政府以及国土资源部的总体部署和要求，从各地失地农民的实际情况出发，并借鉴一些发达国家的做法，适当扩大征用土地的补偿范围。征地补偿范围可以包括以下一些项目：失地农民维持一定期限内基本生存的生活费用；失地农民再就业需要的教育培训费用；失地农民自主创业所需要拥有的创业资本；失地农民用于购买养老保险、医疗保险等社会保险的费用等。征地补偿范围体现被征土地的就业保障和生活保障的价值，保证失地农民的根本利益不受损害。

（二）适当提高征收土地补偿金额

我国的征地补偿费用严重偏低，中国世世代代的农民都以土地为谋生手段。农民的生产、生活以及社会保障都是与土地密切相关的。城市化是造成农民失地的主要原因。现阶段我国失地农民面临非农化的转移从总体上来说是被动的。失地农民的生存和发展面临着众多的问题和挑战。各级政府以及相关部门应当根据城市化发展的内在规律，结合各地的实际情况，采取切实可行的解决失地农民问题的政策措施，降低失地农民非农化和市民化的社会成本，加快失地农民的市民化进程。

（三）明确征收土地范围

我国是一个人多地少，用地矛盾十分突出的国家。我国耕地资源极度稀缺，保护耕地是我国一个基本国策。如果对征地范围不加以控制、对征地行为不加以规范，就可能导致土地资源的严重浪费，进一步加剧城市化进程中土地供需矛盾。在地方政府或征地单位确定土地补偿标准、土地补偿费的分配、征地安置方式之前，应当充分听取被征地农户以及农村集体组织的意见。对关系失地农民切身利益的重大问题进行民主协商和民主决策，保障被征地农民的参与权和话语权。比如在对土地进行估价的环节就可以引入民主协商机制和谈判机制，由专业估价机构对土地进行科学估价，同时赋予农民参与权与谈判权，由农民集体组织或农民代表与当地政府部门或用地单位直接商谈土地征收价格。

征地之后，应当按照协商后的补偿标准、分配方式、安置方式，及时发放土地征收补偿金，合理分配征地补偿费用，并做好失地农民的安置工作。对于补偿金额不达标、征地分配不公平、征地安置不落实、补偿费用不到位的情况，相关政府和有关部门应当及时进行协调和处理。对于非法强征、强占农村集体土地，征地后故意拖欠、截留、挪用征地补偿费等情况，依法追究当事人的法律责任，并给予失地农民相应的赔偿。

（四）创新征地安置方式

失地农民处于城市化进程的最前端，面对被征地农民失地又失业的境遇，政府应当承担起安置失地农民的责任。积极创新征地安置方式，妥善安置失地农民。除传统的货币安置和招工安置外，还应当通过集中开发式安置、社会保障安置、住房安置等多种安置方式使失地农民长远生计有保障，长远发展有希望。

首先，有条件的地区可以实施集中开发式安置。由农村集体经济组织通过集中管理土地和征地补偿安置费，统一开发各种生产经营项目，使失地农民获得就业岗位和资金回报，从而实现对失地农民的集中安置。这种安置模式的代表是湖南省的“咸嘉模式”。咸嘉是长沙市岳麓区的一个行政村。区政府成立了“咸嘉综合开发小区管理委员会”来统一负责征地安置工作。管委会的主要职责是：集中管理经营土地，统一进行征地补偿；集中建设住宅，统一进行综合开发；集中使用征地安置费用，统一安排失地农民生产生活。通过“三个集中、三个统一”的方式，不但实现对失地农民的安置，而且解决了失地农民生存和发展问题。虽然集中开发式安置模式也有自身的缺点，如运营风险较大、市场化程度较低、产权不够明晰，但是这种安置方式不但可以为失地农民带来一定的经济收益，还可以为其提供就业岗位，不失为解决失地农民生计问题的一个有效途径。

其次，可以实施社会保障安置即土地换保障。政府部门根据当地实际情况，制定出针对失地农民科学、合理的社会保障制度，为符合条件的失地农民办理养老保险、医疗保险、失业保险等各项社会保险。比较典型的有以下几种模式：一是上海的“镇保模式”，即小城镇保障模式。其做法是保留失地农民的农业户口，由征地单位为失地农民一次性缴纳不低于15年的基本养老保险、医疗保险和一定的补充社会保险后，将其纳入小城镇社会保险体系。二是重庆市的“商保模式”，即商业保险模式。按照自愿投保的原则，将失地农民的征地补偿费用交由获得批准的保险公司办理相关的社会保险，并由该机构为失地农民发放生活补助费和利差补贴。三是天津、安徽、广东等地的“专保模式”，即专门针对失地农民的社会保险模式。政府将征地补偿费和一定政府补贴转化为被征地参保人员社会保障金和被征地养老人员社会保障金，对不同年龄、类型的失地农民使用相应的保障标准。通过解决失地农民的社会保险问题，使其在年老、患病、失业时有相应的社会保障，分担失地农民被动城市化的成本。从而形成以土地换保障、以保障促就业的保障机制。

最后，还可以推行住房安置，即土地换住房。地方政府在本行政区域内划出一定的范围进行统一安置小区建设，对失地农民进行集中安置。以成本价向失地农民出售安置房，失地农民通过以地换房和补齐差价的方式自愿购买，以满足家庭的实际住房需求，适应未来就业、创业发展的需要，从而为其在城市安居乐业创造条件。其代表是厦门市的“金包银”工程，即政府在对农村土地进行征收用于规划工业集中区时，预留一定的空间，建设住房和商业用房，基本实现每户被征地的农民有一套居住用房，一套公寓和一个店面。居住证实行积分制，符合条件的可以办理城市户口。2011 年银川市出台了多项户籍制度改革政策，放宽农民进城落户的条件。在城镇连续居住和工作满 1 年，有合法居所和稳定收入来源的，可以申请转为城镇户口。通过弱化户籍背后的利益关系，放宽户口迁移的限制，使农民与城市居民在城市拥有相同的发展机会。对于城市郊区的失地农民可以实行以土地换户口，自愿改变户籍关系的应当为其办理城市户口；对于长期居住城市并有稳定的居住地或在城市就业达到一定年限的失地农民，根据其提出的申请，允许其将农村户口转为城市户口；有条件的地区，甚至可以取消二元户籍制度对失地农民的限制，对失地农民实行城乡一体户籍制度。

（五）健全失地农民劳动保障制度

城市化发展意味着大量的失地农民需要实现非农化转移，而外出务工成为了失地农民非农就业的主要渠道。城乡分割的劳动就业体制对失地农民的非农就业产生了重要影响。应当完善相应的劳动合同法律制度、劳动安全卫生法律制度、工资法律制度、社会救济法律制度等劳动保障制度，依法有效地保障失地农民合法的就业权益。降低失地农民失业风险，解除失地农民进城务工的后顾之忧，消除在非农转移过程中的不稳定因素，使失地农民非农化和市民化的进程顺利实现。

1. 保护失地农民合法劳动权益

失地农民是一个弱势群体，当他们的合法劳动权益遭受侵害时，往往因为没有签订劳动合同或没有能力支付高额的维权费用而无法维护自己的合法权益，要在法律和制度层面规范劳动用工关系，引导用人单位和失地农民之间形成稳定和谐的劳资关系。

一是加强劳动合同制度的宣传，使二者在平等自愿、协商一致且符合法律规定的前提下签订劳动合同，明确双方的权利和义务法律关系。使失地农民在劳动就业过程中的工资待遇、劳动时间、人身安全等各方面得到法律保障。对不签合同或违法签订合同的用人单位要严肃查处。

二是要加强劳动用工监管力度。规范劳动力市场秩序，对农民工比较集中的行业和企业开展集中检查。对不严格执行劳动合同制度，违反劳动安全、卫生规定、工资支付、休息休假等法律制度的单位要进行整治。

三是政府部门、工会组织或法律机构应当为失地农民提供法律援助。对失地农民提出的关于要求支付工资、进行工伤赔偿等案件建立绿色通道，及时提供相应的法律帮助。对于严重侵害失地农民人身权利和财产权利的违法犯罪行为，通过法律途径予以严厉的法律制裁。

2. 提高失地农民工资福利待遇

外出务工的失地农民和一般的农民工相比是非自愿的转岗人员，加上没有了土地作为保障和退路，工资收入就成为其最重要的经济来源和生活保障。我国多数农民工的工资都在最低工资标准线徘徊，可以说最低工资标准就是农民工的工资保障线。最低工资标准线也成为了外出务工的失地农民最关心的问题。首先，国家相关立法部门应当提高最低工资立法层次，尽快出台《最低工资条例》，为最低工资标准实施提供立法保障。其次，强化政府对失地农民工资制度的宏观调控职能。各地政府应该根据当地经济发展状况、职工平均工资情况、失地农民实际情况来调整工资标准，建立灵活的、有针对性的工资调整机制。指导企业建立正常的工资增长机制，并对进城务工的失地农民予以相应的政策倾斜。最后，相关部门应当加大对工资标准实施监督力度。建立企业工资支付保证金制度、守法诚信等级制度、工资支付监控制度等保障工资支付的长效机制。针对已经发生拖欠失地农民工资问题的相关单位及时清查处理，以保证工资制度严格执行，保障外出就业的失地农民的经济收益。

其实各种补偿安置模式都有利弊，单一的安置方式常常不能满足失地农民的实际需要。可以根据失地农民的不同情况，采取不同的安置方式，建立多元化、广覆盖、人性化补偿安置体系。比如成都市的做法是针对不同年龄段的失地农民，设计不同的安置内容：把年满60周岁的男性和年满50周岁的女性纳入城镇职工基本养老保险和医疗保险体系；对40～60周岁的男性和30～50周岁的女性实行的是基本养老保险+基本医疗保险+就业补助金；对18～40周岁的男性和18～30周岁的女性发放一次性的就业补助金；对18周岁以下的失地农民发放生活补助费。截至2006年8月，成都市27.25万已征地农民参加社会保险比例为83.52%，4.24万新征地农民参加社会保险比例达到了100%。被征地农民的就业比例达到70.55%。总之，征地安置方式应当因地制宜、因人而异、相互搭配，满足失地农民的不同要求，减少单一安置方式给失地农民今后的生活带来的不确定性和风险性。

（六）完善户籍制度

城市化一个重要特征是农民市民化，农民市民化的一个重要标志是身份的转变，实现身份转变的关键是改革户籍制度。加快户籍制度的改革和创新，给予失地农民以市民待遇。消除其在就业过程中的各种障碍，保障失地农民的合法权利，实现失地农民就业机会的均等化。依靠户籍制度改革逐步消除制约失地农民非农化和市民化的体制性与制度性障碍，为失地农民就业创造一个良好的外部环境是加快失地农民非农化和市民化的重要保证。尽管我国在短时间内要废除现行户籍制度是不现实的，但是各地政府应该以户籍制度改革为突破口，积极推进城乡配套改革，建立惠及失地农民的社会公共服务体制，解决关系失地农民切身利益的问题。

（七）建立失地农民失业救助机制

由于失地农民的非农就业面临就业渠道少、就业竞争力差、就业质量低等诸多困境，农民失地后无业或就业后再失业的情况十分常见。为了解决这部分失地农民的基本生活问题，应当完善失地农民失业救助机制，以保障其基本的生活需求。并为其再就业提供一定的资金支持，增强失地农民抵抗失业风险的能力，降低其非农化和市民化的成本。建设失地农民失业信息数据库，对未就业或再次失业的失地农民进行失业登记。从而科学、动态地掌握失地农民的就业情况，为政府部门制定相关的政策提供数据支持，也可以作为失地农民获得失业救助的主要依据。

建立失地农民失业救济基金。政府应当发挥财政资金转移支付的功能，从土地出让金划出部分资金，建立失地农民的失业救济基金账户，对失地又失业而使生活陷入困境的失地农民给予应急救助。该基金专门用于对未就业或再次失业且生活困难的失地农民发放失业救济金。并根据失地农民的申请，为其提供一定的培训费用或自主创业补贴费用。同时要健全相关的监管制度，使失地农民失业救济基金管理使用规范化和法律化，使救济基金用途落到实处，真正为失地农民排忧解难。

（八）加强失地农民素质教育与就业培训

城市化的重要特征之一就是城市文明的扩散和城市居民素质的提高。如何把大量的失地农民劳动力转化成人力资源，使之成为新型产业工人、乡镇企业经营者、个体经营者和致富带头人，教育和培训在其中起到了关键的作用。教育不仅对失地农民就业具有较强的促进作用，而且对我国城市化的推动力效应也日益显著。应当把加强失地农民素质教育与就业培训，提升失地农民综合素质，促进失地农民全面发展作为城市化进程的一项重要工作，使之快速融入现代城市生产和生活。

1. 加强文化教育，提高职业素养

提高失地农民的综合素质和职业素养是实现非农就业的重要条件。失地农民只有具备一定的文化素质，才能更好地掌握各项技能，尽快适应非农职业的岗位需求。失地农民顺利就业的关键就在于提高自身的专业素质和职业能力，为农民职业培训提供资金保障，降低失地农民非农就业的门槛，减轻失地农民的非农就业产生的经济压力。建立失地农民就业培训基地。由地方政府或劳动保障部门牵头，以中等职业院校、成人教育学校、农技推广中心等单位为依托建立失地农民职业培训基地，举办具有实效性的职业技能培训。对于完成相关培训课程并考核合格的学员，可以取得相应的职业资格证书以及其他技能等级证书。福建省泉州市就整合教育培训资源，利用技工学校、职业学校、民办培训机构等开展学历教育、专题讲座、技能鉴定等培训，仅 2003 年培训失地农民 4. 5 万人，其中实现就业的就有 3. 45 万人。建立以职业教育和岗位技能为重点的培训体系，让失地农民掌握专业技能，增强失地农民的就业能力。

一是培训项目应当具有实用性。针对市场的就业形势和用工单位的实际需要，制定相应的培训计划和培训课程。比如开展汽车修理、机械电工、美容美发、家政服务等技能培训项目，使失地农民在短时间内掌握实用技术，适应岗位要求。培训机构还要加强与用工单位的联系，形成订单式的就业培训，提高失地农民参加就业培训的实效性。

二是培训的内容应当具有针对性。要根据失地农民的意愿、年龄、性别、兴趣爱好等的实际情况有针对性地进行培训，因材施教，提高培训效率，形成定向式技能培训。

三是培训形式应当具有灵活性。根据失地农民从事职业普遍具有行业分散性、流动性、季节性的特点，可采取面授、网教、自学等多种授课方式。同时开展短期培训、中期培训和长期培训等多种培训形式，以满足不同失地农民的培训需求。只有以市场为导向，突出培训的实用性、针对性和灵活性，才能使职业培训取得更好的效果。

2. 完善失地农民就业服务与就业指导

解决失地农民的非农就业问题，离不开政府政策的服务、扶持和引导。政府应当下大力气建立完善的就业服务体系，加强对失地农民的就业指导教育普及，群众的科学文化水平提高了，发明创造就会多起来。应当大力发展农村文化教育事业，不断提高农民的整体素质。这既是解决失地农民就业问题的当务之急，也是长久之计。

改革农村教育体制，合理调整农村的教育结构，优化教育资源配置，形成普通教育、职业教育、成人教育协调发展的教育结构。建立起适应农民非农化和市民化的教育新模式。第一，以农村基础教育为基础，把农村基础教育发展摆在重要位置，落实和普及九年制义务教育。增强教育的文化辐射功能，从整体上提高农民的文化素质和科学精神。第二，以职业教育为重点，大力发展农村职业教育。根据市场需求和农民的实际情况，调整专业结构，更新教学内容，使失地农民具备相应的职业素质。第三，以成人教育为支撑，建立失地农民继续教育体系。发挥成人教育的作用，依据需要合理开设专业、设置课程，以满足失地农民对教育的旺盛需求。倡导终身学习的新理念，鼓励失地农民参加学历教育，全面提高失地农民的综合素质。

从小城镇来看，按照城乡一体化的要求，充分发挥城市对小城镇的带动作用和辐射作用，促进城市生产方式向农村延伸、城市现代文明向农村扩散。在推进农村的城市化过程中，注意发挥城镇本身的优势，通过发展特色产业、乡镇企业、农业产业化经营就地吸纳和转移失地农民。

（1）随着市场经济的发展，市场竞争必将日益加剧。小城镇应该结合当地实际，充分利用本地资源优势、区域优势和环境优势，发展具有比较优势的特色型经济。

（2）地方政府注意加强政策引导，促进乡镇企业适度集中、合理布局。改变乡镇企业小规模分散经营状况，提高其规模效益和环境效益。实施相应的倾斜政策和给予必要的扶持，为乡镇企业发展提供资金、技术、人才帮助，进而促进失地农民进入乡镇企业就近就业。

（3）地方政府还应当结合农村的实际情况，促进农业现代化发展，推动农业的产业化经营。建立产供销、农工贸一体化经营模式，提供技术手册等各种途径，使其摆脱传统思想束缚，消除认识障碍，走出认识误区。

引导失地农民破除自给自足、小富即安的思想，树立开拓创新、敢为人先的精神；引导失地农民摒弃故步自封、封闭保守的思想，树立积极进取、开放发展的观念；引导失地农民改变自由散漫的习惯，树立遵纪守法的纪律观念；引导失地农民破除对待就业的依赖心理和消极思想，鼓励失地农民自谋职业和自主创业。通过各种宣传教育活动，使广大失地农民的思想观念适应非农化和市民化的角色转变，跟上城市化发展的快节奏步伐。

3. 多渠道开发失地农民就业岗位

随着城市经济的发展，城市空间的扩大，城市的优势显现出来，各种生产要素就会向城市集中。城市快速发展引起的规模效益和聚集效应必然带动相关产业的发展，为失地农民提供更多的就业岗位。大城市的这些优势是小城镇所无法达到的。但是城市的人口承载能力和提供岗位的能力是有限的，失地农民要实现充分就业不是单靠城市能够解决的。

小城镇与城市相比也具有自身的优势：随着城市文明向周边地区和农村地区扩散，必然会促进小城镇和农村经济的发展，缩小城乡差距，带动农村城市化，从而增大失地农民的就业空间；失地农民在小城镇就业面临的就业压力相对较小，就业竞争相对较少，就业成功率会更高；失地农民进入小城镇就业的经济成本和心理成本比进入大中小城市的就业要低很多。大力发展县域经济和小城镇经济，实现失地农民就地转移，也是我国城市化进程中失地农民就业的重要出路。各地政府在制定城市发展战略，规划产业发展布局时，既要遵循城市化的一般规律，又要充分考虑失地农民的就业需求，多领域、多层次开发失地农民就业岗位。

从城市来看，工业化是城市化直接的推动力量，城市发展需要以产业来支撑。产业结构的调整与升级是城市发展必须面对的问题。一个地区的产业布局应当根据其经济发展水平、地理条件、历史沿革等各种因素来规划和确定。建立起工业化推动城市化、城市化支撑工业化的发展格局。通过产业向城市集聚带来的经济效益和社会效益，为失地农民提供更多的创业门路和就业机会。

综上所述，失地农民既可以“离土又离乡”，进入城市实现异地非农就业，也可以“离土不离乡”，就地实现非农就业。党的十六大报告明确提出：要逐步提高城镇化水平，坚持大中小城市和小城镇协调发展，走中国特色的城镇化道路。党的十七大报告进一步指出：按照统筹城乡、布局合理、节约土地、功能完善、以大带小的原则，促进大中小城市和小城镇协调发展。我们应当根据城市发展的规律，从我国的基本国情出发，从失地农民的实际状况出发，统筹城乡规划和发展。既要发挥大中小城市的聚集效应和规模效应，也要增强小城镇发展的活力机制。保持大中小城市和小城镇协调发展，形成结构合理、层次分明、功能齐全的城市体系。在推进我国城乡一体化进程中，走出一条具有中国特色的城市化道路。

第六章　北京农民市民化过程中农村集体产权的改革及分配

股份合作改革是近年来农村集体（土地）所有权的一种主要的制度创新模式，有学者认为农村股份合作改革是农民自主建设的制度与政府政策引导合力作用的结果。可以肯定的是，无论改革的动力与原因如何，农村集体（土地）所有权股份合作（以下简称农村股份合作）改革已经成为农村改革常见的形式，并已进入理论研究的视野。但是，在实践中由于改革是在地方性政策法规的指导下进行的，因此从全国范围内看存在不同的样态，且其体现出的利弊得失也有所区别。

第一节　市民化过程中农村集体产权改革的主要类型

（一）南海模式

农村股份合作起源于广东，在广东南海，20 世纪 80 年代末 90 年代初，有的村庄就开始探索以土地股份合作的方式进行农地制度改革。到 2005 年南海地区已成立了农村股份合作组织 1870 个。其中以村委会为单位组建集团公司 191 个，以村民小组为单位组建的股份合作社 1678 个。南海社区股份合作改革的主要做法是：将集体资产的净值和土地、鱼塘折价入股，以社区农村户籍的农民为配股对象，按设定的股权比例进行分红，并按章程规定产生董事会、监事会等组织机构，行使相应职能。即农户将其分得的农村土地承包经营权交给农村集体经济组织（经济合作社或经济合作联社），农户交换回按一定标准分配的农村集体经济组织的股权；农村集体经济组织将农村土地使用权让渡给企业，获取相应的收益。由农村集体经济组织支配规模化的农村集体土地使用权。一般规定行政属本村的农业人口，才有权作为村股份合作的股东。大致将股份分为资源股与物业股（年龄股）两种，资源股按是否本村农业户口为标准分配，物业股按年龄划分不同的标准分配。南海模式初期成员分得股权只是享有社区资产收益分配的依据，并不能转让、继承或退股兑现，从1995年起逐渐实验“虚股折实”，实行“生不增、死不减”，可以转让。

（二）东莞模式

东莞市农村股份合作改革从2004年6月全面铺开，到2006年上半年基本完成。东莞模式的主要内容与南海模式相似，但在量化配股时，将农民集体的资产分为经营性资产和非经营性资产。属集体所有的土地暂不作价计入股份资产。另外，东莞模式中设立农村集体所有权的外部监督管理主体：市农村集体资产管理办公室和镇（街）农村集体资产管理机构。南海模式与东莞模式都可进行股权流转，但股东的股权流转必须符合一定的条件。经理事会同意，股东代表大会审核通过，本社股东的股权可以在本社范围内依法继承、转让、赠送，但股东不得抽资退股。

（三）浙江北仑模式

宁波市北仑区于2002年开始在个别村实施村经济合作社股份合作改革的试点工作，2004年上半年在全区全面推开，到2009年8月底，区累计完成201个村（社）的股份合作改革，占总村（社）数的89.3%。北仑区社区股份合作的独特之处有以下两点：

1. 股东资格的界定

股东分为全额享受对象、酌情享受对象和不享受对象。其中全额享受对象是指农民集体成员；酌情享受对象是指曾为本农民集体成员的几种特殊情形；不享受对象是指曾是本社社员但现在享受城市居民待遇的人员。对酌情享受对象和不享受对象的确认必须提交原村经济合作社社员（代表）大会民主讨论，并经三分之二以上人数同意。

2. 村发展留用地制度

北仑区农村股份合作改革主要是针对土地被大部分征收的农民集体，为了拓展村集体经济发展空间，给被征地村民提供社会保障。该区按 2001 年末可转为建设用地的实有集体农用地的 10% 计算村发展留用地面积，即如果农民集体 1000 亩土地通过征收等转为建设用地，则给该农民集体留出 100 亩土地作为建设用地，由该农民集体自行建设经营管理。留用的土地可以保持农村集体所有的性质，也可以通过国家出让的方式将该部分土地的使用权返还给农民集体。

（四）北京模式

北京农村股份合作改革实行“资产变股权、农民当股东”。其独特性在于：

1. 股东资格（参与股权分配资格）和劳龄界定的“三榜定案”制度

股东资格即参与股权分配的资格，股权分配以是否农民集体成员身份或在农村集体经济组织的劳龄为依据。为保证股东资格及劳龄界定的准确性，实行“三榜定案”制度。

2. 原始入社股金返还制度

《北京市撤制村队集体资产处置办法》第 14 条规定：撤制村、队集体经济组织成员最初的入社股金，可按 15 倍左右的比例返还。继续发展规范的股份合作经济的，以股权形式返还；不能继续发展规范的股份合作经济的，以现金形式返还。

3. 设置优先股

北京农村股份合作改革在股权设置上分为集体股和个人股。其中集体股不低于 30%，由农村股份经济合作社持股。在个人股设置上分为普通股和优先股。将部分集体股和集体经济组织现有在职人员的个人股设置为普通股。普通股是经营过程中享有收益分配请求权、企业终止清算剩余财产请求权的股份。普通股持股人有权参加股东大会，选举公司董事和监事，享有对企业经营的监督权和决策权。将普通股以外的个人股设置为优先股，优先股固定股息，享受不低于一年期定期存款利息的分红。优先股是收益分红和剩余财产分配上比普通股享有优先权的股权，持股人不参加股东大会，不享有对企业经营的监督权和决策权。个人优先股主要是针对原集体经济组织成员参与农村集体资产的股份分配问题。

（五）上海模式

上海模式有以下独特之处：

1. 把农村集体经济组织改建为农村社区股份合作社，并赋予法人地位

上海市工商局及农委集体资产监督管理委员会联合发文，要求农村集体经济组织改制后的农村社区股份合作社到所在区县工商行政管理部门登记，领取农民专业合作社法人营业执照，取得农民专业合作社法人资格。

2. 对全部农村集体经济组织实行征地留用地制度

与浙江北仑模式不同，上海的征地留用地制度除了针对被征地的农村集体经济组织外，还给在城市规划中全村耕地被划定为基本农田的集体经济组织配给留用地指标。在农村集体经济组织中实际只有这两种情形：一类是对规划中被征地的村，按照规划可转为建设用地的实有土地5%～10%的比例留给村集体经济组织；一类是耕地全部划定为基本农田的村，按该村农用地5%左右的比例配给留用地指标。这两类情形涵盖了所有的农村集体经济组织，所以说上海的征地留用地制度适用于全部该行政区域内的农村集体经济组织，并不局限于被征地的农村集体经济组织。

3. 设置岗位股

股权分为个人股、岗位股和优先股。个人股是指有权参与分配的股东按照劳龄分配的股权；岗位股是经营管理层可以现金支付方式认购的股份，但岗位股一般不超过总股本的20%，在岗持股，离岗退股；优先股是村级集体经济组织中界定为镇集体经济组织的资产，一般以优先股或债权形式留在改制后的村公司。

第二节　市民化过程中农村集体资产的股份合作改造

一、现行农村股份合作改革存在的问题

（一）农村股份合作改革需要特定的条件，恐不能照搬应用于所有农民集体

从上述介绍的农村股份合作改革的几种模式看，农村股份合作改革作为对农村集体所有权行使模式的创新，主要适用于城乡结合部或经济发达地区，并且改制的农村集体新农村建设经济组织（农民集体）有一定的集体资产积累，改制后可以利用农村集体经济组织所有的不动产获得稳定的收入来源。而我国目前更广泛农村的普遍情形是：农村集体经济组织成员除了农村集体土地之外，几乎没有其他可支配的农村集体资产，也没有稳定的收入来源。而且在可预见的将来，农村集体土地的使用权能也必将主要体现在农业生产功能上，这一点将长期不变。因此结合上述各种农村股份合作改革模式所需条件，可以断言完全照搬上述模式改造我国现行农村集体所有权行使方式不具有普适性。

（二）股份合作改革后，农村集体经济组织的法律地位不明确

上述模式中，农村集体经济组织大都改成社区经济（股份）合作社，但是合作社仍然不具有法人地位，没有获得团体人格。这是因为我国目前没有关于农村集体经济组织主体法律地位的立法。国家立法中除了《农民专业合作社法》明确了“农民专业合作社”的法人地位外，并没有其他法规可适用。

（三）部分措施有改变农村集体所有权性质之嫌

在农村股份合作改革中，各地均强调农村集体所有权的性质不变，但是在具体的改革措施中，并没有遵循这样的原则，如广东天河区有的农村集体经济组织改制后成立有限责任公司。有限责任公司必然要遵循《公司法》的相关规范。《公司法》上的公司实行的是“资本民主”，这与农村集体经济组织实行的

是“人的民主”有根本区别。因此，农村集体经济组织不能按《公司法》改制为公司，若此，则是变相改变农村集体所有权的性质。当然，进行股份合作改革后的农村集体经济组织可以借鉴公司治理的有益成分，但不可直接改制为公司。

（四）股权可以在集体经济组织内部转让、可以继承等具体措施值得商榷

有学者认为：股份如不能流动，则不利于优化配置资源，不利于转移农村剩余劳动力，不利于股份合作企业的持续发展。也有学者指出：如果允许土地股自由流通，那么其所代表的福利就可能流向股份合作企业或集体经济组织外的人，也可能出现这样的情形，有的社员耕种集体土地，却没有或有很少的土地股份，而有的社员不耕种集体土地或已经不是该集体的社员，却拥有较多的土地股份。除了上述可能原因外，股份可以转让也与社员权的民法基本理论相冲突，如《德国民法》第 38 条明确规定不得转让或继承。农民集体成员所持农村集体经济组织的股份可以内部转让、继承等制度设计值得商榷，这触及农村集体所有权性质问题。

（五）股权分配的某些具体措施与农民集体平等的成员权有冲突

如上述模式中很多都按照农龄进行股权分配，前面已经指出过，在土地承包经营权已经实施三十余年间，根本不会有农民集体成员的共同劳动，却按照农龄分配并固化股权，这种分配方式：一是其标准缺乏正当性，二是固化股权会将这种并不正当的股权差异一直延续下去。这与农民集体平等的成员权有冲突。

（六）有的土地利用行为与现行法律冲突，影响可持续发展

以南海区平洲为例，该地区集体非农建设用地在市国土局统计数为 2000 亩，实际保有数达 8000 亩，漏报达 3 倍之多。由于土地出租或变相出租用于非农建设违法，所以一旦用地企业与农村集体经济组织因用地问题发生纠纷诉诸法院，法院只能判决“用地因违反法律”合同无效，这样农民集体的权益就得不到保障。根据南海区法院提供的资料，2001—2002 年涉及农村集体建设用地案件 78 宗。2002 年上半年，这类案件已有 33 宗，呈急剧上升态势。因此，在违法将农地“非农化”的情形下，不仅造成土地滥用，最终还可能损害农民利益。

（七）现行农村股份合作改革的几点启示

1. 在农村股份合作改革中尊重农民意愿，但不能盲从农民意愿

农村股份合作改革是政府主导下提供具体制度设计的制度变迁，变迁过程中应充分尊重农民意愿，保障每个农民集体成员的成员权。但是政府作为制度提供者必须注意，农民的意愿可能与法律冲突，尤其是与农村集体所有权的集体所有的性质冲突，这时不应盲从农民意愿。

2. 农村股份合作首先要讲究公平，其次考虑效率

农村股份合作改革是股份 + 合作，而且关键是合作，即股东（农民集体成员）平等地参与农村集体资产的使用、收益和处分权。农村集体所有权追求的是集体成员平等的成员权，这与效率优先、兼顾公平的现代商事原则不同，如果没有平等的成员权，则效率越高意味着对某些集体成员越不公平，这是因为农民集体经济组织不是纯粹营利性的商事主体，其主要是体现集体成员互助合作的民商事主体。

3. 目前，国家至少应从政策层面加强对农村股份合作改革的规范指导

由于农村股份合作改革是制度创新，因此该领域存在国家法律空白，目前仅有农业部 1990 年颁布（1997 年修订）的《农民股份合作企业暂行规定》。但该规定并非针对农村集体（土地）所有权股份合作改造，主要针对农民自愿联合成立股份合作企业而制定。由于目前的法律空白，致使农村集体所有权股份合作改革有些层面实际上违背了现有法律的规定。这样的结果：一是会影响农村股份合作改革的良好效果，二是可能会直接影响到整个农村所有权制度的基础。这两点都不是农村集体所有权制度创新的初衷，要解决改革过程中出现的这些问题，应该加强政府的政策引导和扶持，避免改革的盲目性。

第三节　北京近郊城中村失地农民可持续生计问题及对策

随着我国城市化进程加快，北京近郊许多村子已由自给自足的真正的农村，转变为具有“城市”和“农村”双重结构特征的城中村，当地农民转变

为具有“城市人”和“农村人”双重身份特征的失地农民。由于外在政策的不完善以及失地农民自身等因素导致该群体在失去土地后产生了一系列的问题，其中可持续生计问题是众多问题中最基本的一个问题。仝德、冯长春在研究中指出，国外没有与中国的城中村相类似的区域，但是国外存在都市村庄、贫民窟等地区，这些地区与城中村有类似之处，但又不完全相同，这些地区的情况被我国学者应用于与城中村研究的对比当中。本文对失地农民的界定具体指因征地导致失地的、被征地前具有本地区农村户籍、征占农用地后已经农转非的原农业生产人员、征占农用地后目前仍是农村户籍的不从事农业生产的人员。

一、北京近郊城中村失地农民生计现状

北京近郊指：海淀区、朝阳区、丰台区、石景山区（杜陈生，2005）。笔者通过问卷调查及深度访谈的方式，对北京市朝阳区西直河的失地农民进行了了解，本次调研共发放 120 份问卷，收回有效问卷 116 份。笔者对 20 位失地农民进行了深度访谈。调研情况如下：

由于土地被国家征用为绿化用地，此村村民失去了可用于自给自足的土地，村集体的少量用地用于建设仓库、盖建公寓、商铺、厂房等进行出租，所得利润部分用于发放福利、安置失地农民就业后的补贴等。城中村村民对自家住宅进行改造，进行房屋出租，以获得收入。

因地理位置方便、租金低廉的特点，城中村吸引了大批外来务工人员前来租房。据调查，北京市朝阳区西直河户籍人口仅 3200 多人，外来暂住人口近 2 万人，后者是前者的 6 倍左右；北京市朝阳区老君堂户籍人口仅 2000 多人，外来暂住人口近 2.5 万人，后者比前者高出 10 倍有余。城中村渐渐成为以外来务工人员为主体的低收入人群的聚集地，外来务工人员成了城中村的主要人群。

城中村的文化是城乡二元文化，既受到了城市社区文化的影响，又保留着农村传统文化及习俗，城中村的失地农民深受该文化的影响。并且城中村失地农民文化程度不高，据问卷调查显示，在 116 份有效问卷中，被调查对象具有

中学学历的有 61 人，在这 116 人中占比 52.6%；大学本科学历的仅有 2 人，占比 1.7%。城中村失地农民出入于城市公共场合时，并没有得体的打扮，使得该群体显得有些格格不入。据了解，北京市朝阳区西直河村委会也有阅览室、健身队等便民服务，但是村中很少有人参与，村民之间来往较多，外来务工人员与村中村民在语言上、文化上、生活习惯上、收入上存在差异，城中村村民与外来务工人员交往很少，关系一般。

在 116 份有效问卷中，111 位被调查者目前有工作，5 位被调查者目前没有工作；在 111 位有工作的调查对象中，95 位调查对象在村集体、乡镇企业上班，占 111 位有工作人数的 85.6%，仅有 16 位调查对象外出工作，占 111 位有工作人数的 14.4%。

（一）工资收入现状

在工资方面，在村集体、乡镇企业工作的调查对象与外出工作的调查对象的工资对比如下：

外出上班的失地农民工资年收入情况为：2 万元以下（不含 2 万元）的是 6.3%，2 万 ~5 万元（不含 5 万元）的是 81.2%，5 万 ~7 万元（不含 7 万元）的是 12.5%，没有收入在 7 万元以上的调查对象。

在村集体、乡镇企业上班的失地农民工资年收入情况：1 万元以下（不含 1 万元）的是 12.6%，1 万 ~3 万元（不含 3 万元）的是 64.2%，3 万 ~5 万元（不含 3 万元）的是 22.1%，5 万 ~7 万元（不含 7 万元）的是 1.1%。

据了解，外出上班的失地农民，村集体每年对其发放待业费约 1 万元，因此外出上班的失地农民工资总收入将平均提高 1 万元，故外出上班的失地农民总工资年收入在 4 万 ~6 万元（不含 6 万元）的人数最多，而在村集体、乡镇企业工作的失地农民工资年收入在 1 万 ~3 万元（不含 3 万元）的人数最多，二者工资年收入相比，前者是后者的近 2 倍。

（二）房屋租赁收入现状

该村失地农民除工作收入来源外，还有房屋出租的租金收入，调查结果如下：被调查的 116 位失地农民中，家中出租房屋的有 115 位，占 116 位失地农民的 99.1%，仅有一位失地农民家中暂无房屋对外出租。房屋出租情况及年收入情况如下：115位有出租房屋的失地农民，房屋出租面积在100平方米以下（不含100平方米）的占比最大，为37.4%，房屋出租面积在100～200平方米（不含200平方米）、200～300平方米（不含300平方米）的也比较多，分别为33.9%、26.1%，但在300平方米以上的很少。据访谈了解，房屋出租面积在100平方米以下的家庭，基本上没有违章建筑，出租的房屋都属于自己的房屋；出租面积在100平方米以上的家庭，有违章建筑面积，但是多少不一，家庭住宅有一层、两层、三层不等。

在115位调查对象中，房屋出租年收入在5万～10万元（不含10万元）的最多，占115位调查对象的40.9%，与外出上班的失地农民总工资年收入区间人数最多的4万～6万元（不含6万元）比，多出近一倍；与在村集体、乡镇企业工作的失地农民工资年收入区间人数最多的1万～3万元（不含3万元）比，高出近3倍。可见该村失地农民的家庭主要收入来源为房屋出租所得的费用。

经调查，116位调查对象的家庭收入主要来源为房屋的租赁费，与上述总结吻合。

如果家中没有房屋出租收入，失地农民将会出现的情况调查如下，84.3%的人会失去家庭主要收入来源，并有74.8%的人将不得不选择外出工作，以获得更多的收入，仅有18.3%的人选择在村集体、乡镇企业继续工作获得收入，仍有7.0%的人选择不工作。因此可以看出，以房屋租赁费为主要收入来源的生计方式难以持续，就业甚至是外出就业获得收入的方式是可持续生计的方式。

（三）家庭收入满意度

对于目前家庭收入情况满意度调查：在116份有效问卷中，有87人对目前家庭收入满意，占比75.0%，人数最多；比较满意者占14.7%；非常满意者占3.4%，说明该村失地农民对目前家庭收入满意者最多。

二、北京市近郊城中村失地农民可持续生计难的成因及影响

造成北京市近郊城中村失地农民可持续生计难的原因较为多元，就失地农

民个人而言，该群体对于生计方式的转变不能很快适应，再者，由于地理位置的优势以及交通较为便捷，造成了北京市近郊城中村失地农民片面地认为出租房屋获得收入是一种最好的赚钱方式，因而选择了少工作或不工作。另外，由于政策、制度等外在因素的影响，如政策的执行在每个城中村均不同，各城中村或多或少都有自己的“土”政策等，造成了相对的不公平及不平等，使其不能有良好的心态，以致在生计选择上不能有正确的认识。

（一）个人内因导致北京市近郊城中村失地农民可持续生计难

经调查显示，北京市朝阳区西直河的失地农民的大部分家庭主要收入来源于房屋租赁费，出租的房屋属于违章建筑的较多，外出工作的人数较少，对于生计方式的选择原因调查如下：

95 位目前在村集体、乡镇企业工作的调查对象对目前在村集体、乡镇企业工作生计选择原因的调查情况显示：该群体选择生计方式的原因较简单，工作简单、不用加班、没有过多工作压力、上班地点离家近、工资能够保证家庭开支即可。即便外出上班可以有更可观的收入，但是他们仍不愿意外出就业。有过外出工作经验的失地农民表示以他们目前的学历、工作能力、技能等，并不能像其他有学历的年轻人一样找到一份脑力劳动较多的工作。

城中村的失地农民虽然受到城市思想影响，但是浓厚的农村文化在其心中有了根深蒂固的影响，打破这种模式对于他们是非常难接受的。他们并不否认外出工作更有意义，但是他们对自己没有信心，对他人也没有信心以及信任。他们更多是着眼于现在，不愿做更长远的设想。

收入多少成为在外工作的调查对象选择该生计方式的主要原因。经深度访谈发现，他们在生计方式选择上较为理智，相对有远见，愿意去尝试不同的工作环境，学习更多的技能，开阔眼界，愿意认识更多的朋友，了解更多的新鲜事物，有更高的目标以及愿望。

（二）城乡二元结构导致北京城中村近郊失地农民可持续生计难

城中村实行的是农村体制，是一种土地制度与管理制度相结合的“村籍”制度。有的城中村原村民已经由农村户口转为城市居民户口，但是他们与社区土地的历史联系颇深，便仍然拥有“村籍”；在被调查的西直河这个城中村中，绝大多数的村民仍是农村户口。经访谈了解，对于这些村民来说，“村籍”比“户籍”更重要，他们宁愿是农村户口也不愿是城市居民户口，农村户口可以享受到就业安置、村集体的福利，如待业费、过节费等，这与外来务工人员以及普通的城市居民有很大的区别。

我国实行城乡二元分割制度，将城市和农村区分开。城市与农村的生活模式、生活方式、逻辑、生存方式等方面各不相同，农民长期处于农村制度中，受到浓厚的农村传统文化影响，并长期从事农业生产，在农业生产过程中学会并积累了大量的农业生产知识及技能。但是失地后，他们变成了介于农民与城市居民之间的一个群体，对于失地农民，城市的就业、职业、环境都是陌生的，缺少认知的，失地农民所拥有的知识与技能不能满足他们在城市中获得就业机会。在城乡二元结构中，城市与农村之间的社会保障是完全不同的，失地农民失去土地，不再是真正的农民，但他们也无法享受到如同城市居民一样的社会保障，使得城中村失地农民成为没有田地、没有工作岗位、没有社会保障的特殊群体。

（三）安置补偿不合理导致北京城中村近郊失地农民可持续生计难

经过拜访北京近郊城中村失地农民及村干部得知，北京近郊城中村失地农民的日常生活开支类型、消费结构、开销总数远高于失地前，在经济发展下，物价水平也在不断上升，使得一次性补偿的费用在通货膨胀、物价上涨的情况下，被相对减少了，一次性的货币补偿费并不能满足失地农民相应的需求。国家对失地农民的安置补偿费并不能满足他们长久的日常开销，而且安置补偿费也不是巨额补偿，但有些失地农民获得安置补偿时会认为这笔钱可以使自己暂时先过一段富裕日子，减少了工作的积极性，导致失地农民生计受到影响。由于征地后土地用途不同，开发商占地开发的地区安置补偿费用偏高；若征地后的土地用于绿化，则安置补偿费用就偏低；离市区较近的城中村安置补偿费用相对高于离市区较远的城中村。

（四）人力资本、社会资本欠缺导致北京城中村近郊失地农民可持续生计难

制度性分割为主、正式劳动力市场和从属劳动力市场之间分化日益加大是

我国劳动力市场分割的特点。由于城市劳动力市场的要求相对较高，在文化知识水平上及劳动力能否适应现代化的能力上都有一定的要求。但是，由于失地农民的文化程度不高，欠缺除从事农业生产外的其他工作技能，导致失地农民在人力资本上处于弱势地位。被调查的116位调查对象中，仅有21人拥有职业技术证书或是特殊的职业技术能力，占比18.1%，缺乏应对市场竞争的能力。失地农民的社交网络均围绕当地地区，交往对象的同质性较强，得到的信息较单一，社会资本较薄弱。在如此薄弱的人力资本和社会资本的作用下，失地农民被排斥在城市就业边缘，从而导致其可持续生计难。

三、北京近郊城中村失地农民可持续生计的对策与建议

（一）完善征地补偿制度

首先，提高补偿标准。《宪法》规定：国家为了公共利益的需要，可以依照法律规定对土地实行征收或者征用，并给予补偿。由于中国土地产权的特点，征地补偿的制定并不能完全以市场为中心，仍需要政府进行适当的调节。所以，合理的征地补偿标准应以农民为本，以保护其根本利益为准。

其次，调整补偿分配和发放方式。在实际的土地补偿过程中，补偿分配并不公平，原本不多的补偿款落到失地农民手中更少，故应调整分配比例，让农民得到相对较高的补偿，更有保障力度的补偿。各级政府应让出中间的利润，让农民得到应有的补偿。另外，在不同的村子、乡镇有不同的“土”政策，导致不同失地农民的补偿结果大相径庭。因此，在补偿的执行上也应有相应的制度，保障不同地区失地农民能有相对平等的补偿水平。

（二）加强北京近郊城中村失地农民的社会保障

在社会保障方面，应在城中村建立健全社会保障体系，将城中村的失地农民纳入社会保障的范畴，以解决城中村失地农民的生存问题。并且需要建立公平的社会保障体系以及农民利益保护机制，完善企业对失地农民的劳动用工制度，规范相应的合同。失地农民的生产安全及职业病预防治疗方面也不可忽视，社会保障体系应保障失地农民同城市普通居民一样，有五险或更多。设立

失地农民最低生活保障，对低收入，因灾、因病导致贫困的、无法通过工作、劳动获得维系生活的经济来源的家庭或个人进行保障。

（三）对北京近郊城中村失地农民进行职业及技能培训

针对有就业意向的失地农民可进行职业培训，使失地农民更好地了解外出就业基本需掌握的常识以及国家的政策法规，懂得如何保障自身权益。培训旨在树立失地农民良好的职业道德，树立正确的价值观、就业观、人生观，实现失地农民从基本素质、行为方式、社会参与等方面向城市居民的全面转化。在文化素质上，需对失地农民进行培训，减少失地农民的挫败感，降低心理落差，使其更好地融入城市生活中。

由于失地农民的文化素质普遍不高，在职业技能培训方面，以市场需求较大的工作岗位培训为主，根据即将就业的失地农民的兴趣及能力进行简单分类，对不同类型的失地农民进行不同职业技能培训。对有创业愿望和创业能力的失地农民进行经济管理类知识的培训，整合资源，帮助其创业，让一部分人先富起来，带动其他人共同致富。

（四）转变北京近郊城中村失地农民的就业观念

通过社会工作专业工作方法，如个案工作、小组工作及社区工作，转变北京近郊城中村失地农民的就业观念，改变传统的认知，树立新的观念。提高失地农民就业的内在动机。哈克曼与奥尔德姆认为，从事需要多种技能、有一定挑战性的工作；工作内容多样且不单调；工作有重要意义；工作的人能够在工作中起主导地位，自己对工作负责；在工作过程中能够得到及时反馈，具有这样特点的工作，能够使工作者内心有工作的欲望，并且有较高的积极性参与工作。只有转变了北京近郊城中村失地农民对就业的观念，对就业中找到积极奋进的欲望，才能使其生计可持续。

第七章　北京农民市民化前后相关主体的地位及权益保障

随着农民市民化进程的不断加快，“撤村建居”工作如火如荼地进行，北京市以保障群众的根本利益和集体经济组织合法权益为核心，以有利于维护和促进社会稳定为基础，积极探索“农村变社区、农民变居民”的新途径。农民市民化后，各方面情况均发生了较大变化，如撤销行政村建制，建立社区居委会；农村集体土地原则上由依法征用转为国有；村集体资产仍属原村集体经济组织所有，组织清产核资，界定村集体资产享受对象，进行股份制改革；原属村集体或者农民经批准建造的集体用房或私房，在集体土地征为国有土地后，准予房屋所有权登记，按规定发放房屋所有权证；农民农转非后，享有与市区居民同等待遇，并履行应尽义务。这些撤村建居社区往往处于由农村社区向城市社区过渡的阶段，是社会、经济、资源问题最为集中的地域，社区居委会的管理模式亟待转变，社区治理面临巨大挑战。

第一节　撤村建居居委会的地位及作用

通过依法有序地撤销村建制，新建社区居民委员会组织，稳步推进由原村民委员会管理模式向社区居民委员会管理模式过渡，理顺管理体制，实现资源整合共享，全面提升农民市民化建设的总体质量和水平。撤村建居居委会是居民依法行使民主权利、参与公共事务、实现自我管理和自我服务的平台，在社会管理工作格局中的地位日益显现，作用日益重要。“撤村建居”是以土地收益分配和进城农民社会地位划定为核心的一次社会利益的再分配，它不仅是将村委会的牌子置换成居委会、宣布农民为城市市民，更是国家和农村集体、农民之间重大经济利益的重新分配。它的最终目标是追求社会的发展与进步，保障“撤村建居”人员享受到与城市居民一样的高品质、高水平的生活。

由于我国长期存在的城乡二元体制，使农村与城市之间的跨度较大，体制也不尽相同。因此，“撤村建居”工作具有特殊性和敏感性，在进行新的组织体系的设置之前，要立足现实，基本保持原状，又要有适度的改革，使“撤村建居”社区居委会一步一步地转变为适合城市社区发展要求的管理组织，实行和平过渡，从而安定民心。

在管理方法上，要吸取原村委会的治理经验，借鉴村民自治的合理因素。例如在选举管理人员时，借鉴原行政村候选人的产生办法，即村民直接提名产生候选人，以无记名投票和公开计票的方法直接差额选举出村委会，保留民主的做法，发展基层民主。在管理模式上，要推进模式的创新，例如健全科学合理的社区自治体系，建立与基层党委、政府、社区企业等单位共建社区的机制；组建新的社区工作网络，招聘专业的社区工作者，加强“撤村建居”社区居委会管理人员队伍的建设；强化社区服务，建立完善的社会保障体系，把“撤村建居”社区的社会保障体系纳入城市的管理体系，按城市的标准执行。

“撤村建居”社区居委会把一般的社会管理职能和经济管理职能区分开来，逐步将“撤村建居”社区居委会与社区企业分开，将社区管理的公共事务与社区企业的经营行为分开，减少经济功能，增强管理、服务、教育等其他功能，提供更多的社区公共服务。

正确认识撤村建居居委会的地位及作用，在协调利用各种机制的基础上，切实做好整合工作，需要理顺社区中的几种关系：

一是街道办与居委会的关系，他们是政府组织与自治组织的关系。政府要切实尊重和保障社区居委会的自治地位，由管理社区转变为服务社区。街道办和居委会是合作和协商的关系，而不再是命令与服从的关系。

二是居委会与物业管理单位的关系，他们是社区自治组织与企业组织的关系。居委会作为社区自治组织是社区居民利益的代表，对物业单位综合协调与监督是它的职责。同时，居委会也要大力支持物业单位搞好物业管理和服务。

三是社区居委会与社区居民的关系，要始终体现共治、共享、共有的特征。作为自治组织，居委会可以还原其自治性与志愿性，成员以志愿工作为主，由社区内热心公益事业的人承担，面向居民需求开展服务。政府对居委会可以购买服务或者财政支持，但并不能以财政支持为由将工作职能下移、工作责任下移。从秩序重构的角度看，政府与社区居委会都依法在各自的领域内服务居民是未来的发展方向。居委会自治权能的恢复，关键在于政府职能归位、对公权力扩张的遏制。

第二节　撤村建居后原农村集体财产的归属及经营管理

一、撤村建居后原农村集体财产的归属

撤村建居后居民仍与居委会存在财产关系。由于村集体资产管理不规范，时间久远，致使原村集体财务关系混乱。此外，农民土地由于界线不清，土地性质变更未能及时登记，造成上报村集体土地数量不实等这些情况均影响清产核资工作的开展。

在股份界定和量化方面，在户籍迁移、人户分离、生老病死、新添人口等涉及身份界定的关键问题上，以及如何对集体资产分配权限进行量化和核算等方面，关系比较复杂。在改制资产的经营管理方面，集体资产改制后，在实际运作中对应管理原村集体的经营性资产、非经营性资产、资源性资产的法人实体地位不明确，经营模式难以确立。撤村建居社区的集体资产一般较为庞大，且自主开支，如果该问题处理不好将极大影响管理者与居民之间的关系，给社区管理带来诸多麻烦。

集体资产如何处置，是“撤村建居”过程中的热点、焦点，也是难点问题，它决定了“撤村建居”工作的成败，必须慎之又慎。要以改革创新为导向，严格依照国家有关法律法规，制订具体办法，规范操作，正确处理国家、

集体和个人三者利益关系，维护集体经济和村民的合法权益。撤销原行政村和居委会建制、组建新的社区居委会建制后，原有村的资产所有权和债权债务保持不变。情况比较复杂的行政村，“撤村建居”前应认真开展重大决策社会稳定风险评估工作，确保社会和谐稳定。

1. 经营性资产

经营性资产主要是指原村办的集体企业经营资产。村建制撤销后，原村（组）集体资产、集体积累仍属原村（组）集体经济组织的全体成员所有和享用，不得平调和剥夺，严禁非法侵占、私分和破坏。各区要按照因村制宜、民主决策、公开透明、保值增值的原则，指导“撤村建居”的单位确定资产处置方式和措施，确保这项工作积极稳妥地推进。对经营性资产数量较大、质量较好的，通过调查研究、清产核资、资产评估、明晰产权、量化到人等步骤，实行股份制改造，成立股份经济合作社，也可采取其他适当的方式处置。股份合作社要着力探索发展模式，如开放股权，提升和完善产业结构，改进经营方式，改革治理结构，使股份合作社逐渐过渡成面向市场、具有竞争力的现代企业。同时，加强监管，严禁非法侵占股份合作社资产。对经营性资产数量较少或质量较差的，可以进行剥离，成立集体资产管理中心，等条件成熟后予以解决。

2. 资源性资产

资源性资产主要是指原村的集体土地，集体土地在被国家征用前，仍由原土地承包者继续经营使用，由“撤村建居”后单独设立的社区居委会或村集体资产管理机构作为存量资产管理，不得擅自转让和交易，不得在集体土地上擅自建设。土地被依法征用后，其征用补偿费按原村集体资产处理办法处置。

3. 公益性资产

原村非经营性资产属于公益性质的，按照属地管理的原则，划归社区居委会使用和管理。公益性资产主要包括原村的办公室、学校、敬老院、幼儿园、卫生室等。公益性资产只进行确权登记，不列入折股范围，产权归原村民，由社区居委会管理使用，主要用于为社区居民服务。这部分资产如要处置，收益归原村民所有。

二、撤村建居后原农村集体财产的经营管理

1. 明确树立维护农民利益的理念

农村经济体制的每一步改革都是为了发展集体经济，增加农民收入，切实维护农民利益。只有让农民得到实惠的改革才能得到农民的真心拥护，才能保证改革的顺利进行。所以，在设计农村集体经济经营机制时，必须旗帜鲜明地牢固树立维护农民利益的理念。

2. 建立、完善符合市场经济要求的社区集体经济经营体制

社区股份合作制是适应社区集体经济发展的一个新的经济组织形式，应在股份合作制的基础上，按市场经济的发展要求，通过制度创新，构建适应于社区具体情形的新型现代企业经营制度。社区股份合作经济组织应设置完备的股东大会、股东代表大会、董事会和监事会，并建构民主、科学的经营运行机制和公正、公开的收益分配机制，以维护社区居民的经济利益。从制度分析角度看，由于当下的新型制度对今后的制度生长有着重要的初始效应影响，因此应高度重视当下的新型制度构建，慎重初战，为今后转型社区体经济经营制度的健康成长奠定良好的制度基础。在创新集体经济经营制度进程中应注意下列几个问题：

一是明晰社区股份合作经济组织与公司制企业的界限。社区股份合作经济组织虽然是经济组织，但由于其承担着繁重的社区公共事务管理和公益事业发展重任，因此，与完全的公司制企业有着本质的不同。政府应像以往一样，对社区股份合作经济组织实行基本免税政策。社区股份合作经济组织可以借鉴公司制企业行之有效的管理机制，不断完善现代企业法人治理结构，但这并不意味着社区股份合作经济组织一定转型为现代公司制。政府可以将社区股份合作经济组织视为一种特殊的法人实体，并通过立法方式，对其法律地位、性质、名称、机构、职能、权利、义务、经营机制、财务管理等内容予以专门规定，以确保其受到政府公平待遇。

二是社区集体经济经营制度是随着市场经济的逐步深入发展而不断变化的，不是一成不变的。随着市场经济的逐步构建成型和日趋完善，社区集体经

济经营制度也应不断改进，日趋完备。从制度变迁方式层面看，在转型社区集体经济经营制度变迁过程中，应注重采用诱致型制度变迁和强制型制度变迁两种策略，充分发挥群众创造和政府权威的作用。

三是在构建社区集体经济经营制度的过程中，一方面要体现适应市场经济要求的共性，另一方面也要注意适应转型社区的实际需求，体现转型社区的个性。

四是加大政府对社区集体经济的支持力度。妥善处理镇、社区两级经济关系，不以牺牲社区利益为代价换取镇的经济发展，不以谋取农民土地为目的，而是相反，将利益的重心下移，将镇一级有限的政策、财力最大限度地支持集体经济发展，进而形成“镇好村也好，村好镇更好”的良性、协调发展态势。从深层次看，社区集体经济的成功不仅具有经济的含义，同时具有稳定社区的政治含义。因此各级政府应从贷款、税收、工商行政管理等方面切实加大支持的力度。

五是积极借助外部资源，发展壮大集体经济。农村社区转型为城市社区为社区集体经济的发展壮大创造了良好的外部条件。社区集体经济组织应抓住这一良好的发展机遇，大胆进行股权制度创新，积极引进外部资源，将社区集体经济做大做强。

第三节　撤村建居后居民的医疗、养老、教育等社会权益保障

积极推进居民市民化进程，加快教育、医疗、住房、社会保障体系的改革，构建适合居民特点的社会保障制度，解决转移劳动力权益缺失问题，对保持农业、农村经济平稳较快发展，缓解各种矛盾、促进社会和谐具有重要的理论和现实意义。因此，应该整合社会资源，破除居民市民化进程中的制度障碍，建立和完善对居民科学合理的社会保障制度，从而有效促进居民的合理流动，实现劳动力资源的有效配置。

一、建立适合市民化特点的各项保险制度

（1）完善居民失业保险和社会救助制度，使失业保险和社会救助能够覆盖全体农民工。社会保险部门和民政部门可联合采取措施，对符合享受失业保险待遇条件的居民按规定及时支付一次性生活补助金。通过完善最低生活保障制度为他们提供必要的社会最低生活保障，有计划地逐步推进社会救助。

（2）完善居民医疗保险制度，将其纳入城镇职工基本医疗保险、新型农村合作医疗或城镇居民基本医疗保险。做好新型农村合作医疗和城市职工医疗保险制度的衔接，探索在异地就医、报销的办法。探索养老保险与城镇职工基本养老保险的衔接新办法，简化区域养老保险关系转移手续，实现其基本养老保险关系可跨区域就业时随同转移。

（3）建立养老保险制度，实现养老金个人账户的全国联网机制。在充分考虑制度衔接的前提下，尤其应该关注居民养老保险随其身份转变而进行转换的可能性，合理设计转移人口养老保险制度。全国的劳动保障部门应建立国家农民工社会养老保险信息库，并实行全国社会保障机构之间联网，实现居民养老金个人账户的全国性流动，打破地域限制。

（4）完善居民工伤保险制度，推动《工伤保险条例》的落实，并完善工伤保险纠纷的调解机制。针对商贸、餐饮、家政服务、制造业、建筑业等居民相对较集中的行业特征，为实施“平安计划”创造一个科学合理的保险保障环境。进一步完善工伤保险纠纷的调解机制，使市民化过程中病有所医、伤有所医，同时逐步扩大农民工失业保险和社会救助的覆盖率。

二、完善居民社会保障制度的配套措施

1. 建立城乡平等的户籍制度

改革是一个逐步推进的过程，首先，可通过逐步剥离附加在户口上的社保、住房、子女教育等社会福利，使这些福利慢慢与户籍脱钩，引导人口有序迁徙流动和就业。其次，普遍推广居住证制度，进一步清理取消歧视性规定。

最后，大力发展县域经济，加强基础设施建设，建立科学合理的户籍制度。总之，只有保障居民市民权益，放宽落户条件和推进公共服务均等化并行，才能使居民取得户籍资格，获取完整的市民权利，真正实现社会身份的转换。

2. 制定完整的社会保障法律法规

应建立起真正具备强制效力的法律法规，为解决市民化问题创造法制环境和制度保障。把保护居民的各项福利待遇等社会权益纳入法制轨道，司法部门和执法部门要依法严格监督用工单位为受雇居民提供相应的社会保障，从法律上保障居民的权利。

三、积极发挥政府的主导作用

（1）在居民最需要的职业教育培训、子女教育、住房改善、社会保障、户籍改革和城市公共服务中心建设等方面，制定专项规划，并督促因地制宜制定区县专项规划。建立农民工服务和管理工作的经费保障机制，将居民纳入政府公共服务体系，使之享受与城镇职工同等待遇，逐步实现公共服务统一政策、制度和统一管理。各级财政应将就业技能培训、社会保障、子女教育、权益维护、治安管理和信息系统建设等有关经费，纳入本级财政预算。

（2）探索撤村建居居民维权工作的新机制和新方法。建立健全党政主导、工会运作、相关部门协作的社会化维权工作体制，赋予工会更多的资源和手段维护撤村建居居民的合法权益。探索和尝试就业培训教育、住房改善、户籍制度改革、随迁子女教育方面新的机制与方法。推进各项工作相关机构建设和常规化、规范化建设。完善信息统计监测调查制度和信息网络建设，提高就业管理和服务的网络化程度，以实现信息共享。建立和完善地区之间农民工工作机构的协作机制，使之在劳务对接、权益维护、信息沟通等方面更好地发挥作用。

（3）加强公共服务体制改革，让居民享受公共服务。把居民纳入城市社会保障系统，以攻克城市基本公共服务全覆盖的核心难题。推进公共服务体制改革，逐步实现公共服务均等化。公共服务均等化需求受地方政府动力和财力不足的制约，探索过渡性居民的公共服务制度，逐步实现城镇基本公共服务全覆盖。加强公共就业服务，促进居民多渠道转移就业。坚持“就业优先”，建立健全人力资源市场，完善公共就业服务体系，积极引导居民外出就业，鼓励农业转移人口就地就近转移就业，扶持居民返乡创业，从而促进居民稳定就业、体面就业。

（4）推进土地制度和财政制度改革，破除市民化的制度障碍。将户籍制度改革与土地制度改革联动起来，进一步完善农村土地流转制度，开展农村承包土地和宅基地确权登记，给农民颁发具有明确法律效力的土地承包经营权证书和宅基地使用权证书，真正给农民吃下长效“定心丸”。明确农户土地承包经营权“长久不变”的期限，并赋予农民对承包土地更加充分享有占有、使用、收益和处置权利。开展土地承包经营权抵押试点，建立风险防范机制。构建财权与事权相匹配的财政体制。提高区县级财政能力，增加公共服务的财政投入力度，提高经济强镇税收留成和土地出让金的比例，逐步实现人均公共财政支出大体相等。设计与土地流转、土地增值以及与土地使用有关的税种，规范土地财政为税收财政，合理分配土地转变用途后的增值收益，为公共服务均等化提供财力支持。

附录　相关政策、制度

附录一　关于农村集体产权制度改革

中共中央　国务院《关于稳步推进农村集体产权制度改革的意见》

（2016 年 12 月 26 日）

为探索农村集体所有制有效实现形式，创新农村集体经济运行机制，保护农民集体资产权益，调动农民发展现代农业和建设社会主义新农村的积极性，现就稳步推进农村集体产权制度改革提出如下意见。

一、重大意义

（一）农村集体产权制度改革是巩固社会主义公有制、完善农村基本经营制度的必然要求。农村集体经济是集体成员利用集体所有的资源要素，通过合作与联合实现共同发展的一种经济形态，是社会主义公有制经济的重要形式。改革开放以来，农村实行以家庭承包经营为基础、统分结合的双层经营体制，极大解放和发展了农村社会生产力。适应健全社会主义市场经济体制新要求，不断深化农村集体产权制度改革，探索农村集体所有制有效实现形式，盘活农村集体资产，构建集体经济治理体系，形成既体现集体优越性又调动个人积极性的农村集体经济运行新机制，对于坚持中国特色社会主义道路，完善农村基本经营制度，增强集体经济发展活力，引领农民逐步实现共同富裕具有深远历史意义。

（二）农村集体产权制度改革是维护农民合法权益、增加农民财产性收入的重大举措。农村集体资产包括农民集体所有的土地、森林、山岭、草原、荒地、滩涂等资源性资产，用于经营的房屋、建筑物、机器设备、工具器具、农业基础设施、集体投资兴办的企业及其所持有的其他经济组织的资产份额、无形资产等经营性资产，用于公共服务的教育、科技、文化、卫生、体育等方面的非经营性资产。这三类资产是农村集体经济组织成员的主要财产，是农业农村发展的重要物质基础。适应城乡一体化发展新趋势，分类推进农村集体产权制度改革，在继续按照党中央、国务院已有部署抓好集体土地等资源性资产确权登记颁证，建立健全集体公益设施等非经营性资产统一运行管护机制的基础上，针对一些地方集体经营性资产归属不明、经营收益不清、分配不公开、成员的集体收益分配权缺乏保障等突出问题，着力推进经营性资产确权到户和股份合作制改革，对于切实维护农民合法权益，增加农民财产性收入，让广大农民分享改革发展成果，如期实现全面建成小康社会目标具有重大现实意义。

二、总体要求

（三）指导思想。全面贯彻党的十八大和十八届三中、四中、五中、六中全会精神，以邓小平理论、“三个代表”重要思想、科学发展观为指导，深入贯彻习近平总书记系列重要讲话精神和治国理政新理念新思想新战略，紧紧围绕统筹推进“五位一体”总体布局和协调推进“四个全面”战略布局，牢固树立新发展理念，认真落实党中央、国务院决策部署，以明晰农村集体产权归属、维护农村集体经济组织成员权利为目的，以推进集体经营性资产改革为重点任务，以发展股份合作等多种形式的合作与联合为导向，坚持农村土地集体所有，坚持家庭承包经营基础性地位，探索集体经济新的实现形式和运行机制，不断解放和发展农村社会生产力，促进农业发展、农民富裕、农村繁荣，为推进城乡协调发展、巩固党在农村的执政基础提供重要支撑和保障。

（四）基本原则

——把握正确改革方向。充分发挥市场在资源配置中的决定性作用和更好发挥政府作用，明确农村集体经济组织市场主体地位，完善农民对集体资产股份权能，把实现好、维护好、发展好广大农民的根本利益作为改革的出发点和落脚点，促进集体经济发展和农民持续增收。

——坚守法律政策底线。坚持农民集体所有不动摇，不能把集体经济改弱了、改小了、改垮了，防止集体资产流失；坚持农民权利不受损，不能把农民的财产权利改虚了、改少了、改没了，防止内部少数人控制和外部资本侵占。严格依法办事，妥善处理各种利益关系。

——尊重农民群众意愿。发挥农民主体作用，支持农民创新创造，把选择权交给农民，确保农民知情权、参与权、表达权、监督权，真正让农民成为改革的参与者和受益者。

——分类有序推进改革。根据集体资产的不同类型和不同地区条件确定改革任务，坚持分类实施、稳慎开展、有序推进，坚持先行试点、先易后难，不搞齐步走、不搞一刀切；坚持问题导向，确定改革的突破口和优先序，明确改革路径和方式，着力在关键环节和重点领域取得突破。

——坚持党的领导。坚持农村基层党组织的领导核心地位不动摇，围绕巩固党在农村的执政基础来谋划和实施农村集体产权制度改革，确保集体经济组织依法依规运行，逐步实现共同富裕。

（五）改革目标。通过改革，逐步构建归属清晰、权能完整、流转顺畅、保护严格的中国特色社会主义农村集体产权制度，保护和发展农民作为农村集体经济组织成员的合法权益。科学确认农村集体经济组织成员身份，明晰集体所有产权关系，发展新型集体经济；管好用好集体资产，建立符合市场经济要求的集体经济运行新机制，促进集体资产保值增值；落实农民的土地承包权、宅基地使用权、集体收益分配权和对集体经济活动的民主管理权利，形成有效维护农村集体经济组织成员权利的治理体系。

三、全面加强农村集体资产管理

（六）开展集体资产清产核资。这是顺利推进农村集体产权制度改革的基础和前提。要对集体所有的各类资产进行全面清产核资，摸清集体家底，健全管理制度，防止资产流失。在清产核资中，重点清查核实未承包到户的资源性资产和集体统一经营的经营性资产以及现金、债权债务等，查实存量、价值和使用情况，做到账证相符和账实相符。对清查出的没有登记入账或者核算不准确的，要经核对公示后登记入账或者调整账目；对长期借出或者未按规定手续租赁转让的，要清理收回或者补办手续；对侵占集体资金和资产的，要如数退赔，涉及违规违纪的移交纪检监察机关处理，构成犯罪的移交司法机关依法追究当事人的刑事责任。清产核资结果要向全体农村集体经济组织成员公示，并经成员大会或者代表大会确认。清产核资结束后，要建立健全集体资产登记、保管、使用、处置等制度，实行台账管理。各省级政府要对清产核资工作作出统一安排，从 2017 年开始，按照时间服从质量的要求逐步推进，力争用 3 年左右时间基本完成。

（七）明确集体资产所有权。在清产核资基础上，把农村集体资产的所有权确权到不同层级的农村集体经济组织成员集体，并依法由农村集体经济组织代表集体行使所有权。属于村农民集体所有的，由村集体经济组织代表集体行使所有权，未成立集体经济组织的由村民委员会代表集体行使所有权；分别属于村内两个以上农民集体所有的，由村内各该集体经济组织代表集体行使所有权，未成立集体经济组织的由村民小组代表集体行使所有权；属于乡镇农民集体所有的，由乡镇集体经济组织代表集体行使所有权。有集体统一经营资产的村（组），特别是城中村、城郊村、经济发达村等，应建立健全农村集体经济组织，并在村党组织的领导和村民委员会的支持下，按照法律法规行使集体资产所有权。集体资产所有权确权要严格按照产权归属进行，不能打乱原集体所有的界限。

（八）强化农村集体资产财务管理。加强农村集体资金资产资源监督管理，加强乡镇农村经营管理体系建设。修订完善农村集体经济组织财务会计制度，加快农村集体资产监督管理平台建设，推动农村集体资产财务管理制度化、规范化、信息化。稳定农村财会队伍，落实民主理财，规范财务公开，切实维护集体成员的监督管理权。加强农村集体经济组织审计监督，做好日常财务收支等定期审计，继续开展村干部任期和离任经济责任等专项审计，建立问题移交、定期通报和责任追究查处制度，防止侵占集体资产。对集体财务管理混乱的村，县级党委和政府要及时组织力量进行整顿，防止和纠正发生在群众身边的腐败行为。

四、由点及面开展集体经营性资产产权制度改革

（九）有序推进经营性资产股份合作制改革。将农村集体经营性资产以股份或者份额形式量化到本集体成员，作为其参加集体收益分配的基本依据。改革主要在有经营性资产的村镇，特别是城中村、城郊村和经济发达村开展。已经开展这项改革的村镇，要总结经验，健全制度，让农民有更多获得感；没有开展这项改革的村镇，可根据群众意愿和要求，由县级以上地方政府作出安排，先进行试点，再由点及面展开，力争用5年左右时间基本完成改革。农村集体经营性资产的股份合作制改革，不同于工商企业的股份制改造，要体现成员集体所有和特有的社区性，只能在农村集体经济组织内部进行。股权设置应以成员股为主，是否设置集体股由本集体经济组织成员民主讨论决定。股权管理提倡实行不随人口增减变动而调整的方式。改革后农村集体经济组织要完善治理机制，制定组织章程，涉及成员利益的重大事项实行民主决策，防止少数人操控。

（十）确认农村集体经济组织成员身份。依据有关法律法规，按照尊重历史、兼顾现实、程序规范、群众认可的原则，统筹考虑户籍关系、农村土地承包关系、对集体积累的贡献等因素，协调平衡各方利益，做好农村集体经济组织成员身份确认工作，解决成员边界不清的问题。改革试点中，要探索在群众民主协商基础上确认农村集体经济组织成员的具体程序、标准和管理办法，建立健全农村集体经济组织成员登记备案机制。成员身份的确认既要得到多数人认可，又要防止多数人侵犯少数人权益，切实保护妇女合法权益。提倡农村集

体经济组织成员家庭今后的新增人口，通过分享家庭内拥有的集体资产权益的办法，按章程获得集体资产份额和集体成员身份。

（十一）保障农民集体资产股份权利。组织实施好赋予农民对集体资产股份占有、收益、有偿退出及抵押、担保、继承权改革试点。建立集体资产股权登记制度，记载农村集体经济组织成员持有的集体资产股份信息，出具股权证书。健全集体收益分配制度，明确公积金、公益金提取比例，把农民集体资产股份收益分配权落到实处。探索农民对集体资产股份有偿退出的条件和程序，现阶段农民持有的集体资产股份有偿退出不得突破本集体经济组织的范围，可以在本集体内部转让或者由本集体赎回。有关部门要研究制定集体资产股份抵押、担保贷款办法，指导农村集体经济组织制定农民持有集体资产股份继承的办法。及时总结试点经验，适时在面上推开。

五、因地制宜探索农村集体经济有效实现形式

（十二）发挥农村集体经济组织功能作用。农村集体经济组织是集体资产管理的主体，是特殊的经济组织，可以称为经济合作社，也可以称为股份经济合作社。现阶段可由县级以上地方政府主管部门负责向农村集体经济组织发放组织登记证书，农村集体经济组织可据此向有关部门办理银行开户等相关手续，以便开展经营管理活动。发挥好农村集体经济组织在管理集体资产、开发集体资源、发展集体经济、服务集体成员等方面的功能作用。在基层党组织领导下，探索明晰农村集体经济组织与村民委员会的职能关系，有效承担集体经济经营管理事务和村民自治事务。有需要且条件许可的地方，可以实行村民委员会事务和集体经济事务分离。妥善处理好村党组织、村民委员会和农村集体经济组织的关系。

（十三）维护农村集体经济组织合法权利。严格保护集体资产所有权，防止被虚置。农村承包土地经营权流转不得改变土地集体所有性质，不得违反耕地保护制度。以家庭承包方式承包的集体土地，采取转让、互换方式流转的，应在本集体经济组织内进行，且需经农村集体经济组织等发包方同意；采取出租（转包）或者其他方式流转经营权的，应报农村集体经济组织等发包方书

面备案。在农村土地征收、集体经营性建设用地入市和宅基地制度改革试点中，探索正确处理国家、集体、农民三者利益分配关系的有效办法。对于经营性资产，要体现集体的维护、管理、运营权利；对于非经营性资产，不宜折股量化到户，要根据其不同投资来源和有关规定统一运行管护。

（十四）多种形式发展集体经济。从实际出发探索发展集体经济有效途径。农村集体经济组织可以利用未承包到户的集体“四荒”地（荒山、荒沟、荒丘、荒滩）、果园、养殖水面等资源，集中开发或者通过公开招投标等方式发展现代农业项目；可以利用生态环境和人文历史等资源发展休闲农业和乡村旅游；可以在符合规划前提下，探索利用闲置的各类房产设施、集体建设用地等，以自主开发、合资合作等方式发展相应产业。支持农村集体经济组织为农户和各类农业经营主体提供产前产中产后农业生产性服务。鼓励整合利用集体积累资金、政府帮扶资金等，通过入股或者参股农业产业化龙头企业、村与村合作、村企联手共建、扶贫开发等多种形式发展集体经济。

（十五）引导农村产权规范流转和交易。鼓励地方特别是县乡依托集体资产监督管理、土地经营权流转管理等平台，建立符合农村实际需要的产权流转交易市场，开展农村承包土地经营权、集体林权、“四荒”地使用权、农业类知识产权、农村集体经营性资产出租等流转交易。县级以上地方政府要根据农村产权要素性质、流转范围和交易需要，制定产权流转交易管理办法，健全市场交易规则，完善运行机制，实行公开交易，加强农村产权流转交易服务和监督管理。维护进城落户农民土地承包权、宅基地使用权、集体收益分配权，在试点基础上探索支持引导其依法自愿有偿转让上述权益的有效办法。

六、切实加强党对农村集体产权制度改革的领导

（十六）强化组织领导。各级党委和政府要充分认识农村集体产权制度改革的重要性、复杂性、长期性，认真抓好中央改革部署的贯彻落实，既要鼓励创新、勇于试验，又要把控方向、有历史耐心，切实加强组织领导，积极稳妥推进改革。要建立省级全面负责、县级组织实施的领导体制和工作机制，地方各级党委书记特别是县乡党委书记要亲自挂帅，承担领导责任。各地要层层分

解任务，落实工作措施，提出具体要求，创造保障条件，确保事有人管、责有人负，对于改革中遇到的矛盾和问题，要切实加以解决，涉及重大政策调整的，要及时向上级请示汇报，确保社会和谐稳定。

（十七）精心组织实施。农村集体产权制度改革工作由中央农村工作领导小组组织领导，农业部、中央农村工作领导小组办公室牵头实施。要梳理细化各项改革任务，明确任务承担单位，制定配套的分工实施方案，有关部门按职责抓好落实。各有关部门要加强调查研究和工作指导，及时做好政策评估，协调解决改革中遇到的困难和问题；农业等有关部门的干部要深入基层，加强政策解读和干部培训，编写通俗易懂的宣传材料，让基层干部群众全面了解改革精神和政策要求。加强监督检查，严肃查处和纠正弄虚作假、侵害集体经济组织及其成员权益等行为。注重改革的系统性、协同性，与正在推进的有关改革做好衔接，发挥改革的综合效应。

（十八）加大政策支持力度。清理废除各种阻碍农村集体经济发展的不合理规定，营造有利于推进农村集体产权制度改革的政策环境。农村集体经济组织承担大量农村社会公共服务支出，不同于一般经济组织，其成员按资产量化份额从集体获得的收益，也不同于一般投资所得，要研究制定支持农村集体产权制度改革的税收政策。在农村集体产权制度改革中，免征因权利人名称变更登记、资产产权变更登记涉及的契税，免征签订产权转移书据涉及的印花税，免收确权变更中的土地、房屋等不动产登记费。进一步完善财政引导、多元化投入共同扶持集体经济发展机制。对政府拨款、减免税费等形成的资产归农村集体经济组织所有，可以量化为集体成员持有的股份。逐步增加政府对农村的公共服务支出，减少农村集体经济组织的相应负担。完善金融机构对农村集体经济组织的融资、担保等政策，健全风险防范分担机制。统筹安排农村集体经济组织发展所需用地。

（十九）加强法治建设。健全适应社会主义市场经济体制要求、以公平为核心原则的农村产权保护法律制度。抓紧研究制定农村集体经济组织方面的法律，赋予农村集体经济组织法人资格，明确权利义务关系，依法维护农村集体经济组织及其成员的权益，保证农村集体经济组织平等使用生产要素，公平参与市场竞争，同等受到法律保护。抓紧修改农村土地承包方面的法律，赋予农民更加充分而有保障的土地权益。适时完善集体土地征收、集体经营性建设用地入市、宅基地管理等方面的法律制度。认真做好农村产权纠纷调解仲裁和司法救济工作。

中共北京市委　北京市人民政府《关于进一步深化乡村集体经济体制改革加强集体资产管理的通知》

（京发〔2003〕13号）

各区、县委，各区、县政府，市委、市政府各部委办局，各总公司，各人民团体，各高等院校：

近年来，本市乡村集体经济发展迅速，集体经济实力明显增强，对促进农村发展、实现农民富裕、保持社会稳定、加快现代化进程，发挥了十分重要的作用。但是，随着社会主义市场经济的深入发展和首都现代化进程的加快，在乡村集体经济体制和集体资产管理方式上，还存在一些亟待解决的问题，主要表现在：乡村集体经济组织产权改革滞后，集体经济缺乏活力；一些部门、单位随意侵占乡村集体资产，侵害农民利益；一些乡村集体经济组织基础管理工作薄弱，集体资产流失比较严重。为了深入贯彻十六大精神，推动农村经营体制创新，增强集体经济实力，加快率先基本实现农业现代化的步伐，现就进一步深化乡村集体经济体制改革、加强集体资产管理的有关问题通知如下：

一、进一步深化乡村集体经济产权制度改革，增强集体经济组织活力

乡村集体经济组织要通过产权制度改革，实现制度创新，真正成为产权明晰、农民入股、主体多元、充满生机和活力的市场主体。本市乡村集体经济产权制度改革的基本方向是“资产变股权、农民当股东”。乡村集体经济组织的存量资产通过民主程序，在留出一定数量的社会保障资金后，可以量化给本集体经济组织成员，作为其在本集体经济组织中占有的股份，并按照股份份额获取收益、承担风险。整建制撤村转居的乡村集体经济组织，存量资产要优先用于农民转居后的社会保障，剩余部分可以根据本集体经济组织成员的意愿，在

留出适量集体股后量化到个人。此项改革可以在集体经济组织资产较多、实力较强、发展前景较好、农民要求强烈以及具备其他条件的乡村先行试点，在取得经验的基础上逐步推进。

二、积极推进乡村集体资产经营方式改革，发展壮大集体经济实力

乡村集体经济组织要打破产权封闭、区域封闭的格局，实现开放式经营。要坚持实施资本引进和资本跟进战略，积极推进高起点、大范围、宽领域的资产重组，实现投资主体和经营方式的多元化。

要优化乡村集体经济的投资结构，提高资金使用效益。抓住发展机遇，大力培育符合现代农业和新型工业发展方向的主导产业，增强乡村集体经济的发展能力。乡村集体经济组织投资兴办企业或参股经营企业，要认真进行可行性论证，并经本集体经济组织成员大会或成员代表大会讨论决定。对于控股或者参股的企业，集体经济组织要按照企业章程选派出资者代表进入股东会、董事会和监事会，对企业运行情况实施有效的监督。乡村集体经济组织不得盲目从事高风险的投资经营。

要按照建立现代企业制度的要求，积极推进乡村集体企业改革。集体独资企业可以实行股份制、股份合作制或其他形式的合资合作经营，也可以进行租赁或拍卖。乡村集体企业的拍卖必须经本集体经济组织成员大会或成员代表大会讨论同意，并处理好债务债权，报乡（镇）人民政府批准。乡村集体企业的拍卖要坚持公开、公平、公正的原则，不得暗箱操作。拍卖所得资金属于乡村集体经济组织所有，用于偿还债务、投入优势企业或投资新办企业，也可以用于本集体经济组织成员的社会保障支出。

三、明确乡村集体资产管理主体，建立健全各项民主管理制度

乡村集体资产属于乡村集体经济组织内全体成员集体所有。乡村集体资产受法律保护，禁止任何组织或者个人侵占、哄抢、私分、破坏、平调或者非法

查封、扣押、冻结、没收。除按照国家有关政策安置迁入的移民外，未以土地、资金等生产资料投资加入乡村集体经济组织的农户，不享有集体资产所有权。集体经济组织成员转为城镇居民以后，以其对本集体经济组织的投资和劳动贡献，享有相应集体资产的所有权和收益权。

村集体经济组织是村一级集体资产的管理主体。尚未建立集体经济组织的行政村，可以由村委会行使集体资产管理主体的职能。要建立健全乡（镇）集体资产管理机构，负责乡（镇）一级集体资产的管理工作。

建立健全乡村集体资产的民主管理制度，是做好集体资产管理工作的治本之策。集体经济经营管理的重大问题，包括集体土地承包租赁、集体资产处置、重大项目投资和举债、年度财务预决算、年度收益分配等重大事项，须经本集体经济组织成员大会或成员代表大会民主讨论决定。乡村集体经济组织都要实行民主公开制度，通过多种形式，接受群众的监督。

四、稳定农村土地承包关系，规范乡村集体土地的征占管理

稳定和完善土地承包关系，是党的农村政策的基石，是保障农民权益、促进农业发展、保持农村稳定的制度基础。当前，要继续认真落实《中华人民共和国农村土地承包法》，赋予农民长期而有保障的土地使用权。农户承包地使用权流转要在坚持长期稳定家庭承包经营制度的前提下，按照依法、自愿、有偿的原则规范进行。农民自愿且具备条件的地区，在确保农民对集体土地承包权、收益权的前提下，可以试行承包权和经营权的分离，通过土地承包权作股、承包权作价、承包地出租、联户经营、农民与企业合作经营等形式，进行土地使用权的有偿流转，实行规模化、集约化经营，加快农民向二、三产业转移，为实现郊区工业化、城市化创造条件。

乡村集体土地对外承包、租赁，应当事先对承包方、承租方的资信情况和经营能力进行评估，经本集体经济组织成员大会或成员代表大会同意，并报乡（镇）人民政府批准。乡村集体土地对外承包、租赁，须以集体资产管理主体作为发包方或者出租方，其他任何单位和个人不得越权发包或者出租。土地承包金或者租金按年度收取的，可以列入当年收益分配；集中收取的，要分摊到

每个收益年度。

国家建设征用、占用乡村集体土地，应当严格依照法定程序办理征占手续，并按国家法律规定的补偿项目和补偿标准，给乡村集体经济组织和土地承包者以足额的补偿，同时做好劳动力的安置工作。任何单位或个人不得无偿征占农村集体土地，不得拖欠、截留和挪用乡村集体土地征占补偿收入，不得从集体经济组织土地补偿收入中提取分成。乡村集体土地征占收入中的集体所得实行专款专用，主要用于本集体经济组织成员的社会保障和公益事业支出，也可以投资入股兴办企业。

五、加强基础制度建设，推进乡村集体资产管理规范化

一是健全乡村集体资产的财务管理、会计核算和实物登记制度。定期进行清产核资，依法界定资产所有权。集体账内资产要做到账实相符，账外资产要建立统计台账。进一步改善乡村集体资产管理手段，逐步实行乡村集体资产经营管理的信息化。二是建立乡村集体资产的评估制度。乡村集体资产通过拍卖、租赁、股份制、股份合作制以及中外合资经营等方式发生所有权或者使用权转移时，必须进行资产评估。资产评估结果要经过乡村集体资产管理主体确认，并报区（县）农村合作经济经营管理部门备案。三是完善乡村集体经济组织的民主理财制度。乡村集体经济组织因扩大再生产确需大额举债的，应当进行可行性论证，并经本集体经济组织成员大会或成员代表大会讨论同意，非生产性投资不得举债。乡村集体经济组织不得为本组织以外的单位或者个人提供经济担保。除正常经济业务中发生的应收款项以外，不得将集体资金出借给外单位或者个人使用。乡村集体经济组织对应收款项等债权要积极催收，对确实无法追还的款项，经乡（镇）农村合作经济管理部门审核认定，由本集体经济组织成员大会或成员代表大会讨论同意后方可核销。未履行合法审批手续，任何人不得擅自减免应收款项。四是建立乡村集体经济组织干部经济责任审计制度。乡（镇）集体经济组织主要负责人离任，由区（县）农村合作经济经营管理部门负责审计。村集体经济主要负责人、行使村集体资产管理职能的村委会主任和乡村集体企业法人代表离任，由乡（镇）农村合作经济经营

管理部门负责审计。除上述部门审计外，也可以委托有资质的中介审计机构进行审计。未经审计不得办理离任手续。

六、加强组织领导，切实改进乡村集体经济体制改革和集体资产管理工作

各级党委和政府要充分认识深化乡村集体经济体制改革、加强集体资产管理的重要性和紧迫性，以邓小平理论为指导，按照“三个代表”重要思想的要求，切实把这项工作提到重要议事日程，加强组织领导，采取有力措施，切实扭转集体经济组织缺乏活力、集体资产管理不善的状况。要通过加强对集体资产的管理，使集体资产得到合理利用和有效保护，逐步建立起产权明晰、权责明确、民主监督、科学管理的集体资产管理体制和运行机制，激发乡村集体经济的生机和活力，增强集体经济实力。

各级农村合作经济管理部门要加强对乡村集体资产管理工作的指导，对乡村集体资产经营管理情况进行有效监督。健全农村合作经济经营管理机构，充实管理力量，保证必需的工作条件，保障其依法履行职责。

加强乡村集体经济组织经营者队伍建设，建立乡村集体经济组织主要负责人任职资格培训和岗位技能培训制度，提高他们发展集体经济、带领农民致富的能力。加强乡村财会队伍建设，提高他们的综合素质，充分发挥财会队伍的监督和保证作用。制定优惠政策，采取有效措施，吸引高素质人才到郊区企业和乡村集体经济组织工作，形成支撑加快郊区工业化、城市化进程的人才队伍，为乡村集体经济的发展提供重要保障。

中共北京市委北京市农村工作委员会《关于积极推进乡村集体经济产权制度改革的意见》

（京农发〔2004〕28号）

为了适应郊区农村城市化和市场经济发展的要求，保护集体经济组织成员合法权益，维护社会稳定，优化集体资产资源配置，增强集体经济实力，依据

有关法律法规和《市委、市政府关于进一步深化乡村集体经济体制改革，加强集体资产管理的通知》，提出以下意见。

一、充分认识集体经济产权制度改革的重要性，坚持改革的基本方向和原则

（一）充分认识乡村集体经济产权制度改革的重要性。推进乡村集体经济产权制度改革，是解决集体经济产权不清、管理不严、资产流失的现实要求，是使集体经济发展与农民致富增收紧密结合的根本途径，是建立社会主义市场经济体制的重要内容。通过产权改革，实现制度创新，探索公有制新的实现形式，塑造充满生机和活力的市场主体，使集体经济真正担负起带领农民共同富裕的责任。

（二）乡村集体经济产权制度改革的基本方向是"资产变股权、农民当股东"，建立起与市场经济接轨的产权清晰、权责明确、政企分开、管理科学的新型集体经济组织。

（三）乡村集体经济产权制度改革解放和发展社会生产力，壮大集体实力的原则；坚持保护集体经济组织及其成员合法财产权，维护农村社会稳定的原则；坚持尊重集体经济组织成员的民主权利，公开、公平、公正的原则；实事求是、因地制宜的原则。

（四）乡村集体经济产权制度改革，主要在城市化和工业化进程较快、集体经济实力较强、集体资产数额较大、农民群众又有强烈要求的乡村进行。鼓励和尊重农村基层干部群众的创造，因地制宜地确定改革形式。具体形式由集体经济组织成员大会或者成员代表大会讨论决定。

二、规范集体经济产权制度改革的程序

（五）进行集体经济产权制度改革，一般应当按照下列程序进行：

1. 成立改革机构和工作机构；

2. 集体经济组织召开成员大会或者成员代表大会，作出改革决议，并报

上级人民政府批准；

3. 开展集体资产清产核资或者资产评估；

4. 开展参加集体资产处置的人员登记和劳龄登记；

5. 集体经济组织召开成员大会或者成员代表大会，就改革方案进行讨论并作出决议；

6. 进行资产处置；

7. 建立新型集体经济组织，召开股东大会或股东代表大会，讨论通过本组织《章程》，选举产生董事会、监事会成员；

8. 按照《章程》规定，召开相关会议，决定重大事项；

9. 进行新型集体经济组织的相关登记，建立相关档案。

在具体操作过程中，上述程序中的第2、第5项可以合并进行，第3、第4项可以同时进行。

三、明确集体资产所有权

（六）乡村集体资产的产权界定，按照《北京市农村集体资产管理条例》的有关规定执行。处置集体资产前，必须进行清产核资或资产评估，结果要向本集体经济组织成员大会或成员代表大会报告并得到确认。

（七）明确集体土地所有权、经营权和收益权。集体土地等资源性资产归现有集体经济组织成员共同所有。依法属于集体所有的农用土地，按照《农村土地承包法》规定的范围，落实农户土地承包经营权，保障农户土地收益。

依法属于集体所有的建设用地，经营收益和征占收入归本集体经济组织成员所有。区别不同情况，按照会计准则纳入账内核算或登记备案。

（八）乡村集体经济组织要按照市委、市政府《关于积极推进农户土地承包经营权确权和流转的意见》的有关规定，合理确认本组织成员身份。本行政区域范围内各村集体经济组织作为乡镇集体经济组织的团体成员。没有村集体经济组织的乡镇，集体经济组织成员为依法享有集体资产所有权的个人。

原集体经济组织成员已经通过农转非、户口迁移等不再是本集体经济组织成员的，依据其对本集体经济组织的投资和劳动贡献，享有相应的集体资产所有权。

四、妥善处置集体资产，建立社区股份合作制的新型集体经济组织

（九）进行产权制度改革的村集体经济组织，应当对本组织的现有成员、自合作化以来户口在村并参加本集体经济组织生产劳动的人员、劳动工龄等进行认真登记、清查，并张榜公布，三榜定案。

（十）劳动工龄计算起点为全村实现合作化的年份，截止日期（改制之日）应与清产核资或资产评估的时点相一致，具体日期由集体经济组织成员大会或成员代表大会决定。

（十一）处置原始入社股金。农村合作化初期集体经济组织成员投入的股金属于原入股人所有。原始入社股金按照本金的15倍折算成1999年的现值；1999年后，按照历年一年期定期个人银行存款复利将本金原值折算成改制之日的现值。根据本人意愿，并经集体经济组织民主决定，原始入社股金折算的现值，可以转化为新型集体经济组织的股份，也可以现金全额一次性兑现。原入股人死亡的，原始入社股金由其法定继承人按法定顺序继承。没有继承人的，列入社区股份合作经济组织的集体股。

（十二）处置原集体经济组织成员应享有的集体资产。包括应享有的转居转工时集体公积金、公益金和征地补偿费等集体资产的份额，并按照劳动工龄具体确定每个人的份额。根据本人意愿并经集体经济组织成员大会或成员代表大会决定，这部分资产可以现金全额一次性兑现；可以作为新型集体经济组织的债务，签订还款协议，分期偿还；也可以转化为新型集体经济组织的个人优先股。

（十三）扣除原始入社股金和原集体经济组织成员的资产份额以后的集体净资产的处置办法：

1. 集体股。根据实际需要，由本集体经济组织成员民主决定集体股比例，用于处置遗留问题、可能需要补缴的费用、本集体经济组织成员社会保障支出和一些必要的社会性支出。

2. 个人股为本集体经济组织成员（包括征地转费后未分配征地款、未领取劳动力安置费、由村集体经济组织安置的留职人员），按照投资和劳动工龄

量化的股份。

（十四）个人优先股享有优先收益权和优先资产处置权，不参与新型集体经济组织的经营管理。

（十五）落实农户土地承包经营权。依据《农村土地承包法》，落实农户土地承包权，并建立流转机制，转化为新型集体经济组织的股权，实行专业化适度规模经营，经营收益按股分红。股份比例和收益分配办法由本集体经济组织民主决定。

（十六）新型集体经济组织根据需要可以设置本集体经济组织成员的个人现金股。

（十七）乡镇集体经济组织进行产权制度改革，可以参照本意见实行股份合作制改革，也可以依法组建有限责任公司或股份有限公司。

（十八）在乡村集体经济产权制度改革中，因产权界定、资产处置引起的纠纷，由区县的改革领导机构进行调解；调解无效的，按照法律诉讼程序解决。

五、强化经营管理，建立现代企业制度

（十九）乡村集体经济产权制度改革，关键是通过体制创新和制度创新，实行管理体制和经营机制的根本性转变，创造农村集体经济新的实现形式，塑造充满生机和活力的市场主体。要按照现代企业制度要求，建立股东大会或股东代表大会、董事会和监事会等机构，实行民主管理、科学决策，建立健全激励与约束相结合的运行机制。

实行股份合作制改革的乡村集体经济组织，有关机构设置、财务会计与收益分配、合并、分立与解散清算等事宜，由本组织《章程》作出规定。

采取有限责任公司或股份有限公司形式进行改革的，要严格执行《中华人民共和国公司法》的有关规定。

（二十）乡村集体经济组织在进行产权制度改革后，要不断深化所属企业的产权制度改革和集体资产经营体制的创新，采取多种方式盘活集体资产，广泛开展招商引资，优化资源配置，提高集体资产经营效益。

（二十一）乡村集体经济组织应改革劳动用工制度，为本集体经济组织成员提供就业培训和就业指导，鼓励本集体经济组织成员通过多种渠道自主创业。集体企业的就业岗位，要优先录取本组织成员就业。

（二十二）乡村集体经济组织应建立和完善社会保障制度。具备条件的，逐步实现与城镇居民社会保障制度接轨；暂不具备条件的，要根据实际情况，量力而行，探索多种形式，为股东提供养老、医疗、失业等社会保障。

（二十三）乡村集体经济组织应加强管理和制度建设。建立健全内部控制制度，实行财务公开、民主理财，在开展内部审计监督的同时，接受农村集体资产管理部门的审计监督。

六、加强组织领导，确保改革健康推进

（二十四）各级党委和政府要加强对乡村集体经济产权制度改革工作的领导。改革要坚持条件、试点先行、稳步推进，防止一哄而起、急于求成。由区县主管领导牵头建立相关部门参加的领导小组，并设立专门的工作小组，对区县的产权制度改革进行协调指导。进行产权制度改革的乡村集体经济组织，要在同级党组织的领导下，成立由乡村集体经济组织负责人、成员代表和乡镇有关部门工作人员组成的产权制度改革工作组，具体负责改革工作。

（二十五）乡村集体经济产权制度改革工作应依照有关法规和政策，结合本地实际，认真制定本组织产权制度改革方案、拟定组织章程，并采取多种形式广泛征求集体经济组织成员的意见，反复宣传集体经济产权制度改革的目的、意义和相关政策，使广大干部群众统一思想，提高认识。

（二十六）进行乡村集体经济产权制度改革，要充分尊重群众意愿，发扬群众的首创精神。改革过程中要坚持履行民主程序，广泛听取群众意见，实行民主决策和民主监督。

（二十七）因征地拆迁整建制撤销乡村行政管理体制和集体经济组织的，集体资产要优先用于农民的社会保障和就业安置，剩余资产可以参照本意见的有关规定进行分配。

（二十八）本意见发布之前进行产权制度改革的乡村集体经济组织，资产

处置和股权量化以及股权设置办法与本意见规定不同的，不再重新处置。

各区县可以根据本意见精神，结合本地实际，制定具体实施办法。

上海市人民政府《关于推进本市农村集体经济组织产权制度改革的若干意见》

（沪府发〔2014〕70号）

为全面贯彻落实党的十八大和十八届三中全会精神，赋予农民更多的财产权利，实现城乡要素平等交换，激发农村经济社会活力，健全农村治理机制，促进农村社会和谐，按照《中共上海市委上海市人民政府印发〈关于加快本市农村集体经济组织改革发展的若干意见（试行）〉的通知》（沪委发〔2012〕7号）的要求，现就推进本市农村集体经济组织产权制度改革提出如下若干意见：

一、总体要求和目标任务

（一）总体要求。本市农村集体经济组织产权制度改革的范畴是非资源性集体资金资产。推进农村集体经济组织产权制度改革，要以维护集体经济组织和成员合法权益为核心，以创新集体经济有效实现形式为手段，以确立农村集体资金资产运营管理新机制为要求，建立归属清晰、权责明确、保护严格、流转规范、监管有力的农村集体经济组织产权制度，实现农村集体经济可持续发展，农民财产性收入不断增加。

（二）目标任务。到2020年，本市村级集体经济组织产权制度改革应改尽改，确保全面完成；乡镇级集体经济组织产权制度改革明显推进。改制后的集体经济组织要完善适应市场经济要求的组织治理结构，健全集体资产监管体制和运营机制，形成集体资产保值增值的发展模式，建立成员财产性收入长效增收机制。

到2017年，基本完成村级集体经济组织产权制度改革；有序推进乡镇级集体资产产权界定，积极开展乡镇级集体经济组织产权制度改革试点，加强对乡镇级集体资产监督管理，基本建立组织治理结构，为推进产权制度改革创造有利条件。

改革后组建的社区股份合作社、有限责任公司要建立成员代表会议、董事会和监事会等法人治理结构；组建的农村社区经济合作社要建立健全成员代表会议、理事会和监事会等组织治理结构，充分保障集体经济组织成员的知情权、参与权、决策权和监督权。

创新农村集体资产监管体制和运营机制。村级集体经济组织要全面实行财务收支预决算、财务公开、离任和重大项目审计等制度，乡镇集体经济组织要着力强化资产监管、清产核资、台账管理、财务公开和审计监督，确保农村集体经济健康持续发展。

促进农村集体资产特别是经营性资产的保值增值，探索在市场经济条件下农村集体经济发展的新途径。村级集体经济组织要形成以物业租赁为主的盈利模式，乡镇集体经济组织在自身发展的同时，还可受托管理村级集体组织资金资产，鼓励村级集体经济组织以入股等形式参与经济开发，实现集体经济抱团发展。

改革后的集体经济组织要建立成员收益分配机制，在效益决定分配的前提下，形成成员财产性收入的长效增收机制，促进农民可支配收入持续增长。

二、基本原则

（一）坚持集体所有。农村集体经济属于全体成员所有，具有合作性、区域性和排他性等基本属性。改革农村集体经济组织产权制度要维护农村集体经济组织成员的合法权益，防止集体经济被侵占支配，防止农村集体经济被外部资本吞并控制。

（二）坚持因地制宜。推进农村集体经济组织产权制度改革的乡镇、村要根据本地经济社会发展实际情况，选择有限责任公司、社区股份合作社和农村社区经济合作社等组织形式，建立组织治理结构。撤制村原则上不设立集体股，未撤制的村及乡镇可设立一定比例的集体股，主要用于本区域公益事业等开支。不得设立干部股。

（三）坚持农龄为主要依据。农村集体资金资产是其成员长期劳动积累形成的成果。新型集体经济组织要以农龄为主要依据，确定成员所占集体资产的份额，并以此作为收益分配的主要依据。

（四）坚持公开、公平、公正。改制工作要实行全过程公开，接受群众监督。要充分尊重群众的意愿，坚持民主决策，确保集体经济组织成员对农村集体经济组织产权制度改革的知情权、参与权、表达权和监督权，将公开、公正、公平精神贯穿于改革的始终。

（五）坚持效益决定分配。年度收益分配要依据当年的经营收益情况，确定合理的分配比例，并建立以丰补歉机制。无效益不分配，严禁举债分配。分配方案经上级农经管理部门审核，并经成员代表会议通过后实施。

三、具体措施

（一）提高思想认识。推进产权制度改革，是维护农民集体经济组织和成员权益、让农民共享改革开放成果的有力举措，是深化农村改革、增强农村发展活力的重要前提，是发展壮大集体经济、构建农民增收长效机制的有效途径。要深化对推进农村集体经济产权制度改革重要性、紧迫性和必要性的认识。有关区县和部门要切实增强组织、参与产权制度改革的自觉性和能动性，以更大的力度、更有效的举措，推进本市农村集体经济组织产权制度改革。

（二）强化政策扶持。要进一步落实本市关于促进农村集体经济组织产权制度改革发展的各项政策措施。认真执行并用足用好国家规定的相关税费政策。改制后新型集体经济组织办理工商登记的，依照国家规定免除相关费用；在办理房地产登记时，可凭契税优惠证明，相应减免交易手续费。农村集体资产产权在同一农村集体经济组织内部变动的，可持区县农村集体资产管理部门批准文件办理相关登记手续。有关区县对完成改革的乡镇、村集体经济组织要按照有关规定给予奖补；各级财政部门要增加对改革后农村社区公共管理和服务的投入，完善村级组织运转经费保障机制。要盘活土地资源。对符合规划、已完成农村集体土地所有权确权登记并按照有关规定办理了房地产登记的集体建设用地，可按照法定程序对地上建筑物进行改造和开发经营，保护权利人合法权益。支持利用集体建设用地建设租赁住房试点，并按照有关规定加强管理。

（三）完善治理结构。进一步推动新型集体经济组织健全治理结构。要根据合作社（公司）章程，不断完善社区股份合作社、有限责任公司的成员代表会议、董事会和监事会等法人治理结构。选举建立社区经济合作社成员代表会议制度和理事会、监事会并规范运作，特别是村经济合作社和乡镇经济联合社的理事长要在具有集体经济组织成员资格的人选中选举产生。对目前暂由党政领导干部兼任乡镇集体经济组织理事长的，乡镇要在过渡期内加强人才培养和选拔工作，过渡期满后按照章程改选理事长。

（四）理顺村经关系。在实行撤制村队的改制地区，原村委会承担的基本公共事务职能转交相应的居委会，并逐步实现相关费用纳入居委会财政支出予以保障。在不撤制村队的改制地区，要创造条件，实行分账管理。区县、乡镇经济条件较好的，可依据村委会主要承担基本公共事务职能的要求，相关费用逐步由财政予以保障；新型集体经济组织承担经济职能，主要负责集体资产经营管理，并按章程提取相应经费，用于本村公益事业支出。要重点加强经济账目管理，做到村委会与村经济组织进出账目清晰。要规范财务收支行为，建立相关审批制度，充分遵循民主程序，严格执行财经纪律。

（五）加强资产监管。要强化乡镇集体资产监督管理委员会的监督职能，凡涉及本乡镇级集体资产的重大事项，均须经乡镇集体资产监督管理委员会集体决策后实施。乡镇集体资产监督管理委员会要督促农村集体经济组织建立健全相关制度，并对制度执行情况实施评估。凡涉及农村改制中的相关问题要统筹协调解决，维护农村集体经济组织合法权益。要深化本市农村集体“三资”公开和监管。进一步发挥已建成的“三资”监管平台作用，抓紧将产权明晰的乡镇集体资产纳入“三资”监管平台，实现对乡镇集体资产的公开和公示。要把农村集体经济组织产权制度改革相关信息纳入监管平台，接受成员的监督。要加强农经管理队伍建设，落实工作经费，加强实名制管理，防止挤占挪用编制。要优化队伍结构，加强业务培训，提高人员素质，努力建设政治坚定、业务精通、作风优良的农经管理队伍。

（六）促进经济发展。要及时总结、推广各种不同类型促进农村集体经济发展的成功案例、经验。要在风险可控的前提下，利用市场信息、资金、人才、科技等要素，结合自身优势，发展农村集体经济。要抓紧培养素质好、懂市场、会管理、高素质的集体经济组织本土管理人才。有条件的地方，在强化监管的前提下，可聘用职业经理人，提高经营管理水平。

四、组织保障

（一）加强组织领导。农村集体经济组织产权制度改革是一项系统工程，事关农村发展全局。市和有关区县建立农村集体经济组织产权制度改革领导小组，组织审定改革方案，协调推进改革工作。各有关区县要切实把农村集体经济组织产权制度改革作为全面深化农村改革的重中之重，列入重要议事日程，制订改革方案，报市农村集体经济组织产权制度改革领导小组评估审核。要采取有力措施，实行区县、乡镇主要领导负责制，层层落实领导责任。各有关区县要深入调查研究，制定切实可行的时间表与路线图，确保改革扎实推进。

（二）加强协调配合。农村集体经济组织产权制度改革涉及面广、政策性强，各级相关部门要各司其职，密切配合，通力协作，积极参与改革，主动支持改革，形成改革合力。各群众团体和社会组织要发挥各自作用，为推进改革贡献力量。要加强舆论宣传，努力营造有利于农村集体经济组织产权制度改革的良好氛围。

（三）加强指导服务。各有关区县要充分发挥乡镇集体资产监督管理委员会的作用，加强对农村集体资产的有效监管，扶持农村集体经济发展壮大，并对改革后农村集体经济组织进行备案、审验、变更管理。要认真总结推进农村集体经济组织产权制度改革的经验和做法，及时发现并协调解决基层改革中出现的新情况、新问题，切实加强对农村集体经济组织产权制度改革的指导和服务。市和有关区县要建立推进农村产权制度改革宣讲团，加强培训工作，提高指导改革发展的能力和水平。

（四）加强监督检查。要切实加强对农村集体经济组织产权制度改革工作的监督、检查，充分发挥农村集体经济组织成员民主监督的作用，建立健全农村审计监督工作机制，确保改革在公开透明的环境下运行。要组织力量对农村集体经济组织产权制度改革的全过程进行监督检查。发现改革中弄虚作假、敷衍了事、侵害集体经济组织及其成员权益等违纪违规行为，要严肃查处。

附录二　关于征地补偿安置

《北京市建设征地补偿安置办法》

（北京市人民政府令第148号）

第一章　总　则

第一条　为了保护被征地农村村民、农村集体经济组织和征地单位合法权益，促进首都经济发展，维护社会稳定，根据《中华人民共和国土地管理法》《中华人民共和国劳动法》等有关规定，结合本市实际情况，制定本办法。

第二条　本市行政区域内依法征用农民集体所有土地的，依照本办法进行补偿安置。

第三条　市土地行政主管部门负责征地补偿管理工作；市劳动保障行政主管部门负责转非劳动力就业和社会保险管理工作；市民政部门负责超转人员管理工作。区、县土地、劳动保障、民政部门按照分工负责本行政区域内征地补偿安置具体管理工作。

公安、农村工作等部门应当按照各自的职责对征地补偿安置工作实施管理。

区、县人民政府应当对本行政区域内的征地补偿安置工作实施监督管理。乡镇人民政府应当协助做好征地补偿安置工作。

第四条　本市征地补偿安置工作坚持公开的原则，征地补偿费由征地双方依法协商确定。

第五条　经批准征用农民集体所有土地的单位（以下简称征地单位）应当支付征地补偿费。征地补偿费应当按时、足额支付到位。

本市征地补偿费实行最低保护标准制度。

第六条　任何单位和个人不得侵占、挪用征地补偿费用和其他有关费用。

第七条　农村集体经济组织和村民委员会应当按照本办法规定做好征地补

偿安置中相应工作。

第二章　征地补偿

第八条　征地单位支付的征地补偿费包括土地补偿费和安置补助费。涉及青苗和其他土地附着物的，还应当向所有权人支付青苗补偿费和其他土地附着物补偿费。

青苗是指尚未收获的农作物。其他土地附着物包括房屋、水井、道路、管线、水渠等建筑物、构筑物以及林木和其他经济作物等。

第九条　征地补偿费最低保护标准由市土地行政主管部门以乡镇为单位结合被征地农村村民的生活水平、农业产值、土地区位以及本办法规定的人员安置费用等综合因素确定，报市人民政府批准后公布执行。

征地补偿费最低保护标准应当根据社会、经济发展水平适时调整。

第十条　征地单位与被征地农村集体经济组织或者村民委员会应当在不低于本市征地补偿费最低保护标准的基础上，协商签订书面征地补偿安置协议。协议应当包括补偿方式、补偿款金额及支付方式、安置人员数量及安置方式、青苗及土地附着物补偿、违约责任和纠纷处理方式等内容。

签订协议前，被征地农村集体经济组织或者村民委员会应当就协议主要内容经村民大会或者村民代表大会等民主程序形成书面决议。决议应当妥善保存。签订协议后，农村集体经济组织或者村民委员会应当向农村村民公示征地补偿安置协议。

第十一条　土地行政主管部门应当对农村集体经济组织或者村民委员会在签订征地补偿安置协议前是否履行民主程序、征地双方达成协议的内容是否符合法律规定进行监督，并可就监督内容听取农村村民意见。

土地行政主管部门在向批准征地机关报送征用土地方案时，应当附具征地双方签订的征地补偿安置协议。

第十二条　区、县人民政府应当自收到征用土地批准文件之日起 10 日内在被征地的乡镇、村进行征地公告。征地公告的内容应当包括批准机关、批准时间、批准文件名称和文号，被征地范围、地类、土地面积，征地单位、项目名称、征后用途，双方协议的征地补偿款金额和人员安置方式等内容。

第十三条 征地单位应当将征地补偿费专户存储，接受土地行政主管部门的监督，依法支付。

征地补偿费监管的具体办法，由市土地行政主管部门规定并公布。

第十四条 征地补偿费用于人员安置后，其余部分作为土地补偿费支付给被征地的农村集体经济组织或者村民委员会，用于农村村民生产生活。

农村集体经济组织或者村民委员会应当依法公开土地补偿费和安置补助费的使用情况，接受监督。

第十五条 征地双方经协商可以实行非货币补偿。在符合规划的前提下，征地单位可以在征用范围内留出部分土地由农村集体经济组织或者村民委员会使用，作为征地补偿。

第十六条 青苗补偿按照1季产值计算，但多年生的农作物青苗按照1年产值计算。

林木的补偿按照本市有关规定执行。

其他经济作物的补偿，由征地双方根据经济作物生长情况协商确定；协商不成的，可以委托评估机构参照届时市场价格评估确定。

第十七条 拆迁住宅房屋的，按照《北京市集体土地房屋拆迁管理办法》执行。

拆迁非住宅房屋和其他建筑物、构筑物的，按照重置成新价格予以补偿；公益公共设施确需迁建的，应当迁建。拆迁经营性用房造成停产停业经济损失的，应当按照规定给予一次性停产停业补助费。

拆迁未超过批准期限的临时建筑，按照重置成新价格予以适当补偿；超过批准期限的临时建筑和违法建设，不予补偿。

第十八条 违法建设、违法占用土地的，涉及的土地附着物不予补偿。征地公告发布后，在征地范围内新种植的青苗、经济作物、林木等，不予补偿。

第三章 人员安置

第十九条 征用农民集体所有土地的，相应的农村村民应当同时转为非农业户口。应当转为非农业户口的农村村民数量，按照被征用的土地数量除以征地前被征地农村集体经济组织或者该村人均土地数量计算。应当转为非农业户口的农村村民人口年龄结构应当与该农村集体经济组织的人口年龄结构一致。

第二十条 农村集体经济组织或者村民委员会应当自征地公告之日起60日内确定应当转为非农业户口人员、转非劳动力、超转人员名单，向农村村民公示，并分别报区、县公安、劳动保障和民政部门。各有关部门应当依照职责办理相关手续。

超转人员安置办法依照市人民政府有关规定执行。

第二十一条 不满16周岁的未成年人及16周岁以上正在接受义务教育和学历教育的学生，只办理转为非农业户口的手续，不享受本办法规定的转非劳动力安置补偿待遇。

第二十二条 依照本办法第十五条规定实行非货币补偿的，农村集体经济组织或者村民委员会应当保证转非劳动力和超转人员安置补偿所需费用。

第四章 就业促进

第二十三条 转非劳动力的就业应当坚持征地单位优先招用、劳动者自主择业、政府促进就业的方针。

第二十四条 征地单位招用人员时，应当优先招用转非劳动力。乡镇企业、农村集体经济组织有条件的，可以吸纳转非劳动力就业。

鼓励用人单位招用转非劳动力。

第二十五条 公共就业服务机构应当为转非劳动力提供职业指导、职业介绍、职业技能培训等促进就业服务。

第二十六条 转非劳动力在征地时被单位招用的，征地单位应当从征地补偿款中支付招用单位一次性就业补助费；转非劳动力自谋职业的，一次性就业补助费支付给本人。

第二十七条 一次性就业补助费不低于下列标准：

（一）转非劳动力年满30周岁、不满40周岁的，为征地时本市月最低工资标准的60倍；

（二）转非劳动力男年满55周岁、女年满45周岁的，为征地时本市月最低工资标准的48倍，年龄每增加1岁递减六分之一，至达到国家规定的退休年龄时止；

（三）其他转非劳动力为征地时本市月最低工资标准的48倍。

第二十八条 依照本办法第二十六条规定招用转非劳动力的单位，应当按照劳动管理法律、法规、规章的规定，对转非劳动力实行同工同酬、进行岗前职业技能培训等，并遵守下列规定：

（一）与转非劳动力签订劳动合同，并到土地所在区、县劳动保障部门办理招聘备案手续。转非劳动力要求签订无固定期限合同的，应当与其签订无固定期限劳动合同，并不得约定试用期。

（二）与转非劳动力履行劳动合同未满5年且转非劳动力未达到国家规定退休年龄的，解除或终止劳动合同时，每少履行1年，一次性就业补助费按照五分之一的比例返还给转非劳动力，不足1年的，按1年计算。

第二十九条 转非劳动力自谋职业的，应当与乡镇人民政府、农村集体经济组织或者村民委员会签订自谋职业协议并经公证机关公证。

按照前款规定签订自谋职业协议后，转非劳动力应当办理就业登记手续，将档案转到市或者区、县职业介绍服务中心，并按照国家和本市规定缴纳各项社会保险费。

第三十条 转非劳动力失业的，可以将本人档案转到户籍所在地的区、县失业保险经办机构，并办理失业登记、申领失业保险金手续。有关部门应当按照规定为其发放《北京市再就业优惠证》。

失业的转非劳动力和招用失业转非劳动力的单位，享受本市促进就业的各项优惠政策。

第三十一条 正在服有期徒刑或者被劳动教养的转非劳动力，其一次性就业补助费可以支付给其委托的人，也可以先由农村集体经济组织或者村民委员会代为保管，待其刑满释放或者解除劳动教养后一次性全额支付给本人。

第三十二条 转非劳动力的档案由农村集体经济组织或者村民委员会负责建立。档案中应当有转非劳动力登记表及相关材料，自谋职业的还应当有经公证的自谋职业协议书。

第五章 社会保险

第三十三条 自批准征地之月起，转非劳动力应当按照国家和本市规定参加各项社会保险，并按规定缴纳社会保险费。

农村集体经济组织或者村民委员会应当在转非劳动力办理转为非农业户口手续后 30 日内，到所在区、县社会保险经办机构为其办理参加社会保险手续，补缴社会保险费。

转非劳动力补缴的社会保险费，由征地单位从征地补偿费中直接拨付到其所在区、县社会保险经办机构。

第三十四条 转非劳动力达到国家规定的退休年龄时，累计缴纳基本养老保险费满 15 年及其以上的，享受按月领取基本养老金待遇。基本养老金由基础养老金和个人账户养老金两部分组成。基础养老金按照本人退休时上一年本市职工月平均工资的 20% 计发；个人账户养老金按照个人账户累计储存额的一百二十分之一计发。转非劳动力按月领取的基本养老金低于本市基本养老金最低标准的，按照最低标准发放，并执行基本养老金调整的统一规定。

转非劳动力达到国家规定的退休年龄时，累计缴纳基本养老保险费不满 15 年的，不享受按月领取基本养老金待遇，其个人账户储存额一次性支付给本人，并终止养老保险关系。

第三十五条 依法批准征地时，转非劳动力男年满 41 周岁、女年满 31 周岁的补缴 1 年基本养老保险费；年龄每增加 1 岁增补 1 年基本养老保险费，最多补缴 15 年。

补缴基本养老保险费以依法批准征地时上一年本市职工平均工资的 60% 为基数，按照 28% 的比例一次性补缴。补缴后，由社会保险经办机构按照 11% 的比例一次性为其建立基本养老保险个人账户。

第三十六条 转非劳动力达到国家规定的退休年龄时，基本医疗保险累计缴费年限男满 25 年、女满 20 年且符合按月领取基本养老金条件的，办理退休手续后按规定享受退休人员基本医疗保险待遇；不符合上述条件的不享受退休人员基本医疗保险待遇，个人账户余额一次性支付给本人。

第三十七条 依法批准征地时，转非劳动力男年满 31 周岁的补缴 1 年基本医疗保险费，至年满 51 周岁前每增加 1 岁增补 1 年，最多补缴 10 年；年满 51 周岁的补缴 11 年基本医疗保险费，至退休前每增加 1 岁增补 1 年，最多补缴 15 年。

依法批准征地时，转非劳动力女年满 26 周岁的补缴 1 年基本医疗保险费，至年满 41 周岁前每增加 1 岁增补 1 年，最多补缴 5 年；年满 41 周岁补缴 6 年基本医疗保险费，至退休前每增加 1 岁增补 1 年，最多补缴 10 年。

补缴基本医疗保险费以依法批准征地时上一年本市职工平均工资的 60% 为基数，按照 12% 的比例一次性补缴。补缴后，由社会保险经办机构将其中 9% 划入统筹基金、1% 划入大额医疗互助资金、2% 划入个人账户。

第三十八条 转非劳动力按本办法第三十五条规定一次性补缴基本养老保险费的，其补缴基本养老保险费年限视同基本医疗保险缴费年限，但最多视同 10 年缴费年限。

第三十九条 转非劳动力按照本办法第三十七条规定补缴基本医疗保险费后，在达到国家规定的退休年龄前继续缴纳基本医疗保险费的，享受当期基本医疗保险待遇；不继续缴纳基本医疗保险费的，不享受当期基本医疗保险待遇。

第四十条 依法批准征地时，转非劳动力年满 16 周岁的补缴 1 年失业保险费，至达到国家规定的退休年龄前，每增加 1 岁增补 1 年，最多补缴 20 年。补缴失业保险费以依法批准征地时上一年本市职工平均工资的 60% 为基数，按照 2% 的比例一次性补缴。

转非劳动力失业后，按照规定享受失业保险待遇。但其在领取失业保险金期间自谋职业的，不执行一次性领取失业保险金的规定。未领取失业保险金的期限予以保留，与再次失业后应当领取失业保险金的期限合并计算。

第四十一条 转非劳动力中的复员退伍军人，其在军队工作的年限视同社会保险费缴费年限。

参加了城镇企业农民工社会保险的转非劳动力，其参加农民工社会保险的时间计算为缴费年限。但已一次性领取养老保险费、一次性生活补助费的，不计算养老保险和失业保险的缴费年限。

第四十二条 正在服有期徒刑或者被劳动教养的转非劳动力，其补偿安置适用本章有关规定。

第六章　法律责任

第四十三条　侵占、挪用征地补偿费用和其他有关费用的，由上级机关或者监察部门依法给予行政处分；构成犯罪的，依法追究刑事责任。

第四十四条　土地、劳动保障、民政、公安等有关管理部门不依法履行职责的，由其上级主管部门责令限期改正，逾期不改正的，依法追究主管责任人员和其他直接责任人员的行政责任。

第七章　附　则

第四十五条　本办法所称下列名词的含义是：

转非劳动力是指征地转为非农业户口且在法定劳动年龄范围内具有劳动能力的人员，不包括16周岁以上正在接受义务教育和学历教育的学生。

超转人员是指征地转为非农业户口且男年满60周岁、女年满50周岁及其以上的人员和经认定完全丧失劳动能力的人员。

以上年龄计算以依法批准征地之日为准。

第四十六条　农村村民转为非农业户口后，不丧失对农村集体经济组织积累应当享有的财产权利。

第四十七条　国家对大中型水利、水电工程建设征地补偿另有规定的，从其规定。

第四十八条　本办法自2004年7月1日起实施，1993年10月6日市人民政府发布的《北京市建设征地农转工人员安置办法》同时废止。

上海市规划和国土资源管理局《关于切实做好征地补偿安置管理工作的通知》

（沪规土资综规〔2015〕319号）

各区县规划和土地管理局，市建设用地和土地整理事务中心：

为切实做好本市征地补偿安置管理工作，完善征地补偿制度，根据国务院《关于深化改革严格土地管理的决定》（国发〔2004〕28号）、国土资源部《关于完善征地补偿安置制度的指导意见》（国土资发〔2004〕238号）和

《上海市实施〈中华人民共和国土地管理法〉办法》等有关规定，提出如下意见，请遵照执行。

一、征地的补偿标准

（一）土地补偿费、青苗和地上附着物的补偿标准按市政府有关规定执行。

（二）农村居住房屋与共同举办企业的非居住房屋的补偿标准，按照《上海市征收集体土地房屋补偿暂行规定》（沪府发〔2011〕75号）执行。

（三）征地费用中的安置补助费按照国家及本市的相关规定执行，首先用于落实被征地人员的社会保障。

（四）征地撤销村队建制的集体资产处置按照国家及本市的相关规定执行。

二、征地补偿安置的工作程序

（一）在征地依法报批前，区（县）规划土地管理部门应当将拟征地的用途、位置、补偿标准、安置途径等，以书面形式告知被征地农村集体经济组织和农户。

对于规划选址确定后拟征地告知前发生的不当增加补偿费用行为和拟征地告知后发生的抢栽、抢种、抢建行为，涉及的财物征地时一律不予补偿。

（二）区（县）征地事务机构应当对拟征土地的权属、地类、面积以及地上附着物权属、种类、数量等现状进行调查，调查结果应与被征地农村集体经济组织、农户和地上附着物产权人共同确认。调查结果应当在征地范围内公布。

（三）征地依法批准后，区（县）规划土地管理部门应当按照《征收土地公告办法》规定公告征地批准事项。除涉及国家保密规定等特殊情况外，征地批准事项应当网上公告。

（四）区（县）规划土地管理部门应当根据征收土地的批准文件，在征地公告之日起45日内以被征收土地的所有权人为单位拟订征地补偿安置方案，并按照《征收土地公告办法》规定公告。被征地农村集体经济组织和农户提出申请听证的，区（县）规划土地管理部门应当按照《国土资源听证规定》的程序和有关要求组织听证。

（五）征地补偿安置方案批准后，区（县）规划土地管理部门应当在5个工作日内，以告知书形式将批准情况告知被征地农村集体经济组织、农村村民或者其他权利人。

区（县）规划土地管理部门应当组织区（县）征地事务机构与被征地单位协商签订征地补偿安置协议，与用地单位协商签订征地费包干协议，并应当按照有关规定做好征地补偿安置协议和征地费包干协议的信息公开工作。

用地单位应当根据征地费包干协议支付征地补偿费用，未按期全额支付到位的，不得核发建设用地批准书。

（六）征地补偿费用足额支付后，区（县）征地事务机构应当及时办理征地结案手续，并通知区（县）土地登记部门。

区（县）规划土地管理部门应当按照有关规定做好征地补偿安置费用支付凭证和征地补偿安置方案结案表的依申请公开工作。

（七）征地房屋补偿的实施程序，按照《上海市征收集体土地房屋补偿暂行规定》（沪府发〔2011〕75号）和《关于印发的通知》（沪规土资综规〔2015〕8号）等规定执行。

三、征地补偿安置的监督管理

（一）区（县）征地事务机构应按征地费包干协议收取征地补偿费用，征地补偿费用进入专户账号后应及时、足额支付给镇（乡），不得以任何理由拖欠征地补偿费用。

区（县）征地事务机构应当对征地补偿费用的落实情况加强监督，切实保证征地费用依法管理和使用。

（二）有关集体经济组织应当公开征地补偿费的收支和分配情况，接受群众监督，同时向区（县）征地事务机构提供征地补偿费用分配和支付清单。

（三）市征地事务机构应对各征地项目实施情况进行全面检查与监督，确保征地程序规范和补偿费用的落实。

（四）市征地事务机构应当会同区（县）规划土地管理部门共同组织好对征地补偿安置过程中所产生争议的协调。

本通知自2015年5月1日起施行，有效期至2020年4月30日。原《关于切实做好征地补偿安置管理工作的通知》（沪房地资法〔2005〕534号）自本通知施行之日起废止。

附录三　关于失地农民社会保障

北京市人民政府办公厅《关于完善征地超转人员生活和医疗保障工作的办法》

（京政办发〔2015〕11号）

第一条　为贯彻落实《中共北京市委北京市人民政府关于坚持改革创新深入推进城乡发展一体化的意见》（京发〔2013〕4号）、《北京市建设征地补偿安置办法》（市政府第148号令）有关精神，进一步完善本市征地超转人员生活和医疗保障机制，维护首都社会和谐稳定，制定本办法。

第二条　本办法所称征地超转人员是指因国家建设征地农民户转为居民户的原农村劳动力中年龄超过转工安置年限（男满60周岁，女满50周岁及其以上）人员，含无人赡养的孤寡老人以及法定劳动年龄范围内经有关部门鉴定完全丧失劳动能力且不能进入社会保险体系的病残人员。

第三条　征地超转人员生活补助费用的接收标准应不低于本市当年最低基本养老金标准，具体标准每年由各区县政府确定。

转居前已在农村退休的征地超转人员，退休费高于接收标准的，按照其退休费标准接收。

第四条　征地超转人员医疗费用的接收标准，每年由市民政、人力社保、财政等部门根据本市上一年度征地超转人员月人均医疗费用支出额等确定。

第五条 征地超转人员生活补助费用金额，由征地单位在征地时，以区县政府确定的征地超转人员生活补助费用的接收标准为基数，按照 10% 的比例环比递增核算（从转居时实际年龄计算至 82 周岁，病残人员最高不超过 22 年）。

征地超转人员医疗费用金额，由征地单位在征地时，以市民政、人力社保、财政等部门确定的征地超转人员医疗费用的接收标准为基数，按照 10% 的比例环比递增核算（从转居时实际年龄计算至 82 周岁，病残人员最高不超过 22 年）。

核算金额的公式为：每位征地超转人员生活补助费用和医疗费用的总金额 = 月生活补助费用接收标准 $\times 12 \times (1.10^{n}-1)/10\%$ + 月医疗费用接收标准 $\times 12 \times (1.10^{n}-1)/10\%$。其中，n 指征收费用的年限；10% 指生活补助费用和医疗费用的环比递增系数；12 指 12 个月。

第六条 征地单位在按照标准核算金额后，应将征地超转人员生活补助费用和医疗费用一次性交付接收管理部门。该资金纳入区县财政专户，实行收支两条线管理。

第七条 对新接收的征地超转人员，按照其生活补助费用的接收标准，为其支付接收第一年的生活补助费用。

第八条 自 2015 年起，参照本市关于企业退休人员中缴费不满 15 年的建设征地农转工退休人员的养老金调整政策，确定征地超转人员生活补助费用支付标准的调整幅度。

第九条 在 2015 年调整征地超转人员生活补助费用支付标准时，对生活补助费用低于 2014 年本市最低基本养老金的征地超转人员，以 2014 年本市最低基本养老金作为其生活补助费用支付标准的调整基数。

第十条 征地超转人员的医疗待遇，按照《北京市民政局北京市人力资源和社会保障局北京市财政局关于完善征地超转人员医疗待遇和管理有关问题的意见》（京民征发〔2012〕503 号）执行。

第十一条 征地超转人员生活补助费用和医疗费用主要以征地补偿费为主，不足部分由财政资金保障。2004 年 7 月 1 日前接收的征地超转人员，其生活补助费用和医疗费用的不足部分由市财政专项保障；2004 年 7 月 1 日以后接收的征地超转人员，其生活补助费用和医疗费用的不足部分由区县财政专项保障。

第十二条 区县政府是做好征地超转人员生活和医疗保障工作的责任主体，区县民政部门负责本区县征地超转人员的日常服务管理工作。市民政部门负责指导全市征地超转人员的服务管理工作。

第十三条 本办法执行后，符合接收条件的征地超转人员不得由街道（乡镇）、农村集体经济组织、企业事业单位或其他组织自行管理。

区县政府应尽快将目前不在民政部门管理范围内的征地超转人员纳入管理范围。具备条件的区县应抓紧研究制定具体移交方案，将有关征地超转人员移交民政部门管理。

第十四条 本办法由市民政部门负责解释。

第十五条 本办法自2015年4月1日起执行。《北京市人民政府办公厅转发市民政局关于提高征地超转人员生活补助费标准请示的通知》（京政办发〔1995〕113号）、《北京市人民政府办公厅转发市民政局关于征地超转人员生活和医疗补助若干问题意见的通知》（京政办发〔2004〕41号）、《北京市人民政府办公厅关于同意提高征地超转人员待遇有关意见的通知》（京政办函〔2007〕15号）同时废止。

北京市劳动和社会保障局《关于本市建设征地农转工自谋职业人员社会保险有关问题的处理办法》

（京劳社养发〔2004〕78号）

为妥善解决《北京市建设征地农转工人员安置办法》（市政府令1993年第16号，以下简称市政府16号令）执行以来本市建设征地农转工自谋职业人员的社会保险问题，结合实际情况，经市人民政府批准，对建设征地农转工自谋职业人员的社会保险有关问题按以下办法处理：

一、原经市人民政府批准进行建设征用土地，按照市政府16号令的规定，符合农转工条件，办理了自谋职业手续并领取了一次性安置补助费，但未参加社会保险或已参加社会保险，但不符合享受相应待遇条件的建设征地农转工人员（以下简称征地转工自谋职业人员），应当按本办法参加社会保险，按规定补缴各项社会保险费。补缴社会保险费后，享受相应的社会保险待遇。

二、基本养老保险

（一）征地转工自谋职业人员应当按照《北京市企业城镇劳动者养老保险规定》（市政府令 1998 年第 2 号，以下简称市政府 2 号令）、《北京市个体劳动者、自由职业人员参加社会保险试行办法》（京劳险发〔1999〕8 号）的规定参加基本养老保险，缴纳基本养老保险费，达到国家规定的退休年龄时，累计缴费满 15 年及其以上的，享受按月领取基本养老金待遇。基本养老金由基础养老金和个人账户养老金两部分组成。基础养老金按本人退休时上一年本市职工月平均工资的 20% 计发；个人账户养老金按个人账户累计储存额的一百二十分之一计发。

（二）征地转工自谋职业人员在本办法实施前未参加基本养老保险，自本办法实施之日起至预计达到国家规定的退休年龄时，累计缴费不满 15 年的应当补缴，并以办理补缴手续时上一年本市职工平均工资的 60% 为基数，按 28% 的比例一次性补缴与 15 年差额年限的基本养老保险费（计算到月）。补缴后，社会保险经办机构按 11% 的比例按规定一次性为其建立基本养老保险个人账户。

（三）征地转工自谋职业人员在本办法实施前已达到国家规定的退休年龄的，各区、县根据本地区的实际情况，可以选择以 2002 年或办理补缴手续时上一年本市职工平均工资的 60% 为基数，按 28% 的比例一次性补缴 15 年的基本养老保险费。补缴后，其按月领取的基本养老金为：以 2002 年本市职工平均工资的 60% 为基数补缴的，基础养老金按 2002 年本市职工月平均工资的 20% 计发；以办理补缴手续时上一年本市职工平均工资的 60% 为基数补缴的，基础养老金按办理补缴手续时上一年本市职工月平均工资的 20% 计发。个人账户养老金按个人账户累计储存额的一百二十分之一计发。

一次性补缴基本养老保险费后，自劳动保障行政部门审核批准退休后的次月起，享受按月领取基本养老金待遇。

（四）征地转工自谋职业人员在本办法实施前已参加基本养老保险，但预计达到国家规定的退休年龄时，累计缴费年限不符合市政府 2 号令规定的按月领取基本养老金条件的，以办理补缴手续时上一年本市职工平均工资的60%为基数，按28%的比例一次性补缴差额年限的基本养老保险费（计算到月）。补缴后，社会保险经办机构按11%的比例，按规定一次性计入基本养老保险个人账户，退休时按市政府2号令规定计发过渡性养老金时，以补缴前实际缴费计算。

（五）征地转工自谋职业人员转工前已按《北京市农民工养老保险暂行办法》（京劳社养发〔2001〕125号）的规定参加了养老保险并按规定缴费的，其缴费年限与补缴年限累计计算。但已按规定领取了一次性养老金的，不再累计计算。

（六）征地转工自谋职业人员按月领取的基本养老金低于本市基本养老金最低标准的，按最低标准发给，并执行基本养老金调整的统一规定。

（七）征地转工自谋职业人员达到国家规定的退休年龄时，累计缴纳基本养老保险费年限（含补缴年限）仍不符合市政府2号令规定的，不享受按月领取基本养老金待遇，其基本养老保险相关待遇按市政府2号令的规定予以清算，并终止基本养老保险关系。

三、基本医疗保险

（一）征地转工自谋职业人员应当按照《北京市基本医疗保险规定》（市政府令第141号，以下简称市政府141号令）参加基本医疗保险，缴纳基本医疗保险费。累计缴费年限男满25年、女满20年且符合享受按月领取基本养老金待遇条件的，办理退休手续后按规定享受退休人员基本医疗保险待遇。

（二）征地转工自谋职业人员在本办法实施前未参加基本医疗保险，自本办法实施之日起至预计达到国家规定的退休年龄时，累计缴费不满规定年限的，以办理补缴手续时上一年本市职工平均工资的60%为基数，按12%的比例（其中9%划入统筹基金，2%划入个人账户，1%划入大额医疗互助资金）一次性补足差额年限的基本医疗保险费（计算到月）。补缴后继续缴纳基本医疗保险费，累计缴费达到规定年限的，办理退休手续后按规定享受退休人员基本医疗保险待遇。

征地转工自谋职业人员在本办法实施前已参加基本医疗保险，但预计达到国家规定的退休年龄时，累计缴费不满规定年限的，按上述办法办理。

征地转工自谋职业人员按本办法养老保险的规定一次性补缴基本养老保险

费的，其补缴的年限视同基本医疗保险缴费年限，但最多视同10年。

（三）征地转工自谋职业人员在本办法实施前已达到国家规定的退休年龄的，以办理补缴手续时上一年本市职工平均工资的60%为基数，按12%的比例（其中9%划入统筹基金，2%划入个人账户，1%划入大额医疗互助资金）男一次性补缴15年、女一次性补缴10年基本医疗保险费。一次性补缴基本医疗保险费后，自劳动保障行政部门审核批准退休后的次月起，享受退休人员基本医疗保险待遇。

（四）征地转工自谋职业人员累计缴纳基本医疗保险费男不满25年、女不满20年的，退休时不享受退休人员基本医疗保险待遇，个人账户余额一次性支付给本人。

四、失业保险

（一）征地转工自谋职业人员应当按照《北京市失业保险规定》（市政府令1999年第38号，以下简称市政府38号令）参加失业保险，缴纳失业保险费。失业后按规定享受失业保险待遇。

（二）征地转工自谋职业人员在本办法实施前未参加失业保险的，不补缴失业保险费。本办法实施前参加失业保险，缴纳失业保险费的，失业后按缴费年限享受失业保险待遇。

征地转工自谋职业人员按本办法基本养老保险的规定一次性补缴基本养老保险费的，其补缴的年限不视同失业保险缴费年限。

（三）征地转工自谋职业人员失业后办理失业登记手续时，由街道或者乡镇社会保障机构向其发放《北京市再就业优惠证》，按规定享受本市促进就业政策。

五、征地转工自谋职业人员中的复员退伍军人，其在军队工作的年限视同社会保险缴费年限。

六、征地转工自谋职业人员补缴的社会保险费，应当在办理参加社会保险手续时一次性缴清。

七、征地转工自谋职业人员参加社会保险、补缴社会保险费的手续，由转非时所在街道办事处或者乡镇人民政府负责到本区、县劳动保障行政部门开办的职业介绍服务中心办理。办理手续时，应当提交下列材料：

（一）市人民政府批准建设征地的有关文件；

（二）征地转工自谋职业人员名册；

（三）经公证机关公证的由建设征地单位与乡镇人民政府、村民委员会及本人签订的自谋职业协议书；

（四）本地区补缴社会保险费的有关文件；

（五）已参加社会保险的征地转工自谋职业人员的缴费证明；

（六）征地转工自谋职业人员城镇居民户籍簿；

（七）复员退伍军人证明材料；

（八）其他有关材料。

目前在用人单位参加社会保险的征地转工自谋职业人员补缴社会保险费的，也由转非时所在街道办事处或者乡镇人民政府按上述规定办理。

八、区、县职业介绍服务中心收到材料后，应当严格审核，确认人员身份，按照规定为征地转工自谋职业人员办理存档和参加社会保险、补缴社会保险费有关手续。对已达到退休年龄的征地转工自谋职业人员，补缴社会保险费后为其办理退休手续。

九、征地转工自谋职业人员没有档案的，由转非时所在街道办事处或者乡镇人民政府为其建立档案。档案中应当有经公证机关公证的自谋职业协议书及其他个人材料。

征地转工自谋职业人员在区、县职业介绍服务中心存档的，自存档之日起按规定交纳存档费。

十、本办法未涉及的内容按市政府 2 号令、市政府 141 号令、市政府 38 号令及相关文件的规定执行。

十一、征地转工自谋职业人员参加社会保险，补缴社会保险费的工作，由区、县政府统一组织实施。

十二、本办法自 2004 年 7 月 1 日起实施。

北京市劳动和社会保障局
《北京市整建制农转居人员参加社会保险试行办法》

第一条 为保障农转居人员合法权益，根据国家和本市有关规定，制定本试行办法。

第二条 本试行办法适用于本市行政区域内的农村集体经济组织及其从业的农转居人员。

本试行办法所称整建制农转居人员，是指由本市农业户口整建制转为非农业户口，并在农村集体经济组织（以下简称集体经济组织）中从业且在办理参加社会保险手续时符合国家规定的劳动年龄有劳动能力的人员（以下简称农转居人员）。

第三条 农转居人员参加社会保险，由农转居人员所在的集体经济组织到区（县）社会保险经办机构为其统一办理参保手续。

第四条 农转居人员的社会保险费由个人和集体经济组织按下列规定按月共同缴纳：

（一）基本养老保险费由农转居人员个人以上一年本人月平均工资为缴费基数，按照8%比例缴纳；集体经济组织按全部农转居人员月缴费工资基数之和的20%缴纳。

（二）基本医疗保险费和大额医疗互助资金由农转居人员个人以上一年本人月平均工资为缴费基数，按照2%比例缴纳基本医疗保险费，按每月3元缴纳大额医疗互助资金；集体经济组织按全部农转居人员月缴费工资基数之和的9%缴纳基本医疗保险费，按1%缴纳大额医疗互助资金。

（三）失业保险费由农转居人员个人以上一年本人月平均工资为缴费基数，按照0.5%比例缴纳；集体经济组织按全部农转居人员月缴费工资基数之和的1.5%缴纳。

（四）工伤保险费由集体经济组织以全部农转居人员个人上一年本人月平均工资之和为基数，按照本市工伤保险差别费率的规定缴纳，农转居人员个人不缴纳工伤保险费。

农转居人员个人应缴纳的各项社会保险费，由集体经济组织在发放工资时按月代为扣缴。

第五条 按照本试行办法第四条规定，农转居人员本人上一年月平均工资低于上一年本市职工月最低工资标准的，以上年末本市职工月最低工资标准为基数，缴纳基本养老保险费和失业保险费；农转居人员本人上一年月平均工资低于上一年本市职工月平均工资60%的，以上一年本市职工月平均工资的60%为基数，缴纳基本医疗保险费、大额医疗互助资金和工伤保险费。

农转居人员本人上一年月平均工资高于上一年本市职工月平均工资300%以上的部分，不作为缴纳基本养老保险费、基本医疗保险费、大额医疗互助资金、失业保险费和工伤保险费的基数。

农转居人员无法确定本人上一年月平均工资的，以上一年本市职工月平均工资为基数缴纳基本养老保险费、基本医疗保险费、大额医疗互助资金和失业保险费、工伤保险费。

第六条 社会保险经办机构依据《北京市企业城镇劳动者养老保险规定》和《北京市基本医疗保险规定》及相关规定，为农转居人员建立基本养老保险和基本医疗保险个人账户。

第七条 按本试行办法参加基本养老保险的农转居人员，符合国家规定的退休年龄（男年满60周岁，女年满50周岁），缴纳基本养老保险费累计满15年及以上的，经区（县）劳动保障行政部门核准，享受按月领取基本养老金待遇。

农转居人员达到国家规定的退休年龄时，累计缴纳基本养老保险费不满15年的，不享受按月领取基本养老金待遇，其个人账户存储额一次性支付给本人，并终止养老保险关系。

第八条 按月领取的基本养老金，由基础养老金和个人账户养老金组成。基础养老金月标准为本人退休时上一年本市职工月平均工资的20%；个人账户养老金月标准为个人账户存储额的一百二十分之一。农转居人员退休后按月领取的基本养老金低于本市基本养老金最低标准的，按最低标准发放。退休后享受按月领取基本养老金待遇的农转居人员执行本市基本养老金调整的统一规定。

第九条 为使农转居人员满足本试行办法第七条第一款规定的享受按月领取养老金待遇的缴费年限条件，在办理参加社会保险手续时，农转居人员男年满41周岁、女年满31周岁的，应当补缴1年基本养老保险费；此后，年龄每增加1岁增补1年基本养老保险费，但最多补缴15年。

补缴基本养老保险费，以农转居人员办理参加社会保险手续时上一年本市职工平均工资的60%为基数，按28%（集体经济组织20%，农转居人员8%）的比例一次性补缴。补缴后，社会保险经办机构按11%的比例一次性划入基本养老保险个人账户。

第十条 农转居人员转居前已参加农村养老保险，转居后参加基本养老保险的，其农村养老保险个人账户资金，可继续保留，也可用于按本办法第九条规定补缴基本养老保险费，并按规定的标准分别划入基本养老保险统筹基金和个人账户。转居后从事个体、自由职业的人员，其农村养老保险个人账户资金可用于缴纳社会保险费。

第十一条 在集体经济组织从业的农转居人员达到国家规定的退休年龄时，由集体经济组织到所在区、县劳动保障行政部门为其办理退休手续；从事个体、自由职业的或被本市其他用人单位招用的农转居人员，达到国家规定的退休年龄时，按有关规定办理。

第十二条 按照本试行办法参加基本医疗保险的农转居人员达到国家规定的退休年龄时，基本医疗保险累计缴费年限男满25年、女满20年且符合按月领取基本养老金条件的，办理退休手续后按规定享受退休人员基本医疗保险待遇。

不符合上款规定条件的不享受退休人员基本医疗保险待遇，个人账户余额一次性支付给本人，终止基本医疗保险关系。

第十三条 为使农转居人员满足本试行办法第十二条第一款规定的享受退休人员基本医疗保险待遇的缴费年限条件，在办理参加社会保险手续时，应当按照以下办法补缴基本医疗保险费：

（一）农转居人员男年满31周岁的补缴1年基本医疗保险费，此后至年满51周岁前年龄每增加1岁增补1年，最多补缴10年；年满51周岁的补缴11年基本医疗保险费，至退休前每增加1岁增补1年，最多补缴15年。

（二）农转居人员女年满26周岁的补缴1年基本医疗保险费，此后至年满41周岁前每增加1岁增补1年，最多补缴5年；年满41周岁的补缴6年基本医疗保险费，至退休前年龄每增加1岁增补1年，最多补缴10年。

补缴基本医疗保险费，以其办理参加社会保险手续时上一年本市职工平均工资的60%为基数，按12%比例（集体经济组织10%，农转居人员2%，其中9%划入统筹基金，1%划入大额医疗互助资金，2%划入个人账户）一次性补缴。

第十四条 农转居人员按本试行办法第九条规定一次性补缴基本养老保险费的，其补缴基本养老保险费年限视同基本医疗保险缴费年限，但最多视同10年。

第十五条 农转居人员按本试行办法第十三条规定补缴基本医疗保险费后，在达到国家规定的退休年龄前继续缴纳基本医疗保险费的，享受当期基本医疗保险待遇；不继续缴纳基本医疗保险费的，不享受当期基本医疗保险待遇。

第十六条 农转居人员在本试行办法实施前未参加失业保险的，不补缴失业保险费。按本试行办法第九条规定一次性补缴基本养老保险费的，其补缴基本养老保险费年限不视同失业保险缴费年限。

农转居人员失业后办理失业登记手续时，由街道或者乡镇劳动保障机构向其发放《北京市再就业优惠证》，按规定享受本市促进就业的优惠政策。

第十七条 农转居人员个人和集体经济组织补缴的基本养老保险费、基本医疗保险费，应在办理参加社会保险手续时一次性缴清。

第十八条 农转居人员中的复员退伍军人，其在军队服役的年限视同社会保险费缴费年限。按本试行办法第九条和第十三条规定补缴基本养老保险费和基本医疗保险费的，其在军队服役的年限不抵减补缴基本养老保险和基本医疗保险的缴费年限。

第十九条 农转居人员已按照《北京市农民工养老保险暂行办法》（京劳社养发〔2001〕125号）参加了城镇企业农民工社会保险的，其参加农民工社会保险的时间计算为缴费年限。但已一次性领取养老保险费、一次性生活补助费的，不计算基本养老保险和失业保险的缴费年限。

第二十条 农转居人员补缴社会保险费的方案要按照公开、公正、公平的原则，由集体经济组织按照民主程序集体讨论决定。

第二十一条 农转居人员办理了参加社会保险手续后，继续在集体经济组织从业的，失业后按照本市失业保险的有关规定执行；从事个体、自由职业的，应到市、区（县）劳动保障部门开办的职业介绍服务机构，办理个人存档手续，其基本养老保险、基本医疗保险和失业保险按《北京市个体劳动者、自由职业人员参加社会保险试行办法》（京劳险发〔1999〕8号）、《北京市个人委托存档人员参加基本医疗暂行办法》（京劳社医发〔2001〕186号）和《关于印发〈北京市失业保险规定实施办法〉的通知》（京劳社失发〔1999〕129号）的有关规定执行；到其他用人单位就业的，按照国家和本市的有关规定执行。

第二十二条 集体经济组织在办理农转居人员参加社会保险手续时，应由农转居人员一并填写《北京市整建制农转居人员就业登记表》，经集体经济组织审核后，到所在区（县）劳动保障部门为农转居人员办理就业登记手续。

第二十三条 农转居人员的档案由集体经济组织负责建立。档案中应当有以下材料：

（一）批准农转居的有关材料；

（二）北京市整建制农转居人员就业登记表；

（三）社会保险缴费（补缴）证明；

（四）按照国家和本市规定应当列入档案的其他材料。

第二十四条 本试行办法未涉及的其他内容按《北京市企业城镇劳动者养老保险规定》《北京市基本医疗保险规定》《北京市失业保险规定》《工伤保险条例》及《北京市实施〈工伤保险条例〉办法》，以及有关文件的规定执行。

第二十五条 本试行办法自2004年9月15日起试行。

附录四 关于户籍制度改革

《国务院关于进一步推进户籍制度改革的意见》

（国发〔2014〕25号）

各省、自治区、直辖市人民政府，国务院各部委、各直属机构：

为深入贯彻落实党的十八大、十八届三中全会和中央城镇化工作会议关于进一步推进户籍制度改革的要求，促进有能力在城镇稳定就业和生活的常住人口有序实现市民化，稳步推进城镇基本公共服务常住人口全覆盖，现提出以下意见。

一、总体要求

（一）指导思想。以邓小平理论、“三个代表”重要思想、科学发展观为指导，适应推进新型城镇化需要，进一步推进户籍制度改革，落实放宽户口迁移政策。统筹推进工业化、信息化、城镇化和农业现代化同步发展，推动大中小城市和小城镇协调发展、产业和城镇融合发展。统筹户籍制度改革和相关经济社会领域改革，合理引导农业人口有序向城镇转移，有序推进农业转移人口市民化。

（二）基本原则。

——坚持积极稳妥、规范有序。立足基本国情，积极稳妥推进，优先解决存量，有序引导增量，合理引导农业转移人口落户城镇的预期和选择。

——坚持以人为本、尊重群众意愿。尊重城乡居民自主定居意愿，依法保障农业转移人口及其他常住人口合法权益，不得采取强迫做法办理落户。

——坚持因地制宜、区别对待。充分考虑当地经济社会发展水平、城市综合承载能力和提供基本公共服务的能力，实施差别化落户政策。

——坚持统筹配套、提供基本保障。统筹推进户籍制度改革和基本公共服务均等化，不断扩大教育、就业、医疗、养老、住房保障等城镇基本公共服务覆盖面。

（三）发展目标。进一步调整户口迁移政策，统一城乡户口登记制度，全面实施居住证制度，加快建设和共享国家人口基础信息库，稳步推进义务教育、就业服务、基本养老、基本医疗卫生、住房保障等城镇基本公共服务覆盖全部常住人口。到2020年，基本建立与全面建成小康社会相适应，有效支撑社会管理和公共服务，依法保障公民权利，以人为本、科学高效、规范有序的新型户籍制度，努力实现1亿左右农业转移人口和其他常住人口在城镇落户。

二、进一步调整户口迁移政策

（四）全面放开建制镇和小城市落户限制。在县级市市区、县人民政府驻地镇和其他建制镇有合法稳定住所（含租赁）的人员，本人及其共同居住生活的配偶、未成年子女、父母等，可以在当地申请登记常住户口。

（五）有序放开中等城市落户限制。在城区人口50万至100万的城市合法稳定就业并有合法稳定住所（含租赁），同时按照国家规定参加城镇社会保险达到一定年限的人员，本人及其共同居住生活的配偶、未成年子女、父母等，可以在当地申请登记常住户口。城市综合承载能力压力小的地方，可以参照建制镇和小城市标准，全面放开落户限制；城市综合承载能力压力大的地方，可以对合法稳定就业的范围、年限和合法稳定住所（含租赁）的范围、条件等作出具体规定，但对合法稳定住所（含租赁）不得设置住房面积、金额等要求，对参加城镇社会保险年限的要求不得超过3年。

（六）合理确定大城市落户条件。在城区人口100万至300万的城市合法稳定就业达到一定年限并有合法稳定住所（含租赁），同时按照国家规定参加城镇社会保险达到一定年限的人员，本人及其共同居住生活的配偶、未成年子女、父母等，可以在当地申请登记常住户口。城区人口300万至500万的城市，要适度控制落户规模和节奏，可以对合法稳定就业的范围、年限和合法稳定住所（含租赁）的范围、条件等作出较严格的规定，也可结合本地实际，建立积分落户制度。大城市对参加城镇社会保险年限的要求不得超过5年。

（七）严格控制特大城市人口规模。改进城区人口500万以上的城市现行落户政策，建立完善积分落户制度。根据综合承载能力和经济社会发展需要，以具有合法稳定就业和合法稳定住所（含租赁）、参加城镇社会保险年限、连续居住年限等为主要指标，合理设置积分分值。按照总量控制、公开透明、有序办理、公平公正的原则，达到规定分值的流动人口本人及其共同居住生活的配偶、未成年子女、父母等，可以在当地申请登记常住户口。

（八）有效解决户口迁移中的重点问题。认真落实优先解决存量的要求，重点解决进城时间长、就业能力强、可以适应城镇产业转型升级和市场竞争环境的人员落户问题。不断提高高校毕业生、技术工人、职业院校毕业生、留学回国人员等常住人口的城镇落户率。

三、创新人口管理

（九）建立城乡统一的户口登记制度。取消农业户口与非农业户口性质区分和由此衍生的蓝印户口等户口类型，统一登记为居民户口，体现户籍制度的人口登记管理功能。建立与统一城乡户口登记制度相适应的教育、卫生计生、就业、社保、住房、土地及人口统计制度。

（十）建立居住证制度。公民离开常住户口所在地到其他设区的市级以上城市居住半年以上的，在居住地申领居住证。符合条件的居住证持有人，可以在居住地申请登记常住户口。以居住证为载体，建立健全与居住年限等条件相挂钩的基本公共服务提供机制。居住证持有人享有与当地户籍人口同等的劳动就业、基本公共教育、基本医疗卫生服务、计划生育服务、公共文化服务、证照办理服务等权利；以连续居住年限和参加社会保险年限等为条件，逐步享有与当地户籍人口同等的中等职业教育资助、就业扶持、住房保障、养老服务、社会福利、社会救助等权利，同时结合随迁子女在当地连续就学年限等情况，逐步享有随迁子女在当地参加中考和高考的资格。各地要积极创造条件，不断扩大向居住证持有人提供公共服务的范围。按照权责对等的原则，居住证持有人应当履行服兵役和参加民兵组织等国家和地方规定的公民义务。

（十一）健全人口信息管理制度。建立健全实际居住人口登记制度，加强和完善人口统计调查，全面、准确掌握人口规模、人员结构、地区分布等情况。建设和完善覆盖全国人口、以公民身份号码为唯一标识、以人口基础信息为基准的国家人口基础信息库，分类完善劳动就业、教育、收入、社保、房产、信用、卫生计生、税务、婚姻、民族等信息系统，逐步实现跨部门、跨地区信息整合和共享，为制定人口发展战略和政策提供信息支持，为人口服务和管理提供支撑。

四、切实保障农业转移人口及其他常住人口合法权益

（十二）完善农村产权制度。土地承包经营权和宅基地使用权是法律赋予农户的用益物权，集体收益分配权是农民作为集体经济组织成员应当享有的合法财产权利。加快推进农村土地确权、登记、颁证，依法保障农民的土地承包经营权、宅基地使用权。推进农村集体经济组织产权制度改革，探索集体经济组织成员资格认定办法和集体经济有效实现形式，保护成员的集体财产权和收益分配权。建立农村产权流转交易市场，推动农村产权流转交易公开、公正、规范运行。坚持依法、自愿、有偿的原则，引导农业转移人口有序流转土地承包经营权。进城落户农民是否有偿退出“三权”，应根据党的十八届三中全会精神，在尊重农民意愿前提下开展试点。现阶段，不得以退出土地承包经营权、宅基地使用权、集体收益分配权作为农民进城落户的条件。

（十三）扩大基本公共服务覆盖面。保障农业转移人口及其他常住人口随迁子女平等享有受教育权利；将随迁子女义务教育纳入各级政府教育发展规划和财政保障范畴；逐步完善并落实随迁子女在流入地接受中等职业教育免学费和普惠性学前教育的政策以及接受义务教育后参加升学考试的实施办法。完善就业失业登记管理制度，面向农业转移人口全面提供政府补贴职业技能培训服务，加大创业扶持力度，促进农村转移劳动力就业。将农业转移人口及其他常住人口纳入社区卫生和计划生育服务体系，提供基本医疗卫生服务。把进城落户农民完全纳入城镇社会保障体系，在农村参加的养老保险和医疗保险规范接入城镇社会保障体系，完善并落实医疗保险关系转移接续办法和异地就医结算办法，整合城乡居民基本医疗保险制度，加快实施统一的城乡医疗救助制度。提高统筹层次，实现基础养老金全国统筹，加快实施统一的城乡居民基本养老保险制度，落实城镇职工基本养老保险关系转移接续政策。加快建立覆盖城乡的社会养老服务体系，促进基本养老服务均等化。完善以低保制度为核心的社会救助体系，实现城乡社会救助统筹发展。把进城落户农民完全纳入城镇住房保障体系，采取多种方式保障农业转移人口基本住房需求。

（十四）加强基本公共服务财力保障。建立财政转移支付同农业转移人口

市民化挂钩机制。完善促进基本公共服务均等化的公共财政体系，逐步理顺事权关系，建立事权和支出责任相适应的制度，中央和地方按照事权划分相应承担和分担支出责任。深化税收制度改革，完善地方税体系。完善转移支付制度，加大财力均衡力度，保障地方政府提供基本公共服务的财力。

五、切实加强组织领导

（十五）抓紧落实政策措施。进一步推进户籍制度改革，是涉及亿万农业转移人口的一项重大举措。各地区、各有关部门要充分认识户籍制度改革的重大意义，深刻把握城镇化进程的客观规律，进一步统一思想，加强领导，周密部署，敢于担当，按照走中国特色新型城镇化道路、全面提高城镇化质量的新要求，切实落实户籍制度改革的各项政策措施，防止急于求成、运动式推进。各省、自治区、直辖市人民政府要根据本意见，统筹考虑，因地制宜，抓紧出台本地区具体可操作的户籍制度改革措施，并向社会公布，加强社会监督。公安部、发展改革委、教育部、民政部、财政部、人力资源社会保障部、国土资源部、住房城乡建设部、农业部、卫生计生委、法制办等部门要按照职能分工，抓紧制定教育、就业、医疗、养老、住房保障等方面的配套政策，完善法规，落实经费保障。公安部和发展改革委、人力资源社会保障部要会同有关部门对各地区实施户籍制度改革工作加强跟踪评估、督查指导。公安部和各地公安机关要加强户籍管理和居民身份证管理，严肃法纪，做好户籍制度改革的基础工作。

（十六）积极做好宣传引导。全面阐释适应中国特色新型城镇化发展、进一步推进户籍制度改革的重大意义，准确解读户籍制度改革及相关配套政策。大力宣传各地在解决农业转移人口及其他常住人口落户城镇、保障合法权益、提供基本公共服务等方面的好经验、好做法，合理引导社会预期，回应群众关切，凝聚各方共识，形成改革合力，为进一步推进户籍制度改革营造良好的社会环境。

国务院

2014 年 7 月 24 日

《北京市人民政府关于进一步推进户籍制度改革的实施意见》

（京政发〔2016〕43号）

各区人民政府，市政府各委、办、局，各市属机构：

为深入贯彻落实《国务院关于进一步推进户籍制度改革的意见》（国发〔2014〕25号），切实加强人口服务管理，稳步推进城镇基本公共服务常住人口全覆盖，努力建设国际一流的和谐宜居之都，现就进一步推进本市户籍制度改革提出以下实施意见。

一、总体要求

（一）指导思想

深入贯彻落实党的十八大和十八届三中、四中、五中全会精神，深入学习贯彻习近平总书记系列重要讲话和对北京工作的重要指示精神，牢牢把握首都城市战略定位，按照中央关于严格控制特大城市人口规模的要求，统筹户籍制度改革和相关经济社会领域改革，促进人口与经济社会、资源环境协调发展。

（二）基本原则

——坚持总量调控，更加注重结构优化。按照有序疏解非首都功能、优化提升首都核心功能要求，严守人口总量红线，着力优化调整经济结构和空间结构，积极推动“人随功能走、人随产业走”，不断降低中心城区人口密度。

——坚持规范有序，更加注重合理引导。改进现行落户政策，进一步完善各类落户渠道的统筹机制；实施积分落户制度，合理引导长期在京稳定就业和生活的常住人口落户预期和选择。

——坚持统筹配套，更加注重权益保障。统筹推进户籍制度改革和基本公共服务均等化，不断完善公共服务配套政策，建立与本市经济社会发展水平相适应的公共服务提供机制。

（三）工作目标

进一步完善户籍管理政策，建立城乡统一的户口登记制度，实施居住证制度，加快建设实有人口和常住人口动态监测平台，稳步扩大城镇基本公共服务覆盖面。到2020年，全市常住人口控制在2300万人以内，城六区常住人口在2014年基础上下降15个百分点左右，人口区域布局更趋合理，人口服务管理水平明显提升；基本建立与全面建成小康社会相适应，有效支撑社会管理和公共服务，依法保障公民权利，以人为本、科学高效、规范有序的新型户籍制度。

二、完善户口迁移政策

（四）建立户口迁移政策统筹机制

按照总量控制、结构调整、适度从严的原则，推进建立各类落户渠道和政策的统筹机制，分类完善落户标准和政策，严格规范户口审批管理。研究“户随人走”的户口迁出政策。

（五）实施积分落户制度

贯彻执行好本市积分落户政策，建立政策实施会商和联动审核机制，规范操作流程，按照总量控制、公开透明、有序办理、公平公正的原则，有序推进长期在京稳定就业和生活的常住人口落户工作。

（六）完善人才落户政策

适应构建“高精尖”经济结构需要，实施更加开放的人才引进政策，健全高层次人才、紧缺急需人才落户制度，吸引海内外高层次人才在京创新创业。

三、创新人口服务管理

（七）建立城乡统一的户口登记制度

取消农业户口和非农业户口性质区分，统一登记为居民户口，体现户籍制度的人口登记管理功能。建立与统一城乡户口登记制度相适应的教育、卫生计生、就业、社保、住房、土地及人口统计制度。

（八）实施居住证制度

贯彻执行好本市居住证制度，符合条件的外地户籍来京人员，可以到居住地公安派出所或者公安机关委托的来京人员社区登记服务机构申领《北京市居住证》。建立健全以居住证为载体的基本公共服务和便利提供机制。

（九）健全人口信息管理制度

统筹整合各部门人口数据，加快建设全市实有人口和常住人口动态监测平台，为城市管理和人口调控提供支撑。分类完善劳动就业、教育、收入、社保、房产、信用、卫生计生、税务、婚姻、民族等信息系统，逐步实现跨部门信息整合和共享。加强各区及街道（乡镇）流动人口和出租房屋管理办公室建设，强化流动人口信息采集和登记工作，提高流动人口服务管理能力和水平。

四、保障合法权益

（十）完善农村产权制度

加快推进农村土地确权、登记、颁证，依法保障农民的土地承包经营权、宅基地使用权。推进农村集体经济产权制度改革，加强农村集体资产监督管理，维护集体经济组织和成员的合法权益。进一步建立健全农村产权流转交易服务体系，推动农村产权流转交易公开、公正、规范运行。

（十一）稳步扩大基本公共服务覆盖面

进一步健全基本公共服务体系，不断优化基本公共服务布局，提升基本公共服务保障能力和水平。居住证持有人依法享有劳动就业、参加社会保险、缴存提取和使用住房公积金等权利，按照规定享有义务教育、基本公共就业、基本公共卫生和计划生育、公共文化体育、法律援助等基本公共服务。积极创造条件，稳步扩大居住证持有人享有的公共服务范围，并逐步提高服务标准。

（十二）加强基本公共服务均等化财力保障

完善促进基本公共服务均等化的公共财政体系，合理划分市级事权、市与区共同事权和区级事权，建立事权和支出责任相适应的制度。根据各区功能定位、资源环境承载能力、经济发展水平、资源禀赋、人口总量和密度等，充分考虑人均占有资源情况，完善一般性转移支付分配政策，推动各区均衡发展和基本公共服务均等化。

五、切实抓好组织实施

（十三）强化组织领导

充分发挥本市户籍制度改革工作协调小组作用，统筹协调解决改革中的重点难点问题。市政府各有关部门要按照职责分工，抓紧研究制定相关配套政策措施。市发展改革委、市公安局要加强跟踪评估和督查指导。

（十四）加强宣传引导

户籍制度改革政策性强，社会关注程度高，各区政府、市政府各有关部门要加强宣传引导，准确解读户籍制度改革及相关配套政策，合理引导社会预期，积极回应社会关切，广泛凝聚共识，为做好户籍制度改革营造良好的社会环境。

《上海市人民政府关于进一步推进本市户籍制度改革的若干意见》

（沪府发〔2016〕27号）

各区、县人民政府，市政府各委、办、局：

为深入贯彻《国务院关于进一步推进户籍制度改革的意见》，加强人口综合调控和服务管理，稳步推进基本公共服务覆盖符合条件的常住人口，促进社会融合发展，现就进一步推进本市户籍制度改革提出如下若干意见：

一、明确指导思想、基本原则和工作目标

（一）指导思想

以邓小平理论、“三个代表”重要思想、科学发展观和习近平总书记系列重要讲话精神为指导，深入贯彻落实党的十八大和十八届三中、四中、五中全会精神，按照中央对上海的发展定位和严格控制特大型城市人口规模的要求，着眼于建设“四个中心”和具有全球影响力的科技创新中心的战略目标，统筹推进户籍制度改革和相关经济社会领域改革，促进人口与经济、社会、资源、环境协调发展。

（二）基本原则

1. 坚持总量调控、结构优化。统筹考虑人口与产业发展、基础设施、公共服务、城乡体系建设、资源和环境的协调发展，严格控制人口规模，综合解决人口总量、结构、布局问题。

2. 坚持积极稳妥、规范有序。立足本市实际，积极稳妥地完善落户政策，逐步建立积分落户。合理调控户籍人口机械增长，有序引导长期在沪合法稳定就业、合法稳定居住人员的落户预期和选择。

3. 坚持权责对等、梯度赋权。以“合法稳定就业、合法稳定居住”为基础，健全梯度化公共服务供给机制，发挥居住证凭证享有公共服务的主渠道作用。统筹推进户籍制度改革和基本公共服务均等化，不断完善教育、就业、社会保障、医疗卫生等配套政策。

4. 坚持公平公正、依法管理。进一步规范程序，优化流程，坚持标准公开、程序公开、结果公开，自觉接受社会监督，确保制度公平公正、操作透明、管理高效，不断提升依法执政的水平。

（三）工作目标

统一城乡户口登记制度，切实加强户籍规范管理和信息化建设。完善居住证和落户政策体系，稳步推进基本公共服务覆盖符合条件的常住人口。到2020年，本市基本建立与全面建成小康社会相适应，有效支撑社会管理和公共服务，依法保障公民权利，以人为本、科学高效、规范有序的新型户籍制度。全市常住人口规模控制在2500万以内，人口结构更加合理，人口素质进一步提升，人口布局进一步优化。

二、进一步完善落户政策

（一）完善人才落户政策。聚焦城市功能提升和转型发展需要，以“合法稳定就业、合法稳定居住”为基本条件，以能力和贡献为导向，突出人才的市场发现、认可、评价机制，进一步完善人才落户政策，优化特殊人才引进通道，做好非上海生源应届毕业生落户和留学生落户政策的平衡衔接。

（二）统一平衡投靠落户政策。加强投靠落户政策的统筹平衡，建立统一的投靠落户政策，稳妥解决历史遗留户口问题。

（三）深化完善积分落户政策。完善居住证、居住证转办常住户口、直接落户政策，在此基础上，逐步建立积分落户政策。根据综合承载能力和经济社会发展需要，以具有合法稳定就业和合法稳定住所、参加城镇社会保险年限、连续居住年限等为主要指标，合理设置积分分值。按照总量控制、公开透明、有序办理、公平公正的原则，对达到规定标准条件的人员，可以申请本市常住户口。

三、创新人口服务和管理

（一）建立统一的城乡户口登记制度。取消本市农业户口与非农业户口性质区分，统一登记为居民户口。调整并逐步完善与统一城乡户口登记制度相适应的教育、卫生计生、就业、社会保障、住房、土地及人口统计制度。

（二）进一步完善居住证制度。根据国务院发布的《居住证管理暂行条例》要求，结合本市经济社会发展需要，研究完善上海市居住证管理办法及其配套政策，进一步健全以居住证为载体的基本公共服务及便利提供机制。

（三）加强户籍规范管理。进一步完善本市落户管理办法，优化落户申请、审核、办理流程，建立统一的落户管理信息平台，形成公开透明、便民高效、监管有力的管理规范。

（四）健全实有人口登记制度。依法加强来沪人员居住登记，完善本市户籍人户分离人员登记工作，全面、准确掌握人口规模、人员结构、地区分布等情况。

（五）加强实有人口信息化建设。以实有人口信息系统为基础，进一步完善跨部门信息整合和共享，切实加强信息数据后续开发应用，实现人口信息动态监测，为加强人口服务管理、制定人口发展战略和政策提供支撑。

四、保障合法权益

（一）完善农村产权制度。加快推进农村土地确权、登记、颁证，依法保障农民的土地承包经营权、宅基地使用权。积极推进农村集体经济组织产权制度改革，维护集体经济组织和成员合法权益。坚持依法、自愿、有偿的原则，引导农业转移人口有序流转土地承包经营权。

（二）稳步扩大基本公共服务覆盖面。建立健全基本公共服务体系的基础制度，形成全市统一的基本公共服务项目清单。居住证持有人按照规定享有义务教育、社会保险、住房、基本公共卫生、计划生育、证照办理、资格评定等服务待遇。根据经济社会发展水平的提升，逐步提高服务项目的保障标准，稳步扩大基本公共服务体系的覆盖范围。

（三）加强基本公共服务平台建设。继续加强社区事务受理服务中心、社区卫生服务中心、社区文化活动中心等社区“三个中心”以及分中心的建设。根据做实基本管理单元的要求，重点在撤制镇、大型居住社区等基本公共服务资源薄弱地区和人口导入地区进行补点，提高服务可及性和便利化。

五、落实各项保障措施

（一）切实加强组织领导。各区县、各部门、各单位要充分认识户籍制度改革的重大意义，统一思想，加强领导，周密部署。发展改革、公安、人力资源社会保障、教育、规划国土资源、住房城乡建设管理、农业、卫生计生、民政、财政、综合治理、法制等部门要按照职能分工，抓紧完善相应的政策举措。各区县要建立常态化的人口调控和服务管理工作机制，明确牵头部门、完善推进监督工作机制，切实加强基层人口服务和管理队伍建设。

（二）积极做好宣传引导。户籍制度改革政策性强，社会关注程度高，各区县、各有关部门和新闻单位要把握好舆论导向，准确解读户籍制度改革及相关配套政策，合理引导社会预期，回应群众关切，凝聚各方共识，促进融合发展，为进一步推进户籍制度改革营造良好的社会环境。

（三）建立政策评估机制。适时组织开展居住证、户籍管理、公共服务等相关政策的评估，研究解决政策执行过程中出现的新情况、新问题，为加强本市人口调控和服务管理、完善公共服务政策提供科学依据。

上海市人民政府

2016年4月15日

《广东省人民政府关于进一步推进户籍制度改革的实施意见》

（粤府〔2015〕63 号）

各地级以上市人民政府，顺德区人民政府，省政府各部门、各直属机构：

为深入贯彻落实《国务院关于进一步推进户籍制度改革的意见》（国发〔2014〕25 号），促进有能力在城镇稳定就业和生活的常住人口有序实现市民化，稳步推进城镇基本公共服务常住人口全覆盖，现提出以下实施意见：

一、总体要求

（一）工作目标。统筹广东省户籍制度改革和相关经济社会领域改革，合理引导农业人口有序向城镇转移，有序推进农业转移人口市民化，逐步实现城乡人口管理一体化，城乡公共服务均等化，城乡经济发展均衡化。到 2020 年，基本建立与全面建成小康社会相适应，有效支撑社会管理和公共服务，依法保障公民权利，以人为本、科学高效、规范有序的新型户籍制度，努力实现 1300 万左右的农业转移人口和其他常住人口在广东省城镇落户。

（二）基本原则。坚持积极稳妥、以人为本，尊重居民自主定居意愿，稳步推进农业转移人口落户城镇；坚持分类管理、有序迁移，合理调整城乡之间、各类城市之间人口结构；坚持统筹规划、全面布局，着力完善相关配套制度和政策；坚持因地制宜、分类指导，统筹考虑地区经济社会发展和城市综合承载能力，实施差别化户籍政策。

二、进一步调整户口迁移政策

（三）全面放开建制镇和小城市落户限制。除广州、深圳、珠海、佛山、东莞、中山市外，在县级市市区、县人民政府驻地镇和其他建制镇有合法稳定住所（含租赁，下同）的人员，本人及其共同居住生活的配偶、未成年子女、父母等，可以在当地申请登记常住户口。

（四）有序放开部分地级市落户限制。在河源、韶关、梅州、汕尾、阳江、肇庆、清远、潮州、云浮等中小城市的城区合法稳定就业满3年并有合法稳定住所，同时按照有关规定参加社会保险满3年的人员，本人及其共同居住生活的配偶、未成年子女、父母等，可以在当地申请登记常住户口，其中综合承载压力较小的城市，可以适当放开就业和参加社会保险的年限限制。城区人口数量达到大城市以上规模的汕头、惠州、江门、湛江、茂名、揭阳市，参照执行上述城市落户政策。

（五）逐步调整珠三角部分城市入户政策。在珠海、佛山、东莞、中山市合法稳定就业满5年并有合法稳定住所，参加社会保险满5年的人员，本人及其共同居住生活的配偶、未成年子女、父母等，可以在当地申请登记常住户口，其中珠海市可根据经济特区人口发展的特点，适度控制落户节奏，对合法稳定就业和合法稳定住所的范围、条件等作出较严格的规定。要进一步降低准入门槛、畅通入户渠道、扩大积分入户规模，保障符合条件人员的正当合法权益。

（六）严格控制超大城市人口规模。广州、深圳市要根据综合承载能力和经济社会发展需要，加快调整人口结构，重点吸纳本地经济社会发展急需的各类型专业人才落户。要按照总量控制、公开透明、公平公正的原则，对达到规定标准条件的人员，允许在当地申请常住户口。

三、创新人口管理

（七）建立城乡统一的户口登记制度。在全省范围内取消农业、非农业以及其他所有户口性质划分，统一登记为广东省居民户口，实行城乡户籍“一元化”登记管理，真实体现户籍制度的人口登记管理功能。加快建立与统一城乡户口登记制度相适应的教育、卫生计生、就业、社会保障、住房、民政、土地及人口统计规划等社会服务制度，实现户籍制度改革相关工作紧密结合，整体推进。

（八）健全居住证积分管理制度。以居住证为载体，完善积分入户政策，建立健全与居住年限、参加社会保险年限等条件相挂钩的基本公共服务提供机制。居住证持有人可通过积分等方式，阶梯式享受基本公共教育、基本医疗卫生、就业扶持、住房保障、社会福利、社会救助、公共文化、计划生育等方面的服务。居住证持有人应当按照权责对等的原则，切实履行服兵役和参加民兵组织以及地方规定的公民义务。积极拓展居住证的社会应用功能，不断扩大向居住证持有人提供公共服务的范围。

（九）加强人口基础信息平台建设。建立完善覆盖全省实际居住人口、以公民身份号码为唯一标识、以人口基础信息为基准的全省人口基础信息库。依托省级政务信息资源共享平台，整合各有关部门的人口信息资源，建立省级人口综合信息服务管理平台，分类完善劳动就业、教育、收入、社保、房产、信用、卫生计生、税务、婚姻、民族等信息系统，逐步实现跨层级、跨部门、跨地区信息整合和共享。

（十）加强人口信息管理应用。建立健全实际居住人口登记制度，完善人口动态采集更新机制，全面、准确掌握人口规模、人员结构、地区分布等情况，提升人口基础信息采集率、准确率。实时掌握人口变化情况，加强人口数据统计分析，为政府决策提供参考依据。

四、有效解决户口迁移中的重点问题

（十一）优先解决流动人口存量问题。各地要重点解决进城时间长、就业能力强、可以适应产业转型升级和市场竞争环境、长期从事一线特殊艰苦行业人员的落户问题。要进一步放宽集体户口设置条件，允许符合条件的人员向已在本地落户的亲友搭户，通过多种方式解决流动人员落户问题。

（十二）放开直系亲属投靠。除广州、深圳市外，其他市进一步放开共同居住生活的直系亲属间相互投靠（夫妻投靠、未成年子女投靠、父母投靠），不受婚龄、年龄等条件限制，凭有效证件和证明材料申请办理户口迁移手续。

（十三）放宽大专以上（含大专）学历毕业生及技能人才、特殊专业人才入户条件。大专以上（含大专）学历毕业生以及经地级以上市相关部门认证的中级技能型人才、特殊专业人才，可在除广州、深圳市外的其他城市落户。

落户地与实际居住地不一致的，可迁移到实际居住地。广州、深圳市要进一步研究放宽高校毕业生及技能人才、特殊专业人才的落户政策。

五、切实保障农业转移人口及其他常住人口合法权益

（十四）完善农村产权制度。加快推进我省农村土地承包经营权确权、登记、颁证，依法保障农民的土地承包经营权、宅基地使用权。根据国家统一部署，推进农村集体经济组织产权制度改革，保护集体经济组织成员的集体财产权和收益分配权。坚持依法、自愿、有偿的原则，引导农业转移人口有序流转土地承包经营权。现阶段，不得以退出土地承包经营权、宅基地使用权、集体收益分配权作为农民进城落户的条件。

（十五）积极推动城乡教育事业均衡协调发展。进一步加大教育投入，切实保障城市新增居民教育权利。完善义务教育经费保障机制，制定出台鼓励政策吸引高素质教师到农村学校任教，提高教学质量，促进义务教育均衡优质标准化发展，保障适龄儿童少年平等接受义务教育权利。建立非义务教育多元投入机制，加快发展继续教育和职业培训，最大限度地满足城市新增居民多样化的学习需求，加强面向农村的职业教育培训。

（十六）建立完善覆盖城乡惠及全民的社会保障体系。建立健全城乡统一的人力资源市场和就业创业管理体系，完善人力资源信息网络系统，为农村劳动力和新落户城镇劳动力提供就业创业服务和就业援助。加强农村劳动者技能培训，提高其转移就业能力。健全城乡各项社会保障制度，建立统一的城乡居民基本养老保险制度，进一步完善城乡居民基本医疗保险制度，做好医保关系转移接续和异地就医即时结算服务工作。完善以低保制度为核心的社会救助体系，实现城乡社会救助统筹发展。

（十七）加快统一城乡居民卫生计生服务制度。将全省农业转移人口及其他常住人口纳入社区卫生和计划生育服务体系，提供基本医疗卫生服务，加快实施统一的城乡医疗救助制度。建设全面覆盖实际居住人口的计生服务信息网络。

（十八）加快住房保障制度改革。深入分析研究本地农业转移人口和其他

常住人口住房需求，加强城镇保障性住房建设规划，逐步将稳定就业的异地务工人员纳入城镇住房保障体系。加大保障性住房建设力度，多渠道筹措房源，着力解决新落户的低收入家庭住房困难问题。探索完善城乡居民住房公积金制度，充分发挥住房公积金支持城乡居民住房消费的作用。

（十九）加强基本公共服务财力保障。积极探索建立财政转移支付同农业转移人口市民化挂钩机制。完善促进基本公共服务均等化的公共财政体系，逐步理顺事权关系，建立事权和支出责任相适应的制度，省和市县按照事权划分相应承担支出责任。

六、切实加强组织领导

（二十）抓紧落实政策措施。各地要建立户籍改革工作协调机制，统筹领导和协调推进户籍制度改革工作，结合实际制定出台推进本地户籍制度改革具体实施措施。省公安厅、发展改革委、教育厅、民政厅、财政厅、人力资源社会保障厅、国土资源厅、住房城乡建设厅、农业厅、卫生计生委等部门要抓紧制定相关配套政策措施。省公安厅要会同有关部门加强统筹协调、跟踪评估和督查指导，认真做好新旧政策措施的衔接，把握好过渡期，规范有序推进各项改革任务落到实处。

（二十一）加强宣传引导。户籍制度改革政策性强，社会关注程度高，各地、各有关部门和新闻单位要坚持正确舆论导向，全面准确解读中央和省的有关政策，及时总结、大力宣传各地在解决群众实际问题、保障群众合法权益等方面的好经验好做法，合理引导群众预期，积极回应社会关切，形成共同推进改革的良好社会氛围。各地出台的具体操作实施办法，要及时向社会公布，主动接受群众监督。

广东省人民政府
2015 年 6 月 24 日

附录五 关于农村集体资产

《北京市农村集体资产管理条例》

(1993 年)

第一章 总 则

第一条 为了加强农村集体资产管理，保护集体资产所有者、经营者的合法权益，促进农村社会主义市场经济健康发展，根据国家有关法律规定，结合本市实际情况，制定本条例。

第二条 本条例适用于本市乡（镇）合作经济联合社和村经济合作社（以下简称乡联社、村合作社）集体所有的资产的管理。

第三条 农村集体资产受法律保护，禁止任何组织或者个人侵占、哄抢、私分、破坏、平调或者非法查封、扣押、冻结、没收。

第四条 乡联社、村合作社应当加强集体资产管理。

第五条 任何组织和个人都应当爱护集体资产。乡联社、村合作社及其成员有保护集体资产的权利和义务。

第六条 农村集体资产可以按照所有权和经营权分离的原则，采取多种经营方式，实行有偿使用。

第七条 各级人民政府农村合作经济管理部门负责农村集体资产管理工作的指导。对本条例的实施进行监督。

第二章 农村集体资产所有权

第八条 乡联社、村合作社的集体资产属于该合作社劳动群众集体所有。

社员大会或者社员代表大会选举产生的乡联社、村合作社管理委员会依法行使集体资产所有权。

第九条 乡联社、村合作社的集体资产包括：

（一）乡联社、村合作社集体所有的土地、山场、森林、草原、水面等自然资源；

（二）乡联社、村合作社投资形成的建筑物、构筑物、机械、设备、产畜、役畜、林木和农田水利设施的；

（三）乡联社、村合作社投资兴办的企业资产；

（四）在股份制企业、联营企业和中外合资、合作企业中，乡联社、村合作社按照协议占有的资产份额；

（五）乡联社、村合作社出资兼并的企业资产；

（六）国家无偿资助形成的资产；

（七）国家对乡联社、村合作社及其所属企业减免税形成的资产；

（八）乡联社、村合作社拥有著作权、专利权、商标专用权等无形资产；

（九）乡联社、村合作社出资购买的股票、债券等有价证券；

（十）依法属于乡联社、村合作社所有的货币资产和其他资产。

第十条 乡联社、村合作社的土地、企业和其他资产实行承包经营或者租赁经营的，资产的所有权不变。

第十一条 集体资产所有权争议，除法律、法规另有规定的以外，由当事人协商解决；协商不成的，由人民政府处理。当事人对人民政府的处理决定不服的，可以在接到处理决定三十日内向人民法院起诉，当事人也可以直接向人民法院起诉。

第三章 农村集体资产经营权

第十二条 乡联社、村合作社依法决定集体资产的经营方式。可以实行承包经营、租赁经营；可以集体资产参股、联营；也可以实行股份合作经营。

第十三条 集体资产实行承包经营或者租赁经营的，应当依法签订承包合同或者租赁合同。经营者的债务责任，按照合同规定承担；合同没有规定的，个人经营的，以个人财产承担，家庭经营的家庭财产承担。

第十四条 集体资产经营者合法权益受法律保护。

经营集体资产的集体或者个人，合同规定的经营权和收益权，有管理、保护和按照合同规定的用途合理利用集体资产权利和义务。

第十五条 集体资产实行承包经营的，应当合理确定承包款；实行租赁经营的，应当合理确定资金。承包经营或者租赁经营集体资产的集体或者个人必须按照合同规定及时交纳承包金或者租金。

第十六条 实行承包经营或者租赁经营，应当进行资产评估，把资产保值增值纳入承包合同，建立固定资产折旧制度。经营者须按照规定提取折旧费。折旧费归集体所有。

第十七条 用集体资产参股、联营、合资经营，应当清查资产，清查债权债务由会计事务所或者审计事务所进行资产评估。

第十八条 集体资产评估结果，报县（区）农村合作经济管理部门备案。

第四章 农村集体资产管理

第十九条 乡联社、村合作社管理委员会负责集体资产的管理工作，主要职责是：

（一）组织实施社员大会或者社员代表大会关于集体资产管理的决定，保障集体资产保值增值；

（二）依法制定、执行集体资产管理制度；

（三）检查所属经营单位的经营管理工作；

（四）派员参加联营企业、股份制企业、合资企业董事会；

（五）集体资产管理日常工作。

第二十条 农村集体资产实行民主管理，定期公布账目，接受社员监督。

第二十一条 下列事项必须经同级社员大会或者代表大会讨论通过。

（一）乡联社、村合作社年度财务预算、决算；

（二）集体资产经营方式的确定和重大变更；

（三）重大项目投资；

（四）年度收益分配方案；

（五）主要资产处置和其他重大事项。

第二十二条 乡联社、村合作社监察委员会对本社集体资产管理进行监督，重点对财务计划、收益分配方案、专项基金的提取和使用、承包合同和其他经济合同的执行情况进行检查。

第二十三条 乡联社的、村合作社要建立健全固定资产登记和保管使用制度。对于资产存量、增减变动情况要及时准确如实登记；建立固定资产明细账，定期盘点，做到账实相符。

第二十四条 乡联社、村合作社及其经营单位生产经营的农工副产品、半成品、种子、化肥、农药、燃料、原材料、机械零配件和未列入固定资产的低值易耗品的，应当明确专人保管建立健全产品物资入库、出库、保管，领用制度。

第二十五条 乡联社、村合作社及其经营单位必须严格执行国家财务制度和现金管理制度建立健全开支审批制度，严格审批手续，保障货币资金的安全完整。

会计人员必须及时准确地核算收入、支出和结存，对违反国家财政制度、财务制度规定的收支，不予办理。

第二十六条 办好农村合作基金会。乡联社、村合作社集体资金在不改变资金所有权前提下，按照自愿互利、有偿使用的原则由合作基金会管理，提高资金使用效益。

第二十七条 乡联社、村合作社年终收益分配，应当结清全年的收入和支出，清理财务和债权债务，兑现承包合同。

第二十八条 村合作社的土地全部被国家征用，合作社建制撤销，土地补偿费、安置补助费，原有集体固定资产和历年积累余额，由所在乡（镇）用于组织生产和不能就业人员的生活补助；生产基金、公益金、生活基金和低值易耗品、库存物资、畜禽折款以及国库券等由原村合作社社员合理分配。方案须经县（区）人民政府批准。

第二十九条 建立农村集体资产报告制度。乡联社、村合作社应当按照规定填报统计报表，定期向乡（镇）农村合作经济管理部门报告。

第三十条 乡联社、村合作社及其经营单位主要干部离任、年终收益分配、社员代表大会提出要求或者乡（镇）人民政府认为需要时，应当对集体资产进行审计。

第五章 法律责任

第三十一条 违反本条例规定侵占集体资产，应当返还财产，不能返还财产，应当折价赔偿。

损坏集体资产的，应当恢复原状或者折价赔偿。

受害人因此遭受其他重大损失的，侵害人应当赔偿损失。

第三十二条 违反本条例规定，侵犯乡联社、村合作社合法权益，造成集体资产损害的，应当依法赔偿或者承担其他民事责任。

第三十三条 承包经营或者租赁经营农村集体资产不按规定提取折旧费，或者不按时交纳承包款、租金的，应当依照合同约定或者法律规定承担违约责任。

第三十四条 集体资产管理人员失职，造成集体资产损失、损坏的，由乡联社、村合作社追究责任。

第三十五条 违反本条例规定，依法应当由行政主管部门给予行政处罚的，由行政主管机关依法处理。情节严重构成犯罪，依法追究刑事责任。

第三十六条 当事人对承担本章规定的民事责任有争议的，可以向乡（镇）人民政府申请调解。有关承包、租赁经营集体资财引起的民事责任纠纷，可以向县（区）承包合同仲裁委员会申请仲裁，仲裁委员会应当在接到仲裁申请书两个月内作出裁决。当事人对裁决不服的可以在收到仲裁决定书的三十日内向人民法院起诉，当事人也可以直接向人民法院起诉。

第三十七条 仲裁机构的仲裁决定发生法律效力后，一方当事人不履行，他方当事人可以向人民法院申请执行。

第三十八条 市、县（区）农村合作经济管理部门对农村损害集体资产的行为，可以支持受损害的乡联社、村合作社向人民法院起诉。

第六章 附 则

第三十九条 本条例具体应用中的问题，由市人民政府农林办公室负责解释。

第四十条 本条例自 1993 年 7 月 1 日起施行。

《北京市撤制村队集体资产处置办法》

（1999 年）

第一条 为了合理处置依法撤制村、队的集体资产，保护和发展生产力，保护农村集体经济组织和农民的合法权益，根据有关法律、法规，结合本市实际情况制定本办法。

第二条 本办法适用于经批准撤制村、队的集体资产的处置，但实行乡镇一级核算的撤制村、队除外。

第三条 撤制村、队集体资产的处置原则是：

（一）有利于保护村、队集体经济组织及其成员的合法权益；

（二）有利于保护和发展社会生产力，促进股份合作经济发展；

（三）有利于维护和促进社会稳定。

第四条 撤制村、队的集体资产归该村、队集体经济组织全体成员共同所有，受法律保护。任何单位和个人不得侵占、平调、私分、哄抢。

第五条 撤制村、队应在所在乡镇人民政府的指导下，成立由乡镇农村合作经济经营管理站工作人员、村队集体经济组织负责人以及集体经济组织成员代表参加的撤制工作小组，负责具体工作。

第六条 撤制村、队对其集体资产产权的界定，应当依照《北京市农村集体资产管理条例》进行。

第七条 撤制村、队对其集体资产必须进行清产核资，并将清产核资结果报区县农村合作经济经营管理站审核、认定。

第八条 撤制村、队对其集体资产的清产核资结果，应当向该村、队集体经济组织成员大会或者代表大会报告并得到确认。

第九条 撤制村、队集体资产的处置方案，须经该村。队集体经济组织成员大会或者代表大会讨论同意，报乡镇人民政府批准，送所在区县农村合作经济经营管理站备案。

第十条 集体资产数额较大的撤制村、队，要积极创造条件进行改制，发展规范的股份合作经济。可以将集体净资产划分为集体股和个人股。集体股所占比例由该村、队集体经济组织成员大会或者代表大会讨论决定，但不应低于

30%；其他净资产量化到个人。

第十一条 撤制村、队集体经济组织成员获得的股权，享有收益权，可以继承、转让，但不得退股。

第十二条 各级政府要积极帮助和支持撤制村、队进行股份合作制改造，发展股份合作经济。

第十三条 撤制村、队集体资产数额较少，或者没有条件继续发展规范的股份合作经济的，集体资产按下列规定处置：

（一）固定资产（包括变价、折价款）和历年的公积金（发展基金）余额，以及占地补偿费，全部交由所属村或者乡镇合作经济组织管理。待村或者乡镇合作经济组织撤制时再行处置。

（二）公益金、福利基金和低值易耗品、库存物资、畜禽的折款以及国库券等，兑现给集体经济组织成员。

（三）青苗补偿费、村队种植的树木补偿费和不属于固定资产的土地等附着物的补偿费，可以兑现给集体经济组织成员。

第十四条 撤制村、队集体经济组织成员最初的入社股金，可按15倍左右的比例返还。继续发展规范的股份合作经济的，以股权形式返还；不能继续发展规范的股份合作经济的，以现金形式返还。

第十五条 撤制村、队在处置集体资产之前，应当按照有关政策进行当年收益分配。分配方案报所在乡镇人民政府批准。

第十六条 在撤制村、队集体资产处置中可享受分配的人员是：自建立农村集体经济组织（农业生产合作社）至批准撤制之日止期间，户口在村、队并且参加讨、队集体劳动三年以上（含三年），或者经批准从事个体生产经营活动累计三年以上（含三年）并依有关规定按时、按量履行了各项应尽义务的集体经济组织成员。但有下列情况之一的除外：

（一）撤制之日前已经死亡的；

（二）撤制之日前户口迁出本市的；

（三）撤制之日前已是国家工作人员的。

第十七条 撤制村、队集体资产的分配，以可以享受分配的人员在村、队参加劳动的时间为依据。参加劳动的时间以年度为单位计算，不满六个月的不计算，超过六个月的按一年计算。

第十八条 撤制村、队撤制工作小组，应当设法通知可以享受分配的人员参加资格确认和登记，必要时可在权威的媒体上发布公告。

第十九条 撤制村、队的撤制工作小组，要在撤制工作结束后，及时将有关材料整理归档，移交乡镇人民政府指定的部门保存。

第二十条 撤制村、队因产权界定、资产处置等引起纠纷的，由区县农村合作经济经营管理站进行调解；调解无效的，应当依法按法律诉讼程序解决。

第二十一条 本办法自发布之日起施行。此前撤制村、队集体资产已作处置的，不再重新处置；其上交村或者乡镇合作经济组织的集体资产，待村或者乡镇建制撤销时一并处置。

第二十二条 本办法执行中的具体问题由北京市人民政府农林办公室解释。

《广东省农村集体资产管理条例》

（1996 年 1 月 12 日广东省第八届人民代表大会常务委员会第十九次会议通过 2016 年 5 月 25 日广东省第十二届人民代表大会常务委员会第二十六次会议修订）

第一章 总 则

第一条 为了规范农村集体资产管理，保护集体资产所有者和经营者的合法权益，促进农村集体经济发展，根据有关法律、行政法规，结合本省实际，制定本条例。

第二条 本条例适用于本省行政区域内农村集体资产的管理活动。

本条例所称农村集体资产，是指属于农村集体经济组织成员集体所有的资产。

乡镇人民政府改为街道办事处或者村民委员会改为居民委员会后，属于农村集体所有的资产的管理，依照本条例执行。

第三条 农村集体资产由农村集体经济组织代表本组织全体成员行使所有权，并以本组织的名义依法自主经营管理。

第四条 县级以上人民政府农业行政主管部门、乡镇人民政府、街道办事处负责指导农村集体资产管理工作，并依照本条例的规定对农村集体资产管理实施监督。

县级以上人民政府其他有关部门和单位按照各自职责对农村集体资产管理工作进行指导和监督。

第五条 农村集体资产管理依法实行民主决策、民主管理、民主监督，遵循公开、公平、公正的原则。

第六条 鼓励推进城乡要素平等交换和公共资源均衡配置，探索创新市场经济条件下农村集体经济的有效实现形式，建立归属清晰、权责明确、保护严格、流转顺畅的现代产权制度，构建赋予农村集体经济组织成员更多财产权利的实现机制。

第七条 农村集体资产受法律保护，任何单位和个人不得侵占、损害。

农村集体经济组织及其成员有保护集体资产的权利和义务。

第二章 资产产权

第八条 农村集体资产包括：

（一）法律规定属于集体所有的土地和森林、山岭、草地、荒地、滩涂、水域等自然资源；

（二）农村集体经济组织成员集体所有的建筑物、构筑物、设施设备、库存物品等资产；

（三）农村集体经济组织用于教育、科学、文化、卫生、体育、水利、交通、福利等公益事业的资产；

（四）农村集体经济组织投资兴办或者购买、兼并的企业的资产，以及与其他单位或者个人合资、合作所形成的资产中占有的份额、股权；

（五）农村集体资产的经营收益，以及属于集体所得部分的土地补偿费和生态补偿费；

（六）农村集体经济组织接受政府拨款、补贴补助和减免税费以及其他单位和个人的资助、捐赠等形成的资产；

（七）农村集体经济组织拥有的现金、存款、有价证券、债权以及所产生的利息、衍生收入等资产；

（八）农村集体经济组织拥有的商标权、专利权、著作权、专有技术等无形资产；

（九）属于国家所有依法由农村集体经济组织成员集体行使使用权、享有收益权的资产；

（十）依法属于农村集体经济组织成员集体所有的其他资产。

第九条　农村集体经济组织应当建立资产管理制度，定期清查资产，对资产存量及变动情况进行登记。

农村集体资产依法需要登记的应当向登记机关申报登记。

第十条　农村集体经济组织因下列情形办理非交易性质的产权变更登记手续的，县级以上人民政府及其有关部门免收相关费用，按照国家有关规定适用税收优惠等政策：

（一）集体资产登记主体由村民自治组织或者其他组织变更登记为农村集体经济组织的；

（二）因行政区划调整或者集体资产产权制度改革等情形引起变更登记的；

（三）因农村集体经济组织合并、分立等情形引起变更登记的。

第十一条　对农村集体资产权属有争议的，由当事人协商解决；协商不成的，可以向乡镇人民政府、街道办事处申请调解；调解不成的，可以向县级人民政府农业行政主管部门申请调解。当事人也可以依法直接向人民法院提起诉讼。

农村集体资产权属争议涉及土地等自然资源所有权、使用权的，按照有关法律、法规执行。

第三章　管理组织

第十二条　农村集体经济组织应当制定章程，依照章程管理农村集体资产。章程应当载明下列事项：

（一）名称和场所；

（二）宗旨；

（三）组织的资产；

（四）成员权利、义务；

（五）成员代表的比例、人数和产生办法；

（六）理事机构、监事机构任期时间、人数配置及人员产生与罢免程序；

（七）收益分配制度；

（八）财务管理制度；

（九）审计制度；

（十）公开制度；

（十一）需要进行可行性研究、资产价值评估的具体数额标准；

（十二）章程修改程序；

（十三）成员大会和成员代表会议召开、表决程序办法；

（十四）其他涉及成员利益的重大事项。

确定前款第五项事项时，成员代表的比例一般不得低于本集体经济组织成员总人数的百分之三，人数一般不得少于十五人。

确定前款第十三项事项时，成员大会应当有本组织具有选举权的成员的半数以上参加，或者有本组织三分之二以上的户的代表参加，所作决议决定应当经到会人员的半数以上通过。成员代表会议应当有本组织三分之二以上的成员代表参加，所作决议决定应当经到会代表三分之二以上通过。

第十三条 下列事项，由农村集体经济组织成员大会决定：

（一）制定、修改农村集体经济组织章程；

（二）土地承包方案、集体资产产权量化折股及股权配置方案；

（三）集体土地征收征用补偿费等费用的分配方案；

（四）农村集体经济组织的合并、分立、解散；

（五）重大的集体资产产权变更；

（六）较大数额的举债或者担保；

（七）其他应当由成员大会决定的事项。

成员大会可以直接决定由成员代表会议决定的事项，也可以授权成员代表会议决定前款第一项、第四项以外的其他事项。

第十四条 下列事项，由农村集体经济组织成员代表会议决定：

（一）年度财务收支预决算方案以及计划外较大的财务开支；

（二）集体资产经营目标、经营方式和经营方案；

（三）建设用地使用权的流转；

（四）经济项目投资、公益项目投资；

（五）年度集体资产收益分配方案以及预留公益金、公积金；

（六）其他重要经营管理事项。

第十五条 农村集体经济组织的理事机构、监事机构应当依据章程由成员大会或者成员代表会议选举产生，对成员大会或者成员代表会议负责。

理事机构成员、财务人员和与理事机构成员、财务人员有夫妻关系、直系血亲关系、三代以内旁系血亲关系以及姻亲关系的，不得担任监事机构成员。

第十六条 农村集体经济组织理事机构的主要职责：

（一）执行成员大会或者成员代表会议的决议决定；

（二）负责执行集体资产管理的规章制度；

（三）负责集体资产的经营和日常管理工作；

（四）负责集体资产产权登记的申报；

（五）向成员大会或者成员代表会议提交工作报告；

（六）执行法律、法规、规章和本集体经济组织章程规定的其他职责。

第十七条 农村集体经济组织监事机构的主要职责：

（一）制定监督规程，对理事机构执行成员大会或者成员代表会议的决议决定以及集体资产管理规章制度的情况进行监督；

（二）检查监督集体资产的经营管理、财务管理、执行公开制度等情况；

（三）列席理事机构会议，提出改进工作的建议；

（四）向成员大会或者成员代表会议提出监督工作报告和建议；

（五）向县级以上人民政府有关部门或者乡镇人民政府、街道办事处报告理事机构及其成员的违法行为；

（六）执行法律、法规、规章和本集体经济组织章程规定的其他职责。

第十八条 农村集体经济组织章程、成员大会或者成员代表会议作出的决议决定不得违反法律、法规和规章的规定，不得侵害成员的合法权益。

农村集体经济组织理事机构应当在成员大会、成员代表会议作出决议决定之日起三个工作日内，公布参会人数、会议内容以及决议决定等情况。

理事机构、监事机构的履职行为不符合成员大会或者成员代表会议决议决定的，作出该决议决定的成员大会、成员代表会议有权予以纠正或者否决。

第十九条 农村集体经济组织应当建立健全资产清查、资产台账、资产收益考核，以及固定资产登记、保管使用、折旧等管理制度。

第二十条 农村集体经济组织应当严格执行有关财务会计制度规定，配备必要的财务人员；建立健全财务预决算、开支审批、财产清查、收益分配、民主理财和财务公开等制度。

第二十一条 农村集体经济组织应当建立健全集体资产经营管理情况公开制度，明确公开的内容、程序、形式和时间、地点。

应当公开的集体资产经营管理情况包括：

（一）集体经济项目的立项、招投标情况，合同订立、履行和变更情况；

（二）集体经济所得收益及其分配、使用情况；

（三）集体资产的使用处置、资源的开发利用和承包、租赁等经营情况，集体土地、集体建设用地使用权流转以及收益情况；

（四）集体资产的征收征用、安置标准、征收面积和各项补偿费的标准、收入、使用情况；返还留用地的位置、面积、使用情况；

（五）宅基地的分配情况；

（六）财务计划、经营损益、现金流量、资产负债等情况；

（七）政府拨款、补贴补助、减免税费以及其他资助、捐赠等情况；

（八）其他涉及成员利益的资产与财务重大事项。

第二十二条 农村集体经济组织成员对农村集体经济组织公开的事项的真实性、完整性有异议的，可以自公布之日起十五日内，向监事机构提出核实申请。监事机构应当自接到申请之日起三十日内进行核实，核实情况应当书面答复申请人并予以公布。

第四章 资产经营

第二十三条 农村集体经济组织具有独立的经营权，依法自主决定其资产的经营方式。

第二十四条 农村集体资产经营可以通过农村集体经济组织依法与其他组

织或者个人签订合同，明确双方的权利和义务，由其他组织或者个人行使经营权，资产所有权不变。

第二十五条 农村集体经济组织直接经营农村集体资产的，应当制定经营目标，明确经营责任，促进农村集体资产的保值增值。

除法律规定农村土地承包采取农村集体经济组织内部家庭承包外，农村集体资产实行承包、租赁经营的，应当依法采取招标、公开竞投、公开协商等方式确定经营者。禁止非法压价发包或者出租集体资产。

第二十六条 农村集体经济组织成员以内部家庭承包方式依法承包、流转、经营由本集体经济组织发包的土地的，依照《中华人民共和国农村土地承包法》和有关法律法规的规定执行。

农村集体经济组织成员有权依法自主决定所承包的土地经营权的流转。采取转让方式流转的，应当经发包方同意；采取转包、出租、互换或者其他方式流转的，应当报发包方备案。

第二十七条 农村集体经济组织以集体资产投资或者参股企业经营，投资数额较大的，应当进行可行性研究。可行性研究可以委托具备法定资质的第三方进行。

第二十八条 有下列情形之一的，应当对农村集体资产价值进行评估：

（一）数额较大的资产实行参股、联营、股份合作、合资、合作经营的；

（二）数额较大的资产进行拍卖、转让、置换等产权变更的；

（三）数额较大的资产抵押及其他担保的；

（四）农村集体经济组织合并、分立、改制、改组及其设立或者占有份额的企业兼并、分立、破产清算的；

（五）其他依法需要进行资产价值评估的。

第二十九条 农村集体资产价值评估应当由农村集体经济组织成员大会或者成员代表会议决定，并委托具备法定资质的资产评估机构进行。评估结果应当向本组织全体成员公布，并报乡镇人民政府、街道办事处备案。

监事机构对评估报告有异议的，可以在评估报告公布之日起十五日内向评估机构书面提出异议，该评估机构应当在收到书面异议之日起三十日内作出书面解释。

监事机构对评估机构书面解释仍有异议的，可以在收到书面解释之日起十日内，提请成员大会或者成员代表会议决定委托其他资产评估机构进行复评。受委托进行复评的机构应当在约定时间内作出复评结论。未经复评，不得否定初评报告。

农村集体经济组织成员对评估报告有异议的，可以向监事机构提出，由监事机构办理。

第三十条 农村集体经济组织可以聘请管理人员，参与集体资产经营管理。

第五章 指导监督

第三十一条 县级以上人民政府有关部门、乡镇人民政府、街道办事处应当掌握农村集体资产管理状况和集体经济组织基本情况，了解农村集体经济发展动态，做好指导监督工作。

第三十二条 县级人民政府应当建立健全农村集体资产交易服务平台，完善交易规则和相关制度，规范农村集体资产交易活动。

县级以上人民政府应当为农村集体经济组织及其成员提供更多的财产交易方式选择，优化农村集体资产交易。

第三十三条 县级人民政府有关部门、乡镇人民政府、街道办事处对农村集体经济组织章程、成员大会或者成员代表会议作出的决议决定违反法律、法规、规章的，应当依法处理。

第三十四条 县级以上人民政府有关部门、乡镇人民政府、街道办事处应当组织开展对农村集体经济组织的审计监督。根据监督需要，可以委托第三方审计机构，依法对农村集体经济组织的资产、财务收支等情况进行审计。

第三十五条 县级以上人民政府有关部门、乡镇人民政府、街道办事处应当加强对农村集体经济组织换届选举工作的指导，明确离任人员资料交接的具体要求，采取必要措施保障交接工作顺利进行。

农村集体经济组织的主要负责人离任时，应当依照国家和省的有关规定接受离任审计。

农村集体经济组织理事机构和监事机构的主要负责人、财务人员离任时，应当在规定期限内移交印章、文件、凭证、合同、会计账簿等资料。

第三十六条 乡镇人民政府、街道办事处应当组织农村集体经济组织按照规定填写资产统计报表，做好资产统计报告工作。

第三十七条 各级人民政府可以对农村集体经济组织发展股份合作进行指导，建立健全股权流转机制，探索农村集体经济组织成员对所持有集体资产股份占有、收益、有偿退出及抵押、担保、继承权的更多有效实现形式。

第六章 法律责任

第三十八条 违反本条例规定侵占农村集体资产的，应当返还；损害农村集体资产的，应当恢复原状或者赔偿损失；构成犯罪的，依法追究刑事责任。

第三十九条 有下列情形之一的，由县级以上人民政府有关部门或者乡镇人民政府、街道办事处责令限期改正，可以向集体经济组织提出对直接责任人暂停职务或者予以罢免的建议；造成损失的，由负有责任的人员承担赔偿责任；构成犯罪的，依法追究刑事责任。

（一）农村集体经济组织理事机构、监事机构的组成人员违反本条例规定，损害农村集体经济组织或者其成员合法权益的；

（二）农村集体经济组织理事机构、监事机构不依照章程管理农村集体资产的，或者对成员大会、成员代表会议决定决议拒不执行的；

（三）农村集体经济组织理事机构不按规定公开集体资产经营管理情况或者公开事项不真实、不完整的；

（四）农村集体经济组织理事机构和监事机构的主要负责人、财务人员离任时，未按照规定期限移交印章、文件、凭证、合同、会计账簿等资料的。

第四十条 各级人民政府及其相关部门的工作人员在农村集体资产管理的指导监督工作中以权谋私，滥用职权，玩忽职守，造成农村集体资产损失的，由所在单位或者上级主管部门对直接负责的主管人员和其他直接责任人员给予处分；构成犯罪的，依法追究刑事责任。

第四十一条 对检举揭发侵占、损害农村集体资产行为的人员进行打击报复的，依法查处。

第七章 附 则

第四十二条 本条例自2016年7月1日起施行。

《浙江省农村集体资产管理条例》

（2015年12月30日浙江省第十二届人民代表大会
常务委员会第二十五次会议通过）

第一章 总 则

第一条 为了规范农村集体资产管理，维护农村集体经济组织及其成员的合法权益，保障农村集体资产保值增值，巩固和发展农村集体经济，根据有关法律、行政法规，结合本省实际，制定本条例。

第二条 本省行政区域内农村集体资产管理活动，应当遵守本条例。

本条例所称农村集体资产，是指村集体经济组织成员集体所有的资产，包括资源性、经营性和非经营性资产。

本条例所称村集体经济组织及其成员，是指《浙江省村经济合作社组织条例》规定的村经济合作社及其社员，以及村经济合作社股份合作制改造后成立的村股份经济合作社及其社员股东。

第三条 农村集体资产是农业合作化和农民群众劳动积累的成果，承担稳定与完善统分结合的双层经营体制、发展农村集体经济、增加农民收入、促进共同富裕等功能。

第四条 对农村集体资产按照合作制原则实行民主管理，其经营收益由本集体经济组织全体成员共同享有，并依照本条例规定和集体经济组织章程分配。村集体经济组织应当保障妇女在集体资产的管理、使用及收益分配方面享有与男子平等的权利。

村集体经济组织及其成员有保护农村集体资产不受侵犯、维护农村集体资产正常运行的权利和义务。

农村集体资产受法律保护，任何单位和个人不得侵占、私分、平调、破坏。

第五条 村集体经济组织依法代表全体成员对农村集体资产行使占有、使用、收益和处分的权利，承担资源开发与利用、资产经营与管理、生产发展与服务、财务管理与分配等职能。中国共产党在农村的基层组织领导、支持和保障村集体经济组织依法履行职能。

村集体经济组织应当参与农村社区建设和社区协商，为农村社区事业发展提供物质支持。

村集体经济组织执行机构和监督机构分别承担农村集体资产的日常管理和内部监督工作，对村集体经济组织全体成员负责。

村集体经济组织应当建立健全资产与财务管理各项规章制度，实行财务公开和民主理财，保障本集体经济组织及其成员的合法权益。

尚未建立村集体经济组织的，农村集体资产的所有权暂由村民委员会代表全体成员行使。

第六条 县级以上人民政府应当加强对本行政区域内农村集体资产管理工作的领导，建立健全监督与指导体系，制定农村集体资产管理制度，加大财政投入，扶持农村集体经济发展，维护村集体经济组织及其成员的合法权益。

乡镇人民政府（街道办事处）是本辖区内农村集体资产管理的监督责任主体，应当确定专门机构和工作人员负责对农村集体资产管理的监督、指导服务和权益维护等工作，所需工作经费列入财政预算。

第七条 县级以上人民政府农业主管部门负责对本行政区域内农村集体资产管理的业务指导、技术培训和监督。农业主管部门所属的农村经营管理机构承担日常具体工作。

县级以上人民政府监察、民政、财政、审计、国土资源、水利、林业、文化、海洋与渔业等部门按照职责分工，共同做好对农村集体资产管理的监督工作。

第二章　资产权属

第八条 下列资产属于农村集体资产：

（一）依法属于村集体经济组织成员集体所有的土地和森林、山岭、草原、荒地、滩涂、水域等资源性资产；

（二）村集体经济组织成员集体所有的用于生产经营的建筑物、构筑物、设施设备、库存物品、各种货币资产以及债权、股权等经营性资产；

（三）村集体经济组织成员集体所有的用于教育、科学、文化、卫生、体育等公益事业的非经营性资产；

（四）村集体经济组织成员集体所有的其他有形和无形资产。

村集体经济组织接受社会资助、捐赠和财政直接补助所形成的资产，属于本集体经济组织成员集体所有。

第九条 县级以上人民政府应当根据法律、法规和国家有关规定，对农村集体资产的所有权或者使用权进行界定确认。

县级以上人民政府及其有关部门应当依照《中华人民共和国物权法》《中华人民共和国农村土地承包法》和不动产登记有关规定，对村集体经济组织成员集体所有的土地、房屋以及土地承包经营权等予以登记。

村集体经济组织应当建立资产登记制度，定期清查本集体经济组织成员集体所有资产，如实登记资产存量及变动情况，做到资产明晰、账实相符。对报废的资产，应当按照规定程序予以核销。

对实行承包和租赁经营的资产，村集体经济组织应当登记承包人、承租人的名称或者姓名以及承包、租赁的期限、收益等情况。

第十条 农村集体土地依法被征收为国有土地的，设区的市、县（市、区）人民政府除依照法律、法规规定的标准给予补偿外，还应当按照被征收土地面积的一定比例，为被征地村安排集体经济发展留用地，或者以留用地指标折算为集体经济发展资金等形式予以补偿。具体办法由设区的市人民政府制定。

前款规定的留用地或者集体经济发展资金等形式的补偿应当用于发展农村集体经济，不得直接分配给集体经济组织成员。留用地的使用应当符合城乡规划和土地利用总体规划。

第十一条 因村集体经济组织合并、分立需要调整农村集体资产权属，或者因村集体经济组织终止需要处分农村集体资产的，应当尊重有关村集体经济组织及其成员的意愿，制定具体的实施方案。实施方案应当经本集体经济组织成员大会或者成员大会授权的成员代表大会应到成员三分之二以上通过。

村集体经济组织合并、分立、终止的程序依照《浙江省村经济合作社组织条例》的规定执行。村集体经济组织合并、分立或者终止时，应当依法进行清算。

调整农村集体资产权属和处分农村集体资产不得损害村集体经济组织及其成员的合法权益。

第三章　资产运营

第十二条　村集体经济组织应当建立和完善农村集体资产经营管理、资产保值增值、责任考核和风险控制等制度。

村集体经济组织对农村集体资产可以直接经营，也可以采取发包、租赁、合资、合作等方式经营。

第十三条　村集体经济组织经营管理人员应当具备下列条件，并由本集体经济组织选举、任命或者聘任：

（一）有良好的品行和信誉；

（二）具有农村集体资产经营管理的专业知识和工作能力；

（三）有能够正常履职的时间和身体条件；

（四）法律、法规规定的其他条件。

村集体经济组织根据需要配备农村集体资产专管员，负责集体资产的统计、登记和财务报账、财务会计档案保管等事务。

第十四条　单位和个人经营或者使用农村集体资产的，应当与村集体经济组织签订书面合同，合理确定合同期限、标的，明确双方的权利和义务。

第十五条　村集体经济组织应当每年召开本集体经济组织成员大会或者成员代表大会，听取、审查村集体经济组织执行机构关于农村集体资产经营管理的工作报告和村集体经济组织监督机构关于农村集体资产经营管理的监督工作报告，讨论决定农村集体资产年度经营管理和制度建设等重大事项。

村集体经济组织成员代表大会行使前款规定职能的，应当取得成员大会的授权。

第十六条　村集体经济组织以及村集体经济组织经营管理人员，不得以本集体资产为其他单位和个人的债务提供担保。

任何单位和个人不得强制村集体经济组织捐款捐助或者向村集体经济组织摊派。

第十七条 农村集体资产经营管理活动中的下列事项，应当经本集体经济组织成员大会或者成员大会授权的成员代表大会应到成员三分之二以上通过：

（一）本集体经济组织年度财务预决算、收益分配和非生产性支出方案；

（二）农村集体资产经营方式、经营目标及重大经营事项的确定和变更；

（三）重大投资和工程建设项目、较大数额的举债；

（四）出借集体资金；

（五）集体土地征收征用补偿费的分配和使用；

（六）留用地和集体经济发展资金的使用；

（七）宅基地的分配；

（八）依法进行的集体经营性建设用地入市；

（九）涉及本集体经济组织全体成员利益的其他重大事项。

前款所列事项的表决过程应当由村集体经济组织监督机构全程监督。其中，第三项、第四项规定的事项在提请表决前，还应当由村集体经济组织执行机构说明可能造成的风险。

重大投资和工程建设项目、较大数额举债等具体数额标准，由村集体经济组织依照本条第一款规定的民主决策程序予以确定。

第十八条 村集体经济组织应当合理控制债务规模。乡镇人民政府（街道办事处）可以根据村集体经济组织的经营管理需要和债务偿还能力，对村集体经济组织的债务规模设置警戒线，并对村集体经济组织及其成员发布预警信息，提示债务超过警戒线可能造成的风险。

第十九条 村集体经济组织对其出资的企业或者其他经济组织依法享有资产收益和相应的经营管理权利。

村集体经济组织对其独资、控股、参股的企业或者其他经济组织，应当通过制定、参与制定该企业或者其他经济组织章程的方式，建立权责明确的内部监督管理和风险控制制度，维护本集体经济组织及其成员的权益。

第二十条 调整农村集体资产权属、开展股份合作以及本条例第十七条规定事项的实施方案，依照本条例规定的民主决策程序交付表决前，应当在本集体经济组织范围内进行公示，征求本集体经济组织成员意见，征求意见时间不少于十五日。

第四章　财务管理

第二十一条　村集体经济组织应当遵守《中华人民共和国会计法》《会计基础工作规范》《村集体经济组织会计制度》等法律和国家有关规定，建立健全本集体经济组织财务和会计制度。

村集体经济组织因与其他单位或者个人的经济业务取得的原始凭证，应当为财政、税务和农业主管部门规定的票据。

第二十二条　村集体经济组织只能开设一个基本存款账户，用于办理日常转账结算和现金收付；除土地补偿费专门账户外，不得开设其他专用或者临时账户。

村集体经济组织开设一般账户及开设一般账户的数量，由本集体经济组织成员大会或者成员大会授权的成员代表大会应到成员过半数确定。开设的一般账户基本信息及数量，应当报乡镇人民政府（街道办事处）备案。

村集体经济组织可以委托县（市、区）农业主管部门或者乡镇人民政府（街道办事处）组织公开招投标，确定存储本集体经济组织大额存款的商业银行。

第二十三条　村集体经济组织应当建立财务会计档案管理制度，保证财务会计资料的完整和真实。农村集体资产专管员或者其他相关经营管理人员调整的，财务会计资料和财务印章应当及时移交。

第二十四条　推行村集体经济组织会计委托代理制度。村集体经济组织可以委托乡镇会计代理机构或者其他会计代理机构代理会计业务。

村集体经济组织委托会计代理机构代理会计业务的，应当签订书面委托合同，明确双方的权利和义务。

会计代理机构应当配备具有会计从业资格的人员。

第二十五条　村集体经济组织应当保障其成员对本集体资产经营和财务管理的知情权、监督权。

村集体经济组织应当按月或者按季度向本集体经济组织成员公开财务明细账目；发生重大财务事项的，应当自重大财务事项发生之日起五日内向本集体经济组织成员公布。重大财务事项的标准由县（市、区）人民政府确定。

村集体经济组织监督机构应当履行民主理财的监督职能，对农村集体资产经营管理和财务收支进行审查，及时公布审查情况。

第五章 股份合作

第二十六条 村集体经济组织可以通过股份合作形式，明确其成员对农村集体资产股份占有和收益分配权利。

村集体经济组织完成股份合作制改造后，仍为集体所有、合作经营、民主管理、服务成员的社区性农村集体经济组织。

第二十七条 推行将农村集体资产中的经营性资产折股量化到本集体经济组织成员。农村集体资产中的非经营性资产应当为本集体经济组织成员提供公益性服务，可以折股量化到本集体经济组织成员。

鼓励在土地承包经营权确权登记颁证的基础上，采用土地承包经营权入股的方式，发展土地股份合作，实行适度规模经营。

集体经营性建设用地依法入市的，其入市收益作为集体资产可以折股量化到本集体经济组织成员，但不得直接分配给集体经济组织成员。

第二十八条 村集体经济组织开展股份合作，应当按照尊重历史、照顾现实、男女平等、群众认可的原则，进行清产核资、界定村集体经济组织成员身份，并设置和量化股权。

股份合作实施方案依照本条例第二十条规定征求意见后，应当报乡镇人民政府（街道办事处）进行合法性审查。乡镇人民政府（街道办事处）应当在七个工作日内完成审查工作，对不符合法律、法规规定的实施方案，应当告知村集体经济组织进行修改。

经审查认定符合法律、法规规定的实施方案，经本集体经济组织成员大会应到成员三分之二以上通过后方可实施。通过后的实施方案应当报县（市、区）农业主管部门和乡镇人民政府（街道办事处）备案。

第二十九条 村集体经济组织完成股份合作制改造后，由县（市、区）

人民政府颁发村股份经济合作社证明书。

已经办理工商登记的村集体经济组织，应当凭村股份经济合作社证明书向县（市、区）工商行政管理部门办理变更登记。尚未办理工商登记的村集体经济组织，可以凭村股份经济合作社证明书向县（市、区）工商行政管理部门办理设立登记。

第三十条 折股量化到村集体经济组织成员的农村集体资产股权，为农村集体资产收益分配的依据，可以依法继承。

农村集体资产股权限于在本集体经济组织内部转让。法律、行政法规另有规定的，从其规定。

村集体经济组织每个成员通过折股量化和转让持有的农村集体资产股权不得超过本组织股权总数的百分之三。本条例施行前已经通过折股量化和转让持有的农村集体资产股权，纳入本条规定的比例核算；超过规定比例的部分可以继续持有，但不得再通过折股量化或者转让增加持有的比例。

第三十一条 县（市、区）人民政府应当建立农村集体资产信息化管理平台。开展股份合作的村集体经济组织的成员姓名及其股权等信息，由乡镇人民政府（街道办事处）在农村集体资产信息化管理平台上予以记载。农村集体资产股权依法继承、转让的，记载的相关信息应当及时予以变更。

第三十二条 农村集体资产当年的净收益应当在提取公积金、公益金后实行按股分红。公积金、公益金合计提取的比例不得低于净收益的百分之三十。公积金主要用于村集体经济组织发展生产、转增资本、弥补亏损等，公益金主要用于村级公共开支。

第三十三条 已撤村建居且符合下列条件的，村集体经济组织可以依照《浙江省村经济合作社组织条例》规定的程序予以终止：

（一）本集体经济组织成员集体所有的土地全部被征收；

（二）本集体经济组织成员全部纳入城乡居民社会保障体系；

（三）农村社区全部划入城镇建成区；

（四）社区基本公共服务实现城乡一体化和均等化。

村集体经济组织依照本条例规定终止的，可以改制为有限责任公司或者股份有限公司。

第六章 产权交易

第三十四条 县级以上人民政府应当加强农村产权交易市场建设，制定交易规则和管理办法，支持和监督资产评估、担保、公证等中介机构参与农村产权交易服务。

农村产权交易市场应当建立健全业务受理、信息发布、交易签约、交易中（终）止、交易（合同）鉴证、档案管理等制度，保障农村集体资产公开、公平、公正交易。

第三十五条 达到县（市、区）人民政府确定的标的额的农村集体资产交易，应当进入农村产权交易市场公开进行。

第三十六条 有下列情形之一的，应当进行农村集体资产评估：

（一）以入股、合资、合作等方式经营农村集体资产的；

（二）转让农村集体资产的；

（三）因村集体经济组织合并、分立需要调整农村集体资产权属的；

（四）因村集体经济组织终止需要处分农村集体资产的；

（五）法律、法规规定需要进行农村集体资产评估的其他情形。

第三十七条 农村集体资产评估应当委托具有资质的资产评估机构进行。

评估机构的确定应当经村集体经济组织成员大会或者成员大会授权的成员代表大会应到成员三分之二以上通过。

农村集体资产评估结果应当向本集体经济组织成员公示，公示时间不少于十五日。

经村集体经济组织成员大会或者成员大会授权的成员代表大会应到成员三分之二以上通过，村集体经济组织可以对农村集体资产设定保留价，并可以确定评估结果低于保留价的，暂停本条例第三十六条所列事项的实施。

第七章 审计监督

第三十八条 县（市、区）农业主管部门和乡镇人民政府（街道办事处）按照县（市、区）人民政府确定的职责分工，负责组织对本辖区内村集体经济组织的审计工作。县级以上人民政府审计机关应当加强审计业务指导。

县（市、区）农业主管部门和乡镇人民政府（街道办事处）可以委托有资质的第三方审计机构，对村集体经济组织进行审计。

有条件的村集体经济组织可以建立内部审计机构，组织开展审计工作。

第三十九条 县（市、区）农业主管部门和乡镇人民政府（街道办事处），应当对村集体经济组织的下列事项进行审计监督：

（一）财务管理制度的执行；

（二）资产、负债、损益和收益分配；

（三）承包、租赁、转让等合同的签订和履行；

（四）集体土地征收征用补偿费的分配和使用；

（五）公积金、公益金等农村集体专项资金的提取和使用；

（六）重大投资和工程建设项目及非生产性支出；

（七）村集体经济组织负责人任期目标和离任经济责任；

（八）县级以上人民政府及其审计机关指定的其他审计事项。

第四十条 村集体经济组织应当建立健全审计整改责任制，及时整改审计发现的问题。县（市、区）农业主管部门或者乡镇人民政府（街道办事处）应当督促村集体经济组织根据审计结果进行整改。村集体经济组织应当将审计整改情况向县（市、区）农业主管部门和乡镇人民政府（街道办事处）报告。

除依法不应公开的外，村集体经济组织应当将审计结果和审计整改情况向本集体经济组织成员公开。

第四十一条 县级以上人民政府审计机关应当依法加强对村集体经济组织使用公共资金情况的审计监督。经本级人民政府批准，审计机关可以对村集体经济组织的财务收支情况进行审计监督。

第八章 保障措施

第四十二条 县级以上人民政府应当按照统筹城乡发展的要求，加大对村级组织运转、村级公共事业以及基础设施建设与管理维护的转移支付力度。以政府投入推动的农村公共设施建设和城乡基本公共服务均等化项目，不得强制村集体经济组织安排配套资金。

第四十三条　县（市、区）人民政府应当将乡镇会计代理机构的办公条件、人员工资等所需经费，列入财政预算。有条件的县（市、区）人民政府也可以通过购买服务方式，确定为村集体经济组织提供会计代理服务的会计代理机构。

乡镇会计代理机构或者县（市、区）人民政府通过购买服务方式确定的会计代理机构，为村集体经济组织提供会计代理服务，不得向村集体经济组织收取费用。

第四十四条　村集体经济组织因名称变更或者合并、分立等原因办理非交易性质的产权变更手续，县级以上人民政府及其有关部门应当免收产权变更登记的相关费用。

第九章　法律责任

第四十五条　违反本条例规定的行为，法律、行政法规已有法律责任规定的，从其规定。

第四十六条　违反本条例第十六条第一款规定，村集体经济组织经民主决策程序，以本集体资产为其他单位和个人的债务提供担保的，由县（市、区）农业主管部门对村集体经济组织处五万元以上二十万元以下罚款；村集体经济组织经营管理人员未经民主决策程序，以本集体资产为其他单位和个人的债务提供担保的，由县（市、区）农业主管部门对相关经营管理人员处一万元以上五万元以下罚款，有违法所得的，并处没收违法所得。

违反本条例第十六条第二款规定，强制村集体经济组织捐款捐助或者向村集体经济组织摊派的，由有权机关按照管理权限责令限期改正，对直接负责的主管人员和其他直接责任人员依法给予处分。

第四十七条　违反本条例第二十三条规定，未建立财务会计档案管理制度或者不移交财务会计资料、财务印章的，由乡镇人民政府（街道办事处）责令限期改正；经责令移交仍拒不移交有关财务会计资料、财务印章的，由县（市、区）农业主管部门对直接负责的主管人员和其他直接责任人员处二千元以上二万元以下罚款。

第四十八条 违反本条例第二十五条规定，村集体经济组织未按时公开财务明细账目或者未按时公布重大财务事项的，由乡镇人民政府（街道办事处）责令限期改正；逾期不改正的，由县（市、区）农业主管部门对直接负责的主管人员和其他直接责任人员处一千元以上五千元以下罚款。

第四十九条 违反本条例第十一条、第十七条、第二十条、第三十七条规定，村集体经济组织经营管理人员行使相关经营管理职能时未履行民主决策程序的，由乡镇人民政府（街道办事处）责令限期改正，由县（市、区）农业主管部门对相关经营管理人员处一万元以上五万元以下罚款；有违法所得的，并处没收违法所得。

第五十条 各级人民政府及其有关部门的工作人员在农村集体资产监督管理工作中滥用职权、徇私舞弊或者玩忽职守的，由有权机关依法给予处分。

第十章 附 则

第五十一条 本条例下列用语的含义：

（一）村集体经济组织执行机构和监督机构，是指《浙江省村经济合作社组织条例》规定的村经济合作社管理委员会和监督委员会，以及村股份经济合作社董事会和监事会。

（二）村集体经济组织成员大会和成员代表大会应到成员，是指有表决权的全体成员或者全体成员代表。

（三）集体经营性建设用地入市，是指集体经营性建设用地使用权按照依法、自愿、公平、公正以及与国有建设用地使用权同权同价的原则，以出让、出租、入股等有偿方式发生转移的行为。

第五十二条 本条例第四十六条至第四十九条及相应行为规范的规定，适用于乡镇（街道）集体经济组织和村内集体经济组织；本条例的其他条款，乡镇（街道）集体经济组织和村内集体经济组织可以参照执行。

第五十三条 本条例自2016年5月1日起施行。

附录六 《北京市农村股份合作企业暂行条例》

（1996年9月6日北京市第十届人民代表大会常务委员会第三十次会议通过）

第一章 总 则

第一条 为了规范农村股份合作企业的组织和行为，保护企业、合作股东和债权人的合法权益，促进农村经济发展，根据国家有关法律、法规的规定，结合本市实际情况，制定本条例。

第二条 本条例适用于本市行政区域内乡、镇合作经济联合社或者村经济合作社及其社员共同投资，并可依法吸纳其他投资，按照本条例设立的农村股份合作企业。

第三条 农村股份合作企业是以合作制为基础，实行农民群众劳动合作和资金联合相结合的企业组织形式。

农村股份合作企业的投资者称合作股东。

第四条 农村股份合作企业实行以下原则：

（一）劳动合作与资金联合相结合，按劳分配与按股分红相结合；

（二）资金共筹、积累共有、利益共享、风险共担、同股同利；

（三）自主经营、独立核算、自负盈亏、民主管理。

第五条 农村股份合作企业是依法享有民事权利，以其全部资产独立承担民事责任的企业法人。合作股东以其所持股份为限对企业债务承担责任。

第六条 农村股份合作企业享有合作股东投资形成的全部法人财产权，其合法权益受法律保护。政府和任何组织及个人不得干预农村股份合作企业的合法经营活动，不得平调、侵占企业财产，不得要求企业承担法律、法规规定以外的义务。

第七条 农村股份合作企业不得向负无限责任的经济组织投资。向其他经济组织投资的，其投资总额不得超过本企业净资产的百分之五十；在投资后，接受被投资经济组织以利润转增的资本，其增加额不包括在内。

农村股份合作企业向其他经济组织投资、为合作股东或者他人提供经济担保，必须由理事会决定。

第八条 农村股份合作企业享有和承担法律、法规对乡镇集体企业规定的权利和义务，享受国家对乡镇集体企业规定的待遇和优惠政策。

第九条 农村股份合作企业必须遵守国家法律、法规，接受政府依法进行的管理和监督。

第十条 农村股份合作企业经工商行政管理部门依法核准登记成立。

第二章 设 立

第十一条 设立农村股份合作企业必须坚持自愿原则。

第十二条 设立农村股份合作企业可以采取改建或者新建的方式：

（一）改建方式是指：

1. 将乡、镇合作经济联合社或者村经济合作社（以下简称合作社）原有集体企业资产折成股份，并吸纳新的投资设立的股份合作企业；

2. 将合作社原有集体企业资产部分出售，按产权折成股份，并吸纳新的投资设立的股份合作企业；

3. 按照本条例规定的原则，采取其他方式将合作社原有集体企业改组设立的股份合作企业。

（二）新建方式是指合作社及其社员共同投资，并可吸纳其他投资设立的股份合作企业。

第十三条 设立农村股份合作企业（以下简称企业），应当由合作社作为发起人。设立企业的方案，必须经合作社社员大会或者社员代表会议批准。

改建设立的，应当事先经企业职工大会或者职工代表大会讨论通过；有外部投资的，应当事先征得投资方同意；出售部分原有集体企业资产的，应当经合作社社员大会或者社员代表会议批准。

第十四条 合作股东可以用货币入股，也可以用实物、工业产权、非专利技术和土地使用权作价入股。在农业企业工作的合作社社员，可以用其劳动积累作入股。

以工业产权、非专利技术作价入股的金额不得超过企业注册资本总额的百分之二十，国家另有规定的从其规定。以土地使用权作价入股的，必须是经依法批准的建设用地。

除货币外，以其他资产入股的，必须出具产权证明，并办理产权转移手续。

第十五条 集体资产的产权界定依照《北京市农村集体资产管理条例》的规定执行。

第十六条 以实物、工业产权、非专利技术和土地使用权作价入股的，必须由具有资产评估资格的机构进行资产评估。集体资产评估结果应当经社员大会或者社员代表会议确认。

禁止将集体资产低价折股、低价出售。

农村合作经济管理部门要加强对集体资产评估工作的指导和监督。

第十七条 企业的注册资本为合作股东实际缴纳的股本总额。

企业的注册资本不得少于3万元人民币。

第十八条 企业应当制订章程。企业章程由合作股东大会讨论通过。

企业章程应当载明下列事项：

（一）企业的名称和住所；

（二）企业的宗旨和经营范围；

（三）企业的设立方式；

（四）合作股东的权利和义务；

（五）企业注册资本、股份种类、各类股金总额、每股金额；

（六）收益分配及亏损分担办法；

（七）企业组织机构及其产生办法、职权、议事规则；

（八）企业法定代表人；

（九）企业终止的条件和程序；

（十）企业章程修订程序；

（十一）企业章程设立日期；

（十二）法律、法规规定的其他事项。

第十九条 设立企业的筹备工作结束后，由合作股东大会指定的代表或者共同委托的代理人向当地工商行政管理部门申请注册登记，领取营业执照，并报乡镇企业主管机关备案。改建设立的，应当在筹备工作结束后，报区、县人民政府的经济体制改革部门或者政府授权部门批准，再向工商行政管理部门申请注册登记。

第三章　股　份

第二十条　企业应当设置集体股、职工个人股。社员个人股、社会法人股和其他种类股份的设置由企业章程规定，但不得违反国家法律、法规的有关规定。

第二十一条　集体股是指合作社投资或者将集体资产折股后形成的由该合作社社员集体所有的股份，经社员大会或者社员代表会议同意，可以在本合作社内部转让，也可以向法人转让，但不得因转让股份而改变企业股份合作的性质。

第二十二条　职工个人股是指本企业职工投资购买或者投劳形成的股份，可以继承，可以在本合作社内部转让。

第二十三条　社员个人股是指在合作社内部募集的非本企业职工购买的股份，可以继承，可以在本合作社内部转让。

第二十四条　社会法人股是指法人向企业投资形成的股份，可以向其他法人或者合作股东转让。

第二十五条　企业办理工商登记手续后，所有合作股东都不得抽回出资，不得退股。

合作股东依法转让股份，须经理事会批准。

第二十六条　企业应当在登记注册后签发股权证书，作为合作股东享受权利和承担义务的书面凭证。

股权证书应当载明以下事项：

（一）企业的名称、住所；

（二）企业登记日期；

（三）编号；

（四）合作股东名称或者姓名、住所及其股份种类、数额；

（五）合作股东缴纳的出资额和出资日期；

（六）核发日期；

（七）企业签章、理事长签名；

（八）其他需要载明的事项。

第二十七条 企业应当置备合作股东名册。

合作股东名册应当载明以下事项：

（一）合作股东姓名或者名称和住所；

（二）合作股东的出资额、股份种类和股份数额；

（三）股权证书编号；

（四）取得股份的日期。

第二十八条 合作股东转让股份应当变更股权证书和合作股东名册。

第四章 组织机构

第二十九条 企业设立合作股东大会、理事会、经理和监事会。

第三十条 合作股东大会是企业权力机构，行使下列职权：

（一）决定或者罢免理事会、监事会成员；

（二）审议批准企业年度财务预算、决算方案；

（三）审议批准企业利润分配和亏损弥补方案；

（四）审议批准企业股份调整方案；

（五）审议批准企业增减注册资本方案；

（六）审议批准企业合并、分立、变更组织形式、解散和清算方案；

（七）决定修改企业章程；

（八）企业章程规定的其他职权。

第三十一条 合作股东大会实行一人一票制。

合作股东大会作出决议必须经全体合作股东半数以上通过。

第三十二条 企业成立理事会，组成人员一般不少于五人。理事会成员由各类合作股东代表理事组成，各类代表理事名额参照各自股份比例确定，代理理事人选分别由各类合作股东推荐。

理事任期由企业章程规定，任期届满可以连选连任。

第三十三条 理事会对合作股东大会负责，行使下列职权：

（一）审定企业的发展规划、年度生产经营计划；

（二）确定企业的经营方针和管理机构的设置；

（三）批准企业的规章制度；

（四）听取并审查经理的工作报告；

（五）审查企业年度财务预算、决算方案和利润分配方案；

（六）对企业增加或者减少注册资本，分立、合并或者清算等重大事项提出方案；

（七）聘任或者解聘企业经理，根据经理提名，聘任或者解聘副经理和财务主管；

（八）决定对企业经理、副经理和财务主管的奖惩；

（九）本条例和企业章程规定的其他职权。

理事会的决议须经全体理事半数以上同意方可通过。

第三十四条 理事长是企业的法定代表人，由理事会选举或者罢免。

理事长行使下列职权：

（一）召集和主持合作股东大会和理事会会议；

（二）检查合作股东大会决议和理事会决议的实施情况；

（三）企业章程规定的其他职权。

第三十五条 企业经理对理事会负责，行使下列职权：

（一）根据企业章程和理事会授权负责企业的日常经营管理；

（二）组织实施合作股东大会和理事会的决议；

（三）拟定企业的发展规划和年度生产经营计划草案；

（四）提出企业经营方针和管理机构设置及规章制度草案；

（五）提出企业年度财务预算、决算方案和利润分配方案；

（六）提请聘任或者解聘企业副经理及财务主管，任免企业其他管理人员；

（七）决定对企业副经理（不含副经理和财务主管）以下员工的录用、辞退和奖惩；

（八）列席理事会会议；

（九）企业章程或者理事会授予的其他职权。

第三十六条 企业设立监事会，组成人员不得少于三人。其中，半数以上成员应当由职工股东出任。

企业的理事、经理及财务主管等高级管理人员不得兼任监事。

第三十七条 监事会行使下列职权：

（一）列席理事会会议；

（二）监督理事、经理的工作；

（三）检查企业经营和财务状况；

（四）必要时，建议召开临时合作股东大会；

（五）企业章程规定的其他职权。

监事会的决议必须经全体监事半数以上同意方可通过。

第三十八条 企业的合作股东和理事、经理、监事等高级管理人员，不得从事与本企业竞争或者损害本企业利益的活动。

第三十九条 有下列情形之一的，不得担任企业的理事长、理事、监事、经理：

（一）无民事行为能力或者限制民事行为能力；

（二）因犯有贪污、贿赂、侵占财产、挪用财产罪或者破坏社会经济秩序罪，被判处刑罚，执行期满未逾五年，或者因犯罪被剥夺政治权利，执行期满未逾五年；

（三）担任因经营不善破产清算的公司、企业的董事或者厂长、经理，并对该公司、企业的破产负有个人责任的，自该公司、企业破产清算完结之日起未逾三年；

（四）担任因违法被吊销营业执照的公司、企业的法定代表人，并负有个人责任的，自该公司、企业被吊销营业执照之日起未逾三年；

（五）个人所负数额较大的债务到期尚未清偿。

企业违反前款规定选举、委派理事长、理事、监事或者聘任经理的，该选举、委派或者聘任无效。

第五章 财务会计与收益分配

第四十条 企业应当依照法律、法规和国家有关部门的规定，建立财务、会计制度，定期向合作股东公布账目。

第四十一条 企业的税后利润，应当按照下列顺序分配：

（一）弥补被依法没收财物损失，支付各项税收的滞纳金和罚款；

（二）弥补亏损；

（三）提取公积金；

（四）提取公益金；

（五）按照企业章程规定的比例，提取职工积累基金；

（六）向合作股东分配股利。

第四十二条 企业当年没有利润时不得分配股利和提取职工积累基金。

第四十三条 公积金用于弥补亏损、增加股本、扩大生产经营和企业章程规定的其他用途。

第四十四条 公益金用于本企业职工的集体福利。

第四十五条 职工积累基金按照按劳分配原则，划归职工个人名下。

第四十六条 企业应当建立内部审计制度，加强对企业财务及其他经济活动的审计监督。

第六章 合并、分立与解散清算

第四十七条 企业合并或者分立，应当由理事会提出方案并编制资产负债表和财产清单。

企业合并或者分立的方案，应当由合作股东大会作出决议。

企业作出合并或者分立的决议后，应当通知债权人，签订清偿债务协议，达不成协议的，企业不得合并或者分立。

第四十八条 企业合并，应当由合并各方签订合并协议。企业合并时，合并各方的债权债务，应当由合并后的企业承继。

第四十九条 企业分立时，应当由分立各方签订分立协议，明确划分分立各方的财产、经营范围、债权债务。

第五十条 企业的合并或者分立，应当由工商行政管理部门办理注册登记。

第五十一条 企业被依法撤销或者因其他原因解散的，应当成立清算组织，进行清算。清算时，应当由具有资产评估资格的机构对企业资产进行评估。

第五十二条 清算组织在清理企业财产、编制资产负债表和财产清单后，应当制定清算方案，并报合作股东大会确认。用土地使用权抵偿债务，必须符合土地管理法律、法规的规定。

第五十三条 清算组织在支付清算费用后，按照下列顺序清偿债务：

（一）欠付职工的工资和劳动保险费用；

（二）欠缴国家的各项税款；

（三）企业其他债务。

企业清偿后的剩余财产，按照合作股东的股份分配。

企业财产不足以清偿债务的，经债权人协商一致，由清算组织按照债权数额比例分割企业财产。企业财产不足以清偿同一顺序债务的，按照同一顺序偿还率清偿。债权人达不成协议的，由债权人或者企业向人民法院申请破产还债，人民法院裁定企业破产后，原清算程序终止。

第五十四条 清算结束，清算组织应当提出清算报告，经合作股东大会确认后，报送工商行政管理部门申请注销登记，公告企业终止。

第七章 法律责任

第五十五条 违反本条例第六条规定的，由企业所在地乡、镇或者区、县人民政府责令改正和赔偿经济损失；企业也可以直接向人民法院起诉，要求侵权者承担法律责任；构成犯罪的，依法追究其刑事责任。

第五十六条 违反本条例第七条规定的，由企业所在地乡、镇或者区、县农村合作经济管理部门责令改正；给企业造成损失的，由法定代表人或者直接责任人承担赔偿责任。

第五十七条 违反本条例第十四条规定，合作股东未交付货币、实物或者未转移财产权、虚假出资，或者在企业成立后又抽逃出资的，由企业所在地乡、镇或者区、县农村合作经济管理部门责令改正；对拒不改正的，可以向人民法院起诉。

第五十八条 违反本条例第十六条规定，将集体资产低价折股、低价出售的，由企业所在地乡、镇或者区、县农村合作经济管理部门责令改正。

第五十九条 违反本条例第三十八条规定的，由企业所在地乡、镇或者区、县农村合作经济管理部门责令其将获得的非法利益交归企业所有，给企业造成损失的，应当承担赔偿责任；对拒不承担责任的，企业可以向人民法院起诉。

第六十条 违反本条例第四十一条、第四十二条规定的，由企业所在地乡、镇或者区、县人民政府予以纠正。

第六十一条 利用分立、合并和解散、清算抽逃资产、隐匿财产、逃避债务的，由工商行政管理部门依法处理。

第八章 附 则

第六十二条 本条例具体应用中的问题，由市人民政府农林办公室负责解释。

第六十三条 本条例自1997年1月1日起施行。

参考文献

[1] 陈广华. 土地征用及失地农民入股安置制度研究 [M]. 北京：中国政法大学出版社，2012.

[2] 道格拉斯·C. 诺思. 经济史中的结构与变迁 [M]. 陈郁，罗华平，等译. 上海：上海三联书店，上海人民出版社，1994.

[3] 蒋省三，韩俊. 土地资本化与农村工业化——南海发展模式与制度创新 [M]. 太原：山西经济出版社，2005.

[4] 朱信凯. 农民市民化的国际经验及对我国农民工的启示 [J]. 中国软科学，2005 (1)：28－34.

[5] 翟年祥，项光勤. 城市化进程中失地农民就业的制约因素及其政策支持 [J]. 中国行政管理，2012 (2)：50－53.

[6] 陈海燕. 佛山市农村股份制改革遭遇法律管理难题 [N]. 南方农村报，2008－3－25.

[7] 姚德超，刘筱红. 农民市民化政策范式变迁与发展趋势——基于政策文本的分析 [J]. 中国农业大学学报：社会科学版，2016，33 (6)：30－36.

[8] 陈浩，葛亚赛. 基于可行能力的失地农民市民化测度及其影响因素研究 [J]. 华中农业大学学报：社会科学版，2016 (6)：17－25.

[9] 吴业苗. 城郊农民市民化的困境与应对：一个公共服务视角的研究 [J]. 中国农村观察，2012 (3)：71－77.

[10] 毛丹. 赋权、互动与认同：角色视角中的城郊农民市民化问题 [J]. 社会学研究，2009 (4)：28－60.

[11] 沈关宝，李耀锋. 网络中的蜕变：失地农民的社会网络与市民化关系探析 [J]. 复旦学报：社会科学版，2010 (2)：99－107.

[12] 刘同山，孔祥智. 家庭资源、个人禀赋与农民的城镇迁移偏好 [J]. 中国人口·资源与环境，2014，24 (8)：73－80.

[13] 周军，刘晓霞. 失地农民市民化身份转换的障碍分析及其对策 [J]. 理论探讨，2010 (2)：93-96.

[14] 陈旭峰. 农民经济资本层面市民化水平实证研究——“上楼农民”与“居村农民”的比较 [J]. 中州学刊，2012 (4)：90-95.

[15] 林乐芬，葛扬. 基于福利经济学视角的失地农民补偿问题研究 [J]. 经济学家，2010 (1)：49-56.

[16] 冯晓英. 北京重点村城市化建设的实践与反思 [J]. 北京社会科学，2013 (6)：56-62.

[17] 郭晓鸣，张克俊. 让农民带着“土地财产权”进城 [J]. 中国乡村发现，2013 (7)：4-11.

[18] 余敏江. 政府动员型城镇化政策的困境与反思 [J]. 社会科学研究，2014 (2)：47-52.

[19] 潘烜，程名望. 农民工就业满意度与市民化关系的实证分析 [J]. 经济体制改革，2014 (4)：80-84.

[20] 梁晨. 生活方式市民化——对农转非居民消费模式与闲暇模式的探讨 [J]. 青年研究，2012 (5)：86-93.

[21] 石伟平，陆俊杰. 城镇化市民化进程中我国城乡统筹发展职业教育策略研究 [J]. 西南大学学报：社会科学版，2013，39 (4)：53-63.

[22] 章友德. 我国失地农民问题十年研究回顾 [J]. 上海大学学报：社会科学版，2010，17 (5)：27-35.

[23] 刘同山，张云华，孔祥智. 市民化能力、权益认知与农户的土地退出意愿 [J]. 中国土地科学，2013，27 (11)：24-28.

[24] 周密，张广胜，黄利. 人力资本、社会资本与市民化抑制 [J]. 中国人口·资源与环境，2012，22 (7)：134-137.

[25] 夏锋. 规模效应、人口素质与新型城镇化的战略考量 [J]. 改革，2013 (3)：25-36.

[26] 张霁雪. 城乡结合部“撤村建居”型社区的文化转型与再生产 [J]. 社会科学战线，2014 (8).

[27] 任强，毛丹. 建从农民到市民的连续谱——关于农民市民化政策的观察与评论 [J]. 浙江社会科学，2008 (2)：75-80.

[28] 杜洪梅. 城郊失地农民的社会角色转换 [J]. 社会科学，2006 (9)：106-111.

[29] 徐建慧. 农村集体资产处置的调查 [J]. 江苏农村经济，2016 (7)：58 - 59.

[30] 陈宇. 重建秩序：撤村建居社区治理的困境与转型 [J]. 中南民族大学学报：人文社会科学版，2016，36 (4)：130 - 134.

[31] 张红晓. 城镇化进程中提高撤村建居社区群众满意度的对策思考 [J]. 统计与管理，2016 (5)：36 - 37.

[32] 薛晴，陈会谦. 中国农民阶层分化有何特点，如何引导 [J]. 人民论坛，2016 (30)：74 - 75.

[33] 李昊，骆文杰."撤村建居"型社区的社会联结与秩序维系 [J]. 法制与社会，2014 (28).

[34] 李富田. 失地与失业：城市化进程中失地农民就业状况调查 [J]. 江汉论坛，2009，25 (2)：125 - 129.

[35] 方志权. 农村集体经济组织产权制度改革若干问题 [J]. 中国农村经济，2014 (7)：4 - 14.

[36] 中国社会科学院农村发展研究所"农村集体产权制度改革研究"课题组，张晓山. 关于农村集体产权制度改革的几个理论与政策问题 [J]. 中国农村经济，2015 (2).

[37] 中国城镇化质量综合评价报告 [R]. 中国社会科学院《城镇化质量评估与提升路径研究》创新项目组，2013.

[38] 刘金祥. 城镇化战略与经济转型 [J]. 书屋，2013 (4)：4 - 8.

[39] 陆学艺. 破除城乡二元结构实现城乡经济社会一体化 [J]. 社会科学研究，2009 (4)：12 - 15.

[40] 韩俊，张云华，张要杰. 农民不需要"以土地换市民身份"——北京市朝阳区农村集体经济产权制度调查 [J]. 发展，2008 (7)：41 - 44.

[41] 童洪锡. 国家征用土地的若干法律问题探讨 [J]. 温州大学学报：自然科学版，1994 (2)：50 - 52.

[42] 白呈明. 农民失地问题的法学思考 [J]. 人文杂志，2003 (1)：127 - 132.

[43] 万朝林. 失地农民权益流失与保障 [J]. 理论与改革，2004 (1)：73 - 76.

[44] 郑涛. 城镇化进程中失地农民利益诉求问题研究 [D]. 华东师范大学，2013.

[45] 李国梁. 可持续生计视角下失地农民就业能力开发 [J]. 开发研究，2014 (1)：27 - 30.

[46] 陈占锋. 我国城镇化进程中失地农民生活满意度研究 [J]. 国家行政学院学报，2013 (1)：55 - 62.

[47] 陈浩，葛亚赛. 基于可行能力的失地农民市民化测度及其影响因素研究［J］. 华中农业大学学报：社会科学版，2016（6）：17－25.

[48] 张训保，卓朗，黄水平，等. 城市化进程中失地农民就业状况对心理健康的影响分析［J］. 中国心理卫生杂志，2009，23（9）：661－664.

[49] 国务院发展研究中心课题组. 中国失地农民权益保护及若干政策建议［J］. 改革，2009（5）：5－16.

[50] 徐琴. 农村土地的社会功能与失地农民的利益补偿［J］. 江海学刊，2003（6）：75－80.

[51] 王克强. 从地产对农民的生活保障效用谈农村社会保障机制的紧迫性［J］. 社会科学研究，2000（2）：94－97.

[52] 姚从容. 城市化进程中的失地农民——制度安排与利益冲突［J］. 人口与经济，2006（3）：61－66.

[53] 马琪. 我国失地农民就业培训的强化措施探讨［J］. 品牌研究，2015（12）.

[54] 成得礼，董克用. 城乡结合部（北京市）“失地农民”劳动力供给的影响因素研究［J］. 经济科学，2004（4）：63－71.

[55] 杜伟. 失地农民基本生活保障制度的完善［J］. 财经科学，2004（2）：91－94.

[56] 中共中央马克思、恩格斯、列宁、斯大林著作编译局. 马克思恩格斯全集：第一卷［M］. 北京：人民出版社，1995.

[57] 科斯，阿尔钦，诺斯. 财产权利与制度变迁［M］. 刘守英，等译. 上海：上海三联书店，上海人民出版社，1994.

[58] 杨爱文. 美英日三国土地征用制度的启示［J］. 生产力研究，2006（12）：170－171.

[59] 王中伟. 和谐社会视域下我国失地农民生存问题研究［D］. 中国石油大学（华东），2014.

[60] 邹爱华. 土地征收中的被征收人权利保护研究［D］. 中国政法大学，2011.

[61] 钱忠好，曲福田. 规范政府土地征用行为切实保障农民土地权益［J］. 中国农村经济，2004（12）：4－9.

[62] 钱忠好，曲福田. 中国土地征用制度：反思与改革［J］. 中国土地科学，2004，18（5）：5－11.

[63] 张素华. 房屋强制拆迁制度存在的问题及对策——兼评《国有土地上房屋征收与补偿条例》［J］. 法学评论，2012（3）：102－107.

[64] 廖富洲. 征地乱象与农村土地征用制度改革 [J]. 中共中央党校学报, 2011, 15 (5): 41 -45.

[65] 陶然, 徐志刚. 城市化、农地制度与迁移人口社会保障——一个转轨中发展的大国视角与政策选择 [J]. 经济研究, 2005 (12): 45 -56.

[66] 陈湘满, 何灵. 农村土地征用中存在的问题与制度改革 [J]. 宏观经济管理, 2006 (11): 57 -58.

[67] 王崇敏, 谢海燕. 我国土地征收补偿制度的现状、存在的问题及其完善对策 [J]. 行政与法, 2010 (5): 104 -108.

[68] 王克稳. 改革我国拆迁补偿制度的立法建议 [J]. 行政法学研究, 2008, 63 (3): 3 -8.

[69] 吴兴国. 我国征地补偿安置争议解决制度研究——以行政复议申请人范围为视角 [J]. 江西社会科学, 2012 (10): 153 -158.

[70] 张侠, 赵德义, 朱晓东, 等. 城中村改造中的利益关系分析与应对 [J]. 经济地理, 2006, 26 (3): 496 -499.

[71] 安虎森, 邹璇. 失地农民补偿问题研究 [J]. 求索, 2006 (6): 1 -5.

[72] 冯乐坤. 对我国土地征用补偿方式的反思——一种社会保障的视角 [J]. 法商研究, 2005 (5): 63 -68.

[73] 杨斌, 王佳音, 贺琦, 等. "大保障" 理念下的失地农民保障制度研究 [J]. 陕西行政学院学报, 2010, 24 (4): 66 -69.

[74] 陈信勇, 蓝邓骏. 失地农民社会保障的制度建构 [J]. 中国软科学, 2004 (3): 15 -21.

[75] 李亚华. 解决失地农民保障问题的几点思考 [J]. 武汉大学学报: 哲学社会科学版, 2004, 57 (3): 358 -363.

[76] 凌文豪. 论失地农民社会保障体系的构建 [J]. 经济问题, 2010, 366 (2): 99 -102.

[77] 邢海虹, 刘科伟. 征地补偿标准研究综述 [J]. 国土资源科技管理, 2007, 24 (3): 30 -35.

[78] 李国健. 被征地农民的补偿安置研究 [D]. 山东农业大学, 2008.

[79] 林南, 敖丹. 社会资本之长臂: 日常交流获取工作信息对地位获得的影响 [J]. 西安交通大学学报: 社会科学版, 2010, 30 (6): 74 -81.

[80] 朱京燕, 王尤贵. 北京郊区失地农民就业问题研究 [J]. 北京农业职业学院学报,

2005，19（1）：51－54.

[81] 赵定东，袁丽丽．村改居居民的社会保障可持续性困境分析［J］．浙江社会科学，2016（12）：63－70.

[82] 张媛媛，贺利军．城市化过程中对失地农民就业问题的再思考［J］．社会科学家，2004（2）：111－114.

[83] 黄祖辉，俞宁．失地农民培训意愿的影响因素分析及其对策研究［J］．浙江大学学报：人文社会科学版，2007，37（3）：135－142.

[84] 康钧，张时飞．京郊失地农民生存状况调查报告，中国改革［J］．2005（5）：68－71.

[85] 李雅静．我国失地农民就业问题的研究综述［J］．才智，2011（20）：58－59.

[86] 文学禹．我国失地农民权益保障存在的问题、原因与对策［J］．湖南社会科学，2009（1）：184－187.

[87] 姚丽雅．给“农转居”居民送去创业就业“金钥匙”［J］．中国培训，2012（3）：56－57.

[88] 朱东恺，施国庆．城市建设征地和拆迁中的利益关系分析［J］．城市发展研究，2004，11（3）：23－26.

[89] 金晶，张兵．城市化进程中失地农民的安置补偿模式探析——基于江苏省16县（市、区）320户失地农民安置补偿模式的调查分析［J］．城市发展研究，2010，17（5）：74－79.

[90] 孙庆忠，张蓉．京郊四村80年：乡民社会的历史图景与现实处境［J］．当代中国史研究，2010（6）：38－45.

[91] 张希兰．失地农民社会保障问题研究——以江苏为例［D］．南京农业大学，2013.

[92] 王晓刚．失地农民就业：现状、困境与安置模式［J］．学术论坛，2012，35（10）：124－127.

[93] 张慧芳．论有限政府视野下我国征地制度的理性构建［J］．中国行政管理，2004（12）：14－16.

[94] 王立勇，高伟．非货币补偿制度与失地农民补偿满意度研究［J］．财政研究，2014（4）：19－21.

[95] 薛翠翠，陈美景，蔡勇，等．农村集体土地股份制改革的实践价值与路径选择——“农村集体土地股份制改革研讨会”综述［J］．中国土地科学，2013（9）：92－96.

[96] 郑风田，赵淑芳．“农转居”过程中农村集体资产处置：问题与对策［J］．甘肃社会

科学，2005（6）：214-218.

[97] 陈锡文. 我国城镇化进程中的“三农”问题［J］. 国家行政学院学报，2012（6）：4-11.

[98] 孙文凯，白重恩，谢沛初. 户籍制度改革对中国农村劳动力流动的影响［J］. 经济研究，2011（1）：28-41.

[99] 黄锟. 深化户籍制度改革与农民工市民化［J］. 城市发展研究，2009，16（2）：97-104.